U0840844

浙江师范大学儿童文化研究院
红楼书系（第四辑）
儿童发展研究丛书
方卫平 主编

流动儿童的教育管理与社会支持

周国华 著

山东教育出版社

总　序 / 方卫平

这一套由四种著作构成的儿童文化研究书系，系浙江师范大学儿童文化研究院红楼书系第四辑，也是我院“当代儿童发展研究重大课题”招标项目部分课题的最终研究成果。

这一招标项目的设计与实施，是浙江师范大学儿童文化研究院学术发展规划中的一项重要工作，其宗旨是借助研究院的专业平台，在科学设计和论证研究课题指南的基础上，面向学术界征集、资助一批关注当代儿童生存和发展重大理论、政策及现实问题的研究成果。2008年6月，在浙江师范大学校方的大力支持下，“当代儿童发展研究重大课题”招标通告刊发于《光明日报》，正式对外接收申报。在项目招标的通告与课题指南中，除自选课题外，共提供了19个经过反复研讨和论证的研究方向与课题。

在这一课题招标工作中，我们怀有三个基本的期望。

一是围绕着当代儿童发展的核心题旨，将长久以来分散在各个不同学科领域的儿童研究力量集中起来，以加强国内儿童研究界从一个富于统摄性的视野支点来考察、应对当代儿童发展问题的意识与能力。从当前儿童研究事业的发展现状来看，它所亟需推进的工作之一，正是这样一种综合性视野的建构。实际上，从2007年浙江师范大学儿童文化研究院启动《中国儿童文化研究年度报告》系列的编撰工作开始，我们就已将这一研究统合作为研究院工作的重要内容，此次课题的招标设计，也在很大程度上得益于年度报告工作的准备与支持。

二是借助上述研究力量的统合及其呈现，探索和凸显我们一直在思考与关注的儿童学学科建设的问题。鉴于这一考虑，我们在招标课题的指南设计中有意融入了以下问题的思考：作为一个学科的“儿童学”如何可能，它应当包含哪些内容，它与当前中国儿童发展现实的关联又在哪里，或者说，这一学科建设本身将以何种方式促进我们对儿童现实问题的关切和思考？招标课题的指南凸显了这一注重理论与实践相结合的儿童学学科建设方向。

三是突出对于儿童研究的中国化与中国问题的思考。在招标课题的指南中，这一思考又体现在两个方面。一是在全球化背景下，目前中国儿童发展面临的许多问题也是包括东西方发达国家在内的许多地区共同面临的问题。因此，通过吸收和借鉴国外儿童研究前沿性的理论和实践成果，可以为我们应对相近的本土儿童问题提供重要的参考。二是由于中国社会特殊的政治、经济、文化环境，我们的儿童研究又面临着各种特殊的本土问题，比如独生子女问题，流动与留守儿童问题等。这些问题与儿童保护、新媒介环境等普遍的儿童发展问题相互交缠，使得关于后者的思考到了中国的语境，也变得格外复杂起来。在此次重大课题的招标工作中，有关本土儿童研究的思考构成了一个重要且基本的维度，它也落实在了课题指南的整体设计中。

招标公告发出后，我们陆续收到了若干来自高校和其他机构的项目申报书。经过严格的专家评审，最初共有八项申请获得立项。此次出版的四部著作，是其中四项已经完成并通过结题的成果。这四部著作所探讨的研究问题涉及流动儿童教育、儿童网瘾防治、学前教育政策和儿童幸福感研究，均系与当前儿童发展现实密切相关的话题，其作者也大多为相应领域的研究先行者。

周国华的《流动儿童的教育管理与社会支持》一书，以近年来颇受关注的流动儿童群体为研究对象，从学理性的角度探讨这一群体的教育问题及出路。该研究融入了作者与他带领的研究团队亲身搜集的许多有价值的第一手调查访谈资料，这为整个研究工作提供了十分重要的现实依托，也使其理论探讨得以展开在更为坚实的现实基石之上。而我尤其看重的是，作者不仅是以一名高校研究者的专业态度和精神，更是怀着对于流动儿童群体的真诚同情和由衷关切，投入到这项研究工作的研究之中。我以为，这样的精神和情怀，正是今天的儿童研究事业格外需要的。

周小虎的《为了儿童的利益：美英学前教育政策比较研究》一书，其主要的研究内容为美国和英国的学前教育政策，但其重点的研究旨归，则在于通过“他山之石”的经验，来启迪和促发中国本土的学前教育改革与发展。近年来，学前教育在整个儿童教育链条上的重要性及其存在的诸多问题与不足，越来越引起国人的关注。而在发现和改进这些问题、提升本土学前教育质量的过程中，政策的维度不容忽视，甚至可以说，在现阶段，它比许多具体的教育实践更决定着学前教育事业的长远未来。就此而言，《为了儿童的利益：美英学前教育政策比较研究》为国内学前教育政策的规划和思考，提供了一个开阔、前沿的视野和一种及时、有益的借鉴。

章苏静与金科合著的《亲子关系与儿童网瘾防治策略》一书，探究从亲子关系层面来展开儿童网瘾防治的基础与可能、对策与实践等，书中探讨的“儿童网瘾防治”问题，是当前越来越多的家庭共同面临的教育困惑，也与当前网络媒介环境下儿童的生存现实息息相关。与其他层面的方案研究相比，从亲子关系的角度展开的儿童网瘾防治，不是以“堵”和“罚”的方式，而是通过“疏”和“导”的途径来进行。而且，由于这样的疏导在最亲密的亲子关系中展开，其效果也得到了来自亲子情感的支持——毫无疑问，在儿童应对日常生活的各种问题时，这也是一种最有力的情感支持。因此，对于儿童网瘾的防治而言，它应该是一个富于成效并且值得大力普及的取径。

叶映华的《儿童的幸福感：基于社会与自我比较视角的研究》是一部探讨儿童幸福感的研究著作。这显然是一个极具当代性的课题。随着当代家庭物质生活条件的日益提升，儿童的幸福感在儿童的生存发展中愈益受到人们的重视。在实地儿童访谈和实证调查工作的基础上，这部著作提供了考察儿童幸福感的一个重要视角，其研究发现对于我们理解儿童幸福感的形成，以及帮助提升儿童幸福感的指数，具有特殊的理论和实践参考意义。

以上四部著作作为本次重大课题招标的首批成果，从一个侧面展示了当代儿童研究作为一个学术领域的开放性、丰富性及其独特的人文和学术价值。我要感谢这五位研究者。为了我们关切的儿童和儿童研究事业，我们付出着共同的热情和努力，愿这努力的火种有助于将本土儿童研究的思考与想象，带到一个更远的地方。

我也要感谢山东教育出版社，感谢你们为这样一个纯粹的文化学术事业所作的奉献。我相信，在本土儿童研究的发展进程中，这将是一个会被历史记住的姿态。

2014年7月30日

于浙江师范大学红楼

目 录

第一章

导论

一、研究背景

自改革开放以来，中国经历了人类历史上前所未有的最大规模的人口流动。据有关专家学者的研究调查，目前我国人口总数的十分之一以上是流动人口，也就是近一亿五千万。据2000年第五次全国人口普查资料，我国流动人口中儿童达1980万人，其中义务教育阶段的流动儿童占全部流动儿童的43.8%[1]，需要接受义务教育的流动儿童达867万人。如今，这个数据已经突破千万，流动儿童的教育问题已经不仅是一个教育问题，也是一个社会问题，是一个需要学者来研究的学术问题，更是一个国家政府需要解决的政策问题。

（一）问题的提出

首先，当今中国社会转型所形成的流动儿童问题，已经成为一个不容忽视的重大社会问题，是影响当今社会和谐发展的重要因素。随着中国经济发展和工业化脚步的加快，大量劳动力离开原先工作和生活

---

[1] 汪明：《聚焦流动人口子女教育》，1页，北京：高等教育出版社，2007。

的地方，去经济发达的省份寻找工作机会，而这些外出工作的人主要是青壮年群体，他们大多成家立业，孩子基本上处于接受义务教育阶段。据《隐性失业、劳动力流动与整体失业率估计：1978—2007》报告统计，我国农村随父母进城的流动儿童有1000多万，如果加上城市本身形成的流动儿童，那这一数字近2000万。外来务工人员把孩子带在身边引发了不少问题，主要表现在以下几个方面：

（1）流动儿童进城因为升学时的户籍限制，不得不返回原居住地，成为留守儿童；

（2）部分城市对外来务工子女的政策落实不到位，高收费、歧视等现象在公立中小学依然存在，流动儿童只好进入简陋的农民工子弟学校就读。而简陋的农民工子弟学校因硬件设施、师资力量等方面不达标，时刻面临被取缔的危险状态；

（3）一些打工者因收入低、工作时间长等条件限制，不能满足子女应有的身心、情感和学习发展方面的需要，造成流动儿童的身心发展障碍甚至是反社会行为等问题。

其次，社会进步呼唤教育公平。自中国共产党第十六届中央委员会第四次全体会议正式提出“构建社会主义和谐社会”的概念以来，党和国家对于社会公平与和谐发展建设的重视达到一个新的高度，而和谐社会建设的一个着力点就是关心困难群众的生产生活，切实保障所有社会成员分享改革发展的成果，推进社会公平。中国社会发展日益进步，人民对社会公正有了更高的期望，特别是新《义务教育法》的出台和实施更加表明了中央解决教育机会公平问题的决心。义务教育已经向免费教育推进，教育的公平程度得到进一步的提高。然而，面对近2000万流动儿童受教育和生活环境恶化的问题，当前的一些制度和政策表现得无力和苍白，大量流动儿童的学习和生活得不到应有的保障，但我国政府对此是高度关注的。2007年，中国共产党第十七次全国代表大会召开，胡锦涛总书记在报告中明确提出“优先发展教育，建设人力资源强国”；“坚持教育公益性，加大财政对教育的投入，规范教育收费，扶持贫困地区、民族地区教育，健全学生资助制度，保障经济困难家庭、进城务工子女平等接受义务教育”；提出“教育是民族振兴的基石，教育公平是社会公平的重要基础”。报告反映出一个重要的教育话题——教育公平，表明追求教育公平也是我党今后的努力方向。

对于流动儿童所形成的社会问题，不仅各级各部门表现出了应有的关注和关心，不少有识之士也参与其中，提出应通过立法对这一群体的身心发展和教育等问题加以保障。全国人大代表、江苏盐城广播电视大学校长马成志接受采访时曾表示，面对流动与留守儿童出现的亲情缺失、家庭教育缺位、学校缺教、安全和健康缺乏保障等一系列问题，各级政府要加快建立起流动和留守儿童教育管理工作网络和长效机制，加快流动和留守儿童这一群体的教育管理立法步伐，为他们的健康成长提供法律保障。从中央到地方，从人大、教育部到各相关工作部门，都对当前流动儿童所形成的社会问题达成了共识，呼吁并采取了相应的措施对解决流动儿童问题加以关注和支持。如何真正、长效地解决我国当前社会转型中所形成的流动儿童问题，是摆在我们面前的一个当务之急。

最后，当前我国流动儿童问题不仅是一个实践上急需解决的问题，更是一个学术研究上仍需要突破的问题。关于我国流动儿童的研究一直是我国学术研究的焦点和重点。如2005年全国教育科学研究规划小组的国家重点课题“弱势群体教育权益保障研究”侧重于流动儿童、贫困生等教育问题研究。此外，2006年教育科学国家重点课题有“教育提高人口素质和增强民族竞争力研究”的子课题“农民工子女教育和城乡社会融合研究”，2007年教育科学国家重点招标课题“当代社会变迁中的中国农村教育发展问题研究”有子课题“城镇化过程中进城农民工子女和农村留守儿童教育问题”等。流动儿童教育问题连续三年都列入国家重大课题，这不仅说明其重要性，更说明其并未在理论和实践上得到真正的突破。

在过去的几年中，社会对流动儿童的关注达到了一个新的高度，表现为以下几点：一是社会对流动儿童的问题特别关注，以“流动儿童”为关键词在百度上的搜索结果达110万篇，其数量之大令人惊叹；二是有更多的政府与非政府组织在为改变这一特殊群体的境况而付诸行动，不断有关于各企业对这一特殊群体提供经济赞助的报道，还有大学、妇联和团委所组织的志愿者行动等，都是在实践层面展开的切实的帮扶活动；三是有更多的研究机构和研究人员在致力于这一特殊社会群体的研究，从国家社会科学基金到地方教育规划课题与省市哲学社会科学课题，流动儿童研究已连续四年成为资助的重点对象。

（二）研究的价值

1．研究目的

全国人大代表、华中师范大学博士生导师周洪宇认为，“教育公平是社会公平的基础和核心环节，没有教育的公平，就谈不上社会公平”[1]。中山大学校长黄达人在十一届全国人大二次会议的大会上就教育公平问题接受中外记者采访时说，教育不公平乃是社会最大的不公

[1] 周洪宇：《教育公平：和谐社会的重要内容、基础和实现途径》，载《人民教育》，2005（7）。

平[1]。这是因为其他领域的不公平，或能伤害人于一时；然而教育领域的不公平，却伤害人的一生。流动儿童受教育问题，已然成为社会公平与和谐的一面镜子。在致力于教育公平理念的基础上，本研究的目的在于提出流动儿童教育管理的一个理论框架，并为流动儿童教育管理模式与社会支持系统的建构提出对策。

2. 研究意义

(1) 实践意义：通过对流动儿童的教育管理模式和社会支持系统的研究，有利于全面系统地把握当前中国儿童教育问题的实质，建构起解决流动儿童教育问题的系统之道，为当今中国流动儿童的教育发展与管理提供一个操作性强的教育管理模式，为各级政府解决流动儿童教育问题提供管理咨询和决策支持。

(2) 理论意义：对流动儿童的教育管理模式和社会支持系统的研究，有利于加强人们对教育管理模式理论的理解，提升人们在教育管理体制和教育政策学上的理论品位。

(3) 自我意义：笔者多年来一直致力于教育管理与教育政策研究，亲见身边不少打工者的孩子面临教育问题。对他们的困难笔者感触颇深，因此，有机会从事此项研究，有利于笔者以知识回报社会，服务社会。

二、文献综述

（一）中国流动儿童教育问题研究的演进逻辑

为了从整体上把握我国近十年来对“流动儿童教育问题”的研究状况，我们在“中国期刊全文数据库”“中国博士学位全文数据库”和

[1] 黄达人：《高校农村生减少是最大的不公平》，http://news.hexun.com/2009-03-07/115388588.html.

“中国优秀硕士学位全文数据库”中检索了1996–2011年公开发表的研究成果。以“流动儿童”为检索词，共检索到相关论文610篇，其中博士学位论文4篇，优秀硕士论文78篇；以“农民工子女”为检索词，共检索到有关论文742篇，其中博士学位论文5篇，优秀硕士学位论文138篇；以“进城务工人员子女”为检索词，共检索到相关论文43篇，其中优秀硕士学位论文4篇；以“外来工子女”为检索词，共检索到相关论文37篇，其中优秀硕士学位论文6篇；以“流动人口子女”为检索词，共检索到论文253篇，其中博士论文1篇，硕士论文62篇(见表1–1)。

表1–1　1996–2011年以“流动儿童教育”为主题的三大数据库中论文篇数

(检索时间：2012–05–12)

年度	论文总数	博士学位论文	优秀硕士学位论文	期刊论文	
				合计	刊发在CSSCI来源期刊论文
1996	1	0	0	1	0
1997	7	0	0	7	2
1998	6	0	0	6	0
1999	2	0	0	2	0
2000	4	0	0	4	0
2001	13	0	0	13	7
2002	29	0	1	31	14
2003	42	0	4	38	6
2004	79	0	9	70	12
2005	98	0	17	81	14
2006	187	0	40	146	16
2007	220	3	55	161	31
2008	290	1	61	226	42
2009	275	2	34	239	56
2010	235	0	20	216	73
2011	247	4	43	200	62
合计	1735	10	284	1441	335

笔者认为，较之其他论文，博士学位论文、优秀硕士学位论文凝聚了作者更多的心血，代表了较高的学术水平；而一般来说，CSSCI来源期刊比其他期刊刊发的论文学术水平更高。为此，笔者检索了教育学类、社会类、政治类、人口学等CSSCI来源期刊（2012–2013）（包括CSSCI遴选期刊）的相关成果（见表1–2），并以此作为文献述评的依据。

表1–2　　CSSCI来源期刊上的335篇论文的期刊分布（1996–2011年）

（检索时间：2012--05–12）

期刊	论文数	期刊	论文数	期刊	论文数
中国行政管理	2	心理发展与教育	4	人口与发展	4
中国心理卫生杂志	2	新疆社会科学	1*	人口研究	7
中国特殊教育	12	现代教育管理	7	清华大学教育研究	2
中国青年研究	7	西北人口	4	青年研究	21
中国临床心理学杂志	4	中国教育学刊	10	南方人口	6
中国教育报	3	教育理论与实践	12	兰州学刊	4
学术论坛	2	思想理论教育	18	上海教育科研	7
学术交流	2	教育科学研究	17	教育与经济	6
学前教育研究	6	人口与经济	10	教育研究与实验	2
教育评论	2	社会科学战线	6	教育研究	5
心理科学	10	社会科学研究	2	教育学报	2
教育科学	7	教育发展研究	23	湖北社会科学	2
湖南师范大学教育科学学报	3	河海大学学报（哲学社会科学版）	2	华东师范大学学报（教育科学版）	2
宁夏社会科学	2	民族教育研究	3	国家行政学院学报	3
比较教育研究	3	中国人口科学	3	人口学刊	4
南京师范大学学报（社会科学版）	2	全球教育展望	2	北京师范大学学报（社会科学版）	4
湖北大学学报(哲学社会科学版)	3	东北师大学报(哲学社会科学版)	2	华中师范大学学报（社会科学版）	5
新疆社会科学	1	《求是》	1	《中国社会科学院研究生院学报》	1

（续表）

期刊	论文数	期刊	论文数	期刊	论文数
《外国中小学教育》	1	《中国农村经济》	1	《图书馆学研究》	1
南京工业大学学报（社会科学版）	1	图书馆工作与研究	1	统计与决策	1
法学杂志	1	统计研究	1	经济体制改革	1
首都师范大学学报（社会科学版）	1	社会科学辑刊	1	行政论坛	1
心理学报	1	心理科学进展	1	社会科学	1
教育科学文摘	1	江汉论坛	1	继续教育研究	1
华东政法大学学报	1	黑龙江民族丛刊	1	广州大学学报（社会科学版）	1
城市问题	1	城市发展研究	1	编辑之友	1
北京体育大学学报	1	北京社会科学	1	北京大学教育评论	1
外国教育研究	1	北京行政学院学报	1	华南师范大学学报（社会科学版）	1
中国农业大学学报（社会科学版）	1	兰州大学学报（社科版）	1	河北大学学报（哲学社会科学版）	1
陕西师范大学学报（哲学社会科学版）	1	浙江大学学报（人文社会科学版）	1	应用心理学	1
天府新论	1	学术界	1	社会主义研究	1
河北学刊	1	福建论坛（人文社科版）	1	江西社会科学	1
青海社会科学	1	广东社会科学	1		

从以上统计结果来看，自1996年起，流动儿童的教育问题开始引起学者关注；但以2004年国家提出建设和谐社会理念为界点，流动儿童的教育问题研究开始飚升（70篇）；到2008年达到一个高峰（226篇），其中硕博论文有62篇。十年来有关流动儿童教育问题的研究论文总数达816篇，这在中国社会问题的研究中不能不算是一个突出的现象，这足以说明流动儿童的教育问题对于社会公平与和谐的重大意义。最近一两年有关流动儿童的文章数量增幅有所下降，究其原因是有关流动

儿童的教育政策正在执行之中，有关的矛盾和问题还不是很明显，但仍维持在高位运行（最近三年一直在240篇附近）。从研究成果的学术刊物分布来说，像《教育研究》《北京师范大学学报（社会科学版）》《中国人口科学》《青年研究》等教育类、社会类、大学学报等权威和知名的学术期刊几乎都对流动儿童的教育问题研究给予了关注和重视，其中《教育科学研究》《教育发展研究》《青年研究》《人口与经济》《心理科学》等成为流动儿童研究的主要阵地。

（二）中国流动儿童教育问题研究的内容之维

学者们从不同的方面来探讨流动儿童的教育问题，如早期的社会调查及近年来对教育儿童问题的深层次教育公平与政策实施的研究，这些研究主要是从研究范式和学科观察两种研究视角深入展开的。

1．研究范式的视角

（1）关于流动儿童教育问题的社会调查研究。流动儿童的研究最早始于对问题的调查研究，2000年，韩嘉玲针对北京市流动儿童及其学校的基本状况展开了调查，发表了《北京市流动儿童义务教育状况调查报告》，成为国内第一份较为详细、完整的流动儿童教育状况的调查报告（韩嘉玲，2001）；段成荣教授根据北京市1997年、2000年、2002年三年的外来人口普查等资料，对北京市流动儿童少年人口的问题等进行了分析和概括，指出流动儿童问题的重要性，引起社会各界对流动儿童教育等问题的广泛关注（段成荣，2001）；有研究者对天津市流动人口子女家庭教育状况进行了研究，发现在城市中的青年流动人口非常重视子女教育，但对孩子期望过高，在教育行为上满足孩子需要与限制孩子发展并存（关颖，2002）。这些早期的调查研究关注的是地方性的流动儿童整体状况。流动儿童受教育难，催生了各地民工子弟学校，这些学校虽然在一定程度上缓解了受教育难问题，但是由于办学条件差等原因又引发了一系列问题。浙江省教育厅、浙江省教育科学研究院等做了全国第一个民工子弟学校调查报告，总结了杭州市公办民工子弟学校的经验，提出了在全省推广杭州市解决民工子女教育问题经验及做法的建议（候靖方等，2002）。

后来的研究者陆续在全国各地对流动儿童进行教育调查，如有人对在北京、深圳、绍兴和咸阳四个城市的流动儿童及其家长、校长及学校管理人员进行了访谈，发现城市环境给这些流动儿童的发展带来了很多有利因素，但流动儿童入学难、升学难、受歧视现象普遍存在，其处境令人担忧（张秋凌，2003）。在浙江这样经济比较发达的地方，有调查者提出公办学校与民工子弟学校两条路解决流动儿童受教育难的思路，后来在很大程度上得到了政策采纳（王涤，2004）；另外，针对上海市浦东区的一项调查提出，结合上海、北京、广州等大城市的社会现实，有必要分三种不同入学方式来缓解流动儿童就学难题（俞贺楠，2011）。由于流动人口大多在城市边缘地带，有学者在对北京市城乡结合部进行调研后，提出做好城乡结合部流动人口属地化义务教育工作是流入地政府义不容辞的职责（谢宝富，2010）。对流动儿童教育的进一步调查发现，社会对流动儿童的关注，从入学机会逐步转到了教育过程、教育质量和教育公平上，提出流动儿童教育问题要从管理模式和政策上实行制度保障，提出混合班制学校教育是最有利于社会融合的一种形式（雷万鹏，2007；范先佐，2007；马良，2007）。目前从对公立学校及打工子弟学校的深入调查中可以看出，流动儿童的教育，无论是在教育质量还是教育公平上还存在诸多问题。学校的教学质量差以及公办学校难就读依旧是现在教育的主要问题。另外，流动儿童就学需求和教育资源供给之间存在着空间不均衡现象，流动儿童教育安置方式的不同以及公立学校教师不愿意接纳流动人口子女入学，也造成了儿童城市适应上的问题（陶红等，2010；郑童等，2011；袁晓娇等，2009；许传新，2009）。

近年来，有关流动儿童教育的社会调查研究逐渐转向了流动儿童学校适应性、城市社会融合以及流动儿童学业成绩的调研上。研究发现，流动儿童在学校的人际适应、学习适应、行为习惯上整体适应良好，但是在学校适应上存在性别差异；流动儿童的学校适应存在年级与学校类型的交互作用；流动儿童的学校适应类型校际差异显著（许传新，2009；李晓巍，邹泓，2009；张绘，龚欣，尧浩根，2011）。影响学校适应的因素主要有年级、媒介接触、城市体验、流动参与等方面，由于学校适应上的差异，造成流动儿童在学习的适应上存在着差异（余胜美，2010；许传新，2009）。另外，除了在城市中流动儿童在学校适应和学业适应上有差异外，有学者通过调查指出，流动儿童由于受城市入学难、学籍管理政策以及产业转移等背景因素影响，由城返乡就学后，也面临不同程度的学业适应问题，尤其是对课程和教法的不适应（蒋国河，2011）。此外，随着流动儿童在城市中的学习与生活时间不断延长，其城市的社会融入情况也不容忽视，从当前学者的调研来看，流动儿童的城市社会融入情况总体上较好，但在某些方面还是不尽如人意。一项对武汉、黄石、宜昌、丽水以及舟山五市的调查研究显示，流动儿童的城市文化适应问题已经凸显，主要表现在语言交流障碍以及风俗习惯差异大两个方面（冯帮，2011）。

同时，随着“两为主”教育政策的逐步落实，义务教育阶段的流动儿童教育得到较大的改善，但是，新的问题也开始显现，如学龄前、初中后教育问题以及新生代农民工子女的教育问题。这方面的社会调查也日益被研究者所重视。有研究通过2000年第五次全国人口普查数据和2005年1%抽样调查数据的对比分析，得出了当前我国0–5岁流动儿童的基本情况和特征，提出学龄前流动儿童呈迅速增长的趋势，已经成为一个特殊群体（齐明珠，2009）。但从实际的调查来看，学龄前流动儿童接受教育的现状不容乐观，虽然入园率较高，但以收费低廉、条件一般的民办幼儿园为主，学校的管理及学习资源相对欠缺，因此，需要为他们建立相应的服务体系，提供较全面的服务（张燕等，2010；马国才等，2011）。初中后的教育问题也是近年来社会调研的重点。杨东平等人通过对北京市中职教育的调查发现，农民工子女对参加中职教育有很强的需求意愿，劳动力市场对中初级人才有很强的需求，同时北京市中职教育也有很强的供给能力（杨东平等，2009）。此外，一项对上海市中职招生试点的调研显示，上海市招生完成率总体偏低，但郊区好于市区，招生专业主要与先进制造业和现代服务业相关，同时学生也基本能适应学校学习（陈娟，2009）。从北京及上海调研来看，当前存在的问题主要是由相关制度不健全以及教育政策的不完善造成的。

从对流动儿童的社会调查研究可以看出，对流动儿童问题的关注，从最初的教育机会公平的呼吁已经向纵深发展，并提出了一些如公立学校、民工子弟学校“两条路”以及在特大城市采取不同措施应对流动儿童教育问题的思路，并对流动儿童教育经费问题、社会适应、学龄前教育、初中后教育、新生代农民工子女教育等提出了一些建议，这些调查结论和建议已经在实践中得到了不同程度的采纳，但是很多调查只是简单的数据描述，虽然在影响学校适应性、学业适应以及社会融合方面有一些基于调查数据的实证定量研究（集中在最近五年），但大部分社会调研没有用非常规范的实证定量研究范式进行科学的分析，不能不说是调查研究方面的一大缺陷。

(2) 关于流动儿童教育问题的个案研究。中国是一个在空间面积、社会风俗、经济发展等方面都有许多地方差异的国家，即便是同为发达地区的浙江和广东，各自所属地市县的情况也不相同，因此不同地方的流动儿童教育问题就有不同的解决方案，不少学者对此进行了独特的探讨。如有研究者对一名有多次转学经历的流动儿童进行了个案研究，发现各地的流动儿童教育问题相当不同（赵娟，2005）；还有学者对北京市8位农民工子女的生命史进行了研究，提出教育最终成为农民工子女阶层再生产的主要媒介，虽然不同的农民工子女阶层再生产的过程、途径与时间存在不同，但他们绝大多数很难通过现今的正规教育系统实现自己的社会流动（吴世友，2010）。另外，还有对农民工子女自我群体的意识和群体认同的调研，提出了农民工子女“被歧视感”这一群体污名意识形成和建构的过程，这一群体污名意识的存在使流动儿童产生了对城市社会环境感觉到冷漠的城市印象（吴莹，2011；梁子浪等，2011）。

对流动儿童学校进行个案研究发现，影响流动儿童教育的主要因素有户籍制度的隔离、教育体制的束缚等（杨素苹，2005）。同时，学校内的课堂教学情况也有涉及，如有研究者提出，在现代性背景下，公立学校中农民工子女的语言障碍，使他们正逐渐远离自己的精神家园，建议在确保多语共存的前提下，在平时的课堂教学中保证语言公正（赵翠兰，2011）。对流动儿童家庭中家校合作问题的个案研究发现，农民工子女家长对家校合作的看法存在某些误区，家校合作虽然合作形式简单，但对农民工子女的教育起着积极的促进作用，对流动儿童的健康成长也有良好影响（李亚军等，2011）。

常州、北京的流动儿童学校的个案研究揭示了流动儿童教育问题产生的社会背景，描述了该个案中的经营者、管理者、教师、学生以及家长的状态，探讨了影响流动儿童受教育状况的各个层面的因素，从制度上提出了解决问题的思路和办法，做出了有益的探索（金宇碧，2007；李壑等，2003）。对兰州市流动儿童教育问题进行的研究，发现这些孩子在城市中受到长期的社会不公平对待后，在心里埋下的“仇恨”的种子，很可能成为社会和谐发展的“定时炸弹”，这不得不引起我们深思（翟立群，2006）。当前非政府组织（NGO）也为流动儿童的教育发展提供了众多支持，如广东东莞的调研发现，非政府组织除了为流动儿童提供必须的教育类公共物品，为外来农民工提供社会支持，以便其子女完成学业，提升其社会融入的能力外，还为流动儿童提供家庭教育方面的支持(张兴杰，2010)。图书馆作为公共服务部门也提供了流动儿童文化方面的支持（胡荻，2010）。可见，充分利用现有教育资源以及倡导新的教育支持模式，是解决好流动儿童教育问题的思路之一。

还有的学者对流动儿童教育进行了质性访谈研究。研究者分别选取了流动儿童个体、民工子弟学校和流动儿童聚居较多的典型城市等不同层次进行个案研究，以一种具体的、深入的观察方式来提示流动儿童教育问题的困境，提出解决问题的政策建议，对推动流动儿童的研究做出了贡献。但是，这些个案研究正像调查研究一样，存在着研究规范的问题，很多的个案没有科学规范的研究范式，因此难以做出本土化的、有深度的流动儿童教育问题分析。

（3）关于流动儿童教育问题的思辨研究。对流动儿童进行调查或访谈研究的同时，还有不少学者或相关人士从教育本身出发对其进行思辨研究。笔者所知，最早就流动儿童教育问题进行思考的是时任北京师范大学副校长的谢维和，他指出流动人口子女就学关系到一个社会的教育目标的实现，关系到经济建设和教育公平，需要通过教育体制改革来解决这一问题（谢维和，1997）。罗建河博士指出，实施全民教育、推行教育机会均等的进程中，保障流动儿童接受教育机会是亟待解决的问题（罗建河，2002）。早期的思考旨在提醒人们对流动儿童教育问题的重视。

有研究者从全纳教育视角出发，提出流动儿童目前正面临着教育机会不均、教育质量堪忧与家庭教育和社会教育缺失的问题，从社会环境、学校实践和家庭关系三方面探讨了全纳教育在流入地义务教育中实施的现实性，认为混合班制的学校教育是最佳模式，同时指出在学校和班级内要承认并赞同进城务工人员子女的差异（马良，2007；李高峰，2009）。

针对流动儿童教育问题，有研究者提出在中国实行“教育券”制度，构建出一种农民工子女义务教育经费供给模式，并认为它是符合中国实际情况的选择（朱镜德，2007）。另有学者从文化资本角度指出，城市流动儿童之所以在家庭教育、学校教育和社区教育中均处于困境，是因为流动儿童家庭的文化资本不足。因此，政府、学校、社会都应该积极行动，增加城市流动儿童家庭的文化资本，推动城市流动儿童教育的健康发展（陈钢，2011）。除了推行“教育券”来解决教育经费供给问题的模式，还有学者提出了建立财政转移支付专项资金，支持流入地政府为农民工子女提供公共教育服务，同时在教育过程中坚持“补偿原则”来缩小教育的差距（王守恒等，2011）。这些是对流动儿童教育问题在学校、教育管理部门层次的思考。

许传新等针对流动儿童教育问题的解决，以系统工程的理念为基础进行了研究，分析了流动儿童教育的国家支持系统、群体支持系统、个人支持系统的现状及存在的问题，是一个很好的视角（许传新，2004；黄剑波，2005）。梁晓燕等从影响流动儿童教育的因素角度出发，呼吁建立社区、学校、家庭“三位一体模式”，以有利于为流动儿童的发展营造良好环境（梁晓燕等，2005）。汪明在前人的研究基础上，对流动儿童教育问题提出了一个比较完善的整体思路：以流入地政府管理为主，加强流入地政府与流出地政府之间的沟通协调，增强服务意识，强化管理职责；以流入地全日制公办中小学为主，同时发挥社会力量的补缺作用，通过多层次、多渠道、多样化方式综合解决（汪明，2004）。吴瑞君根据上海市流动儿童教育问题现状，提出必须从战略的高度对相关制度加以改革和创新，秉持“统筹发展、区域调配、多方投入、重点扶持”的指导思想，将农民工子女教育资源纳入城市社会事业发展规划，切实解决流动儿童教育问题；其中，他所提到的采用“逐步放开、条件准入、成本分摊、市场操作”的方式来构建学前教育、基础教育、职业教育、成人教育“四教统筹”的农民工子女特色教育体系，对于系统解决教育问题有很好的理论指导意义（吴瑞君，2009）。解决流动儿童的教育问题不能有一劳永逸的思想，要有打持久战的思想准备。不同历史时期、不同历史阶段，需要采取不同的措施。现阶段，需要采取城乡联动的方式，整体统一规划，统一部署，由政府出面组织协调各方面的工作(王安全,2009)。以上研究属于国家层次上的思考。

党的十七大以及十七届三中全会提出了建设和谐社会，着力破除城乡二元结构，形成城乡经济社会发展一体化新格局的要求。从上述国家的政策导向来看，流动儿童教育更多应该考虑如何在统筹城乡发展的同时系统地解决这一社会问题。这方面的研究，主要集中在流动儿童的融合教育上。有学者指出，流动儿童的城市融合包括身份、心理、文化等多维度内涵，因此，融合教育应通过多元化的教育内容、互动性的教育实践、重整合的教育机制来构建综合性的教育实施路径，来提高农民工子女的社会融合度，促进社会和谐发展（黄兆信等，2010）。在社会和谐的大环境下，构建流动儿童的社会融合体系，不仅需要政府的努力，同时还要相关部门、学校、家庭、社会等各方面的支持。有研究指出，由于在教育观念、文化取向以及不同文化层面的认识与行为上的差异，流动儿童与学校的其他群体存在着冲突，这就需要以“多元一体教育”来化解流动儿童就读过程中面临的文化冲突，促进文化融合。具体说来，学校领导者及教师要树立平等、尊重的教育理念，开设满足农民工子女特殊需求的课程，改进在价值倾向、符号体系、规范意识和教学行为层面的问题，帮助农民工子女实现对课堂文化的适应和融入，以更好地促进农民工子女的发展（汤林春，2009；黄兆信等，2010；查啸虎等，2011）。另外，加强家校合作，以及适当的家庭教育环境对流动儿童的社会融合也具有促进作用（潘旦，2010）。在研究者广泛赞同融合教育的时候，有学者却指出，其实在实践过程中，不管是融合教育还是区别教育，都无法达到原有的教育目标。虽然两者都清楚地意识到了流动人口子女群体的显见特征，本身都有很好的逻辑思路，但具体到实践中却多是表象的技术层面的努力，因此，我们应该在流动儿童教育上坚持有区别的融合（罗云，2011）。这一思想无疑为学校在编制班级时提供了好的思路。

总之，这些研究者反思当前流动儿童教育问题的困境，指出问题的严峻性，提出解决的思路，其中不少观点很富见解，有的甚至得到相关管理部门一定程度上的采纳。但是这些研究大多只是从教育本身出发，没有深入的实证研究，缺乏令人信服的数据，难以真正提出具体的、有价值的可行性建议。

（4）关于流动儿童教育问题的比较研究。有一些学者对流动儿童的教育问题进行了比较研究，如有研究者对美国的流动儿童教育问题进行了考察，发现美国通过完善立法、利用网络传递流动学生信息、帮助贫困的流动家庭、加强学校（社区）与流动儿童家庭的联系等措施，力图做到“不让一个孩子掉队”（石人炳，2005）；也有研究者介绍，美国联邦政府通过实施“流动学生教育计划”项目，在解决流动学生的教育问题方面积累了经验，指出美国这一实践对我国的借鉴意义（张青，2007）。美国流动儿童教育管理的一些具体的措施，如明确规定各级政府的责任和义务、促使各级政府及执行机构完善实施机制、对流动儿童权利保障的司法化等，对我国流动儿童管理具有有益的启示：流动儿童平等的入学机会权必须以立法的形式来确定，法律的执行是保障流动儿童平等入学机会的重要和必备环节，因此，流动儿童平等入学机会司法化应当是我们奋斗和努力的目标（陈瑞丰，2006）。针对四种不同的流动儿童在不同学区内和学区间的频繁流动，美国政府在教育管理以及教育财政上都采取了积极的措施来保证其得到更多的教育和工作机会，使他们未来的生活得到保障。这些措施为我们提供了较好的参考，如推行流动人口教育计划，加强学区之间的信息交换，设立流动者教育协调支持中心，推出针对高中及高等教育阶段的专门项目、针对学龄前儿童及其父母的“流动教育起步项目”，在教育财政上采取各种补助金的方法，有效地保证了流动儿童的教育公平问题（张绘等，2011；张绘，2011）。针对流动儿童教育问题专门建立起的民工子弟学校，有研究者从美国著名的黑人民权法案的“隔离但平等”判定的角度出发，认为公共教育事业决不应该容许“隔离但平等”原则存在，农民工子女也应该享受和城市子女同样的教育权利，隔离的教学设施注定不平等，违反了《义务教育法》，因此民工子弟学校不应当存在（郭姗姗等，2007）。段成荣教授从法国社会青年骚乱事件中看到了流动儿童教育不良可能产生的社会后果，这对中国来说是一个警示（段成荣，2008）。

除了国别之间的比较研究外，国内也有很多针对留守儿童与流动儿童、公办学校与民工子弟学校之间的比较，等等。学者从社会文化机构接触、大众传媒接触、社团活动参与、课外知识来源渠道四个方面对流动儿童与留守儿童的社会教育状况进行了比较分析，得出流动儿童的社会教育要优于留守儿童，教育成本要远大于留守儿童，同时失学现象也高于留守儿童；在生长发育和营养状况方面，也存在留守儿童发育不良、流动儿童营养过剩的问题（陈国华，2011；陈丽等，2010；钟一彪等，2009）。另外，面对网络化进程的加快，流动儿童与留守儿童的网络成瘾问题也比较突出。总体来说，流动儿童的网络成瘾倾向比率显著高于留守儿童和普通儿童（金灿灿等，2010）。流动儿童网瘾的形成及发展对其城市社会的适应性都是一个严峻的挑战（范兴华等，2009）。不管是流动儿童的身体发育和营养状况，亦或是教育成本、网络问题都应当引起我们的注意。

关于流动儿童的所在学校，也有研究对公立学校及民办学校进行了比较。李晓巍、邹泓等研究者发现流动儿童的学校适应存在性别差异，且存在年级与学校类型的交互作用，差异较为显著。李兰兰也通过对比上海市公办民工子弟学校、简易小学和普通小学，发现大部分农民工子女在心理和行为上能基本适应城市的学习生活。但是，和城市孩子相比，农民工子女的适应性不良率比较高，简易学校学生行为适应不良率比较高（李晓巍等，2009；李兰兰，2009）。

比较视角下的研究对中国流动儿童的教育问题有一定的指导或借鉴意义，但是到目前为止，仅限于对美国、法国的介绍，而这两国作为经济发达、法制完善的国家，与中国社会实情差距较大。因此，应当加大对发展中国家在处理流动儿童教育方面比较成功的经验介绍，使之成为一个重要的学术发展方向；同时在国内的比较研究上，要对不同类型学校、不同流动状况的儿童进行系统化、全面、深入地探讨。

以上研究，基本上都是从教育学的立场和视角出发，其必要性不言而喻。但是，流动儿童的教育问题并不只是教育内部的问题，因此，跳出教育学领域，从其他的视角来观察和思考流动儿童的教育问题，也是不可或缺的。

2．学科观察的视角

（1）社会学视角。难能可贵的是，一些学者不仅从教育本身出发来研究流动儿童的教育问题，还从社会学的角度来思考这一问题。有研究者从家庭、学校和同辈群体三个方面入手，阐述了在流动儿童社会化过程中存在的一些问题，看到了流动儿童教育问题导致的畸形社会化的严重危害性（张翼，2003）；事实上，流动儿童的社会化状况与城市儿童相比，大多方面不存在显著性差异，但在性格与行为特征方面相对较弱，要对此问题加以正视（赵向利，2006）。值得一提的是，有研究者从社会化的角度对流动儿童家庭选择流动还是留守进行了实证研究，发现在身心健康、知识面广度方面，流动儿童优于留守儿童；总体社会化结果上，流动儿童优于留守儿童，这意味着农民工子女选择流动更能够促进其健康发展，但流动儿童的社会支持源和支持利用度都很低（王水珍等，2007；李海华，2007）。

有不少学者从社会排斥与整合的角度，对流动儿童教育问题进行了思考，主要是着眼于流动儿童的成长过程，从静态与动态两方面考察了流动儿童与迁入地社会的整合状况，特别是从社会排斥的视角来分析流动儿童的教育公平问题，以期寻找到造成流动儿童教育公平问题的真正的原因（周皓，2003；熊少严，2006）。曾守锤试图从社会适应的角度来帮助流动儿童找到更好的社会整合的途径，流动儿童社会适应情况总体良好，但在参与集体活动和课堂发言方面还显得不够积极，对此，应重视流动儿童社会适应能力的培养，为流动儿童的社会心理发育提供良好的校园和社会环境，并试图提出一些可能的解决方法（曾守锤，2007）。还有一些研究者尝试从社区教育的视角出发，从协调农民工子女与所接触的城市大环境、社区小环境之间，学校和家庭之间的矛盾关系入手，分析农民工子女教育问题，提出从社区出发来促进流动儿童的社会适应的一种社区参与模式，不失为一种有价值的探索（张旭亮，2006；郑莉，2007）。

特别值得一提是，有研究者从多元利益格局出发来探讨城市流动儿童的教育与社会适应问题，提出在现行的“以县为主”义务教育投入机制的框架下，采取“两为主”的原则解决数量如此巨大的城市流动儿童在流入地接受义务教育的问题，势必会触及地方政府的利益，使政策受到影响，加大政策实施成本。要保证国家有关城市流动儿童教育问题政策、措施的有效性，就必须综合权衡各方的利益，并以此为基础调整国家义务教育投入和管理政策（刘鸿渊，2007）。

总之，这些学者从社会学的角度出发，来探讨流动儿童的教育问题，找到问题的原因，寻找可能的解决方式，很多观点具有启发性，是一种有价值的探索，但其提出的建议并没有针对中国文化和体制的背景，因而在实践中缺乏可操作性，这也是以后的社会学研究需要加以改进的方面。

(2) 经济学视角。从经济学的角度对流动儿童的教育问题进行研究是一个可贵的探索，有学者从流动人员家庭教育选择的经济因素出发，研究发现流动农民对其适龄子女的教育选择行动既不仅仅是个体经济利益最大化的理性选择，也非仅是教育限入政策阻碍的结果，而是主体与结构的二重性过程，人的行为选择不仅受到经济利益影响，还与社会结构等密切相关（李芬，2003）。范先佐教授等对当前流动儿童教育面临的财政问题进行了分析和探讨，并在此基础上提出了解决这一问题的对策思路：解决教育经费来源，要引进政府采购制度，要对民办农民工子弟学校进行审核评估等（范先佐，2004；冯帮，2007）。而“两为主”中“以流入地政府为主”的教育政策看似可行，但由于事权与财权严重不对称以及各地方政府的责任不明确、激励不够，实施效果并不好，教育经费难以保证。因此，有必要建立起由中央和地方共同分担、省市政府为主的经费负担体制，变补贴学校财政为直补流动儿童的办法，确保每一个流动儿童都能享有由公共财政保障的免费义务教育（范先佐等，2009；陈静漪，2009；李文彬，2009；袁连生，2010）。

雷万鹏从教育需求角度提出了一个审视流入地政府责任和流动儿童教育政策的理论架构，提出流入地政府应该采取不同策略、分担不同责任以回应流动儿童多元化教育需求。两年后，雷万鹏又通过对武汉市流动儿童家长实证调查，从入学难度、财政负担、家校联系和家庭教育选择等方面剖析了流动儿童义务教育面临的挑战，发现当前流动儿童教育正经历一次结构转型，即流动人口从对儿童入学机会的关注逐步转变到关注教育过程、教育质量和初中后入学机会（雷万鹏，2005；2007）。此外，有学者从教育期望、教育投入和学习投入角度分析了流动儿童的教育，得出了期望差越大，父母教育投入越多，流动儿童的学业表现越好的结论。这也直接验证了良好的经济条件是流动儿童学习的保障（蔺秀云，2009）。但当前城市中的经济排斥，却使流动儿童的教育质量以及初中后教育机会难以保证（冯帮，2011）。

值得一提的是，有些学者从新制度经济学的角度对流动儿童教育问题进行了有益探索。我国流动人口子女义务教育制度存在着制度供给与制度需求的矛盾，同时由于城乡二元结构导致城乡教育制度严重失衡，形成了持续失败的路径依赖。今后应该发展兼顾效率与公平的制度供给取向，政府、学校与市场有机结合的制度运行和改革取向，以及兼顾整体、均衡的制度变革取向（卢伟，2011）。

从经济学角度来思考流动儿童的教育问题对于中国的国情来说是很有必要的。流动儿童的教育问题首先是一个经济问题或利益问题，因此，这是一个非常有价值的研究视角，但是，这种研究只站在政府的立场，而没有站在学校和家庭的角度提出解决问题的方法，势必有其局限性。以后的研究应当更多地探讨流动儿童家庭的教育选择与教育消费，这将是一个流动儿童教育问题的学术生长点。

（3）法学视角。从法学的角度来研究流动儿童的教育问题，是一个不可忽视的研究思路，因为流动儿童教育问题本身也是一个法律问题。

陈瑞丰等从义务教育的法律性质和我国义务教育法有关规定出发，结合我国流动儿童的教育法规政策和流动儿童的教育现状，对流动人口子女平等受教育权进行了法理分析，分析了中国流动儿童义务教育的问题和不足，提出了进一步加强和完善我国流动儿童义务教育权利保护的制度构想（陈瑞丰，2005；刘潇潇，2006）。有学者从公民权的角度对流动儿童教育给出了法律解释，认为城市农民工子女教育保障关系到农民工子女完全公民权的实现，提出了要加强宪政建设，充分保障城市农民工子女的受教育权（易承志，2010）。

还有研究者运用儿童权利理论与公共管理理论，从儿童的生存权、发展权、受保护权、参与权等权利出发，对流动儿童权利保护面临的问题进行多视角考察，着眼于为流动儿童健康成长营造良好的社会环境，把研究目光聚焦于流动儿童权利保护的管理体制，提出完善流动儿童受教育权利的建议措施（邓丽洁，2006；李宗明，2007）。农民工子女教育的权益保护问题不仅仅涉及教育领域，同时还与“三农”、户籍制度、社会保障等多个层面有所关联，需要从完善政策和管理措施、推进体制改革和制度创新等多方面入手，寻求解决问题的新思路（宋文珍，2009）。在教育管理及教育财政上，首先应该在立法上消除对农民工子女受教育的歧视性规定，恢复其国家公民的主体地位。国家应尽快制定专门的《反教育歧视法》《义务教育专项资金法》《户籍法》等，同时将教育券制度法制化，明确各管理部门的责任等等（吴义太等，2009；张杰等，2009；张明武等，2010）。

流动儿童教育权利问题，在中国这样的社会经济发展背景下，存在一个应然和实然的问题。虽然国际上以及我国的教育法都界定了流动儿童应有的教育权利，但是，现在仍存在同城和跨区域入学条件不公正、难以平等享用公办教育资源、权利保障薄弱以及教育质量不高等问题，致使其平等受教育权大打折扣（陈信勇等，2007；刘晓湧，2010）。因此，有必要对流动儿童的义务教育进行补偿。有学者指出，对流动儿童的义务教育补偿，具有实现教育正义、保障基本人权、促进代际和谐等显性价值，同时，也是一位公民天然的给付请求权，而补偿的给付，则是国家和政府应当积极作为的公民行政受益权（韩世强等，2009）。教育补偿在学前及高考上，更应该加强，因为流动儿童教育的不连贯性是当前突出的问题。当前，流动人口子女高考权利保障的缺失极易引发严峻的社会后果，国家有必要在理论层面、制度层面、管理层面上对流动儿童的高考问题给予关注。而学前教育的问题，也集中在相关的制度政府的错位管理。今后我们在立法思路上，应当恪守权利至上的价值理念，积极构建政府责任与自主程序协调统一的法律认定框架；在法律救济上，着力解决权利具体化的传统司法障碍，保障流动儿童学前教育有法可依（韩娟等，2009；韩世强，2010）。

这些从法学角度对流动儿童进行的研究，对于流动儿童的受教育权的法律保护是很有价值的，但是，像教育一样，法律问题也不是法律之内就能解决的，法的制度和实施受到它所处的政治、经济和文化多方面因素的影响，因此，今后的研究应当是对流动儿童进行社会学、法学、经济学分析。

（4）政治学视角。流动儿童的教育问题与其说是一个法律问题，不如说是一个政策问题，在当前法律并不完善的情况下，政策比法律具有更大的效用。有研究者对北京市流动儿童义务教育政策执行与影响因素进行分析，发现政策之于中国流动儿童的重要性。从地方政府来看，维护地方利益和部门利益是其政策行为的重要价值依据；从学校来看，保证优质生源、确保教学质量是其应对政策的基本立场；从家长来看，生存需要第一、教育需要第二是其考量政策的根本出发点。除此之外，还有学校与流动儿童、城市市民与流动儿童、流入地政府与流动儿童之间的关系，这些不同利益选择所造成的张力，大大削弱了政策执行的力度和效果，不利于流动儿童就学问题的有效解决，应从政策制定和服务到位的角度来研究流动儿童的教育问题（班建武，2005；周皓，2006；许林等，2010）。李文彬通过对珠三角的实证调研发现，在协调各利益群体之间的关系时，还必须建立政策执行的激励机制，健全政策执行的考核机制（李文彬，2009）。

我国的流动儿童政策背后其实体现着一定的社会控制理念，具体来说，我国对流动儿童的社会控制分为三个阶段，即前控制阶段、有限抵制阶段和接纳阶段，不同阶段的流动儿童教育政策反映出不同的社会控制理念（周序，2007）。杨颖秀对十年来流动儿童教育就学政策进行了梳理，发现对于流动儿童的教育权利的保护，政府已经做了很多工作，取得了有效的成绩，但是由于这一群体数目庞大，同时受家长教育水平、各地政府财政等因素的影响，仍然有一段很长的路要走（杨颖秀，2007）。也有研究者从国家和地方两个层面、主观和客观两个方面深入分析流动儿童政策的现状，剖析国家和地方政府之间的义务和责任关系，分析影响流动儿童政策制定、执行等环节的因素，针对流动儿童主要问题提出了一些政策建议（何玲，2007；钱再见，2007）。

杨东平教授等研究发现，尽管伴随“两为主”政策的实施，多数城市农民工子女义务教育政策格局已趋明朗，但2010年以来，在大城市人口激增的新背景下，各地政府新一轮的“围堵战略”重新抬头。对此他们提出了构建顺应城市化进程的顶层设计和整体制度安排的建议，同时针对政策参与主体多元性和网络结构开放的特点，建立各级政府及其相关部门的责任规定的政策网络体系，以走出农民工子女教育的制度困境（杨东平等，2011；陶圣琴，2010；邓凡，2011）。

总之，从政治学的视角来研究流动儿童的教育问题是一个很具实践价值的研究角度，不少的学者对此进行了可贵的探讨，但是，政策是一个系统，不仅国家有政策，地方也有政策（或称对策），不同的政策应当是相互支持而不是冲突，才可能形成一个有效的政策系统，这也是此条研究路径无法回避的一大困境。

总体上，关于流动儿童教育问题的研究成果是比较丰富的，既有小规模，也有中等规模的样本调查；不仅有总体研究，也有中观乃至微观的研究；不仅从教育本身出发，也有从社会学、经济学、法律学和政策学等方面进行的研究，这些研究对探索解决流动儿童问题做出了贡献。但是，所有的局部并不是事物本身，所有的宏观也并不是整体，只有把宏观和微观、整体与局部、理论思考与实践结合起来，才是解决流动儿童教育问题的正道所在。

（三）流动儿童教育问题研究的学术之维

对于流动儿童的研究，不仅需要从内容来考察其研究水平及研究方向，以利于流动儿童教育政策的制定和实施；还要从对流动儿童研究的学术关注来考察流动儿童的研究，解读流动儿童问题研究状态，从而为进一步的研究提供新思路。

1. 研究机构与课题来源

从CSSCI的论文检索数据来看，全国从事流动儿童问题研究的机构主要集中在大学，因为学术背景各不一样，承担的任务也不一样，如从事社会学、人口学方面的研究机构主要是从社会与人口发展视角来研究流动儿童的教育问题。同时，不同层次的学术研究机构对流动儿童教育问题关注的视角也是不一样的，如国家级的大学或研究机构主要关注的是流动儿童的整体性问题等。以下是近年来主要研究机构与研究课题的统计表：

表1-3　　　　流动儿童主要研究机构与课题来源

研究机构	问题关注	课题名称及其来源
北京师范大学发展与心理研究所、教育学部、心理学院、社会发展与公共政策学院、经济学院（北京）	学业行为 问题行为 师生关系 社会适应 心理健康 家庭教育	1. 教育部哲学社科研究重大课题攻关项目：2005“处境不利儿童心理发展现状与教育对策研究之子课题：流动儿童调查”；2. 国务院妇儿工委、联合国儿童基金会委托项目：2002“中国流动儿童状况调查研究，流动儿童受保护状况专题”；3. 教育部人文社会科学重点研究基地年度重大项目：2005“流动儿童的社会处境、心理发展状况及需求的研究”；4. 教育部哲学社会科学研究重大课题攻关项目：2005“处境不利儿童心理发展状况与教育对策研究”；5. 北京市教育科学规划课题：2005“北京市流动人口子女教育状况调查”；6. 教育部人文社会科学重点研究基地重大研究项目：2005“青少年社会适应的保护性因素与危险性因素的评估”；7. 国家基础科学人才培养基金：2006“流动儿童学业表现的影响因素研究”；8. 全国教育科学“十一五”规划国家重点课题：2008“当代社会发展中的中国农村教育发展问题研究”；9. 北京市教育科学规划课题：2008“在京流动儿童的学校表现、影响因素和应对策略”；10. 美国国际计划中国总部：2009“处境不利儿童研究”；11. 北京市哲学社会科学规划项目：2009“北京市流动儿童身份认同的研究”；12. 国家社会科学基金资助项目：2009“学前一年教育纳入义务教育的条件保障研究”；13. 国家社会科学基金资助项目：2010“流动儿童问题调查及社会工作干预研究”；14. 福特基金课题：2010“中国城市民工子女义务教育经费供给保障政策研究”；15. 国家留学基金委“2009 年国家建设高水平大学公派研究生项目”

（续表）

研究机构	问题关注	课题名称及其来源
北京大学社会系（北京）	教育心理 教育政策 教育绩效 社会整合	1. 国家社科基金：2006“流动儿童教育与社会融合的跟踪研究”；2. 北京市自然科学基金：2006“北京市流动儿童与常住儿童发展状况的跟踪比较研究”；3. 教育部人文社科：2005“流动儿童社会整合的追踪研究”；4. 北京市社科基金：2006“北京市流动人口社会认同的跟踪研究”；5. 北京市委组织部优秀人才支持计划：2005“流动儿童社会整合的追踪研究”；6. 首都经济贸易大学校级科研重点项目：2006“流动儿童教育与社会融合的跟踪研究”；7. 国家社科基金：2011“在校流动儿童健康需求及对策研究”
中国人民大学人口与发展研究中心、公共管理学院教育研究所（北京）	教育发展 教育调查 教育政策	1. 世界银行资助：2005“‘农民工子女义务教育项目’子课题——‘农民工子女人口学特征’”；2. 国务院妇女儿童工作委员会课题：2002“流动儿童教育问题”；3. 中国人民大学985工程校级攻关项目：“中国流动人口研究”；4. 联合国儿童基金会和中国儿童中心、国务院妇女儿童工作委员会项目：2003“中国九城市流动儿童生活状况调查”；5. 中国劳动关系学院项目：2010“我国工会法若干问题研究”
清华大学（北京）	社会融合	国家社科基金教育学项目：2011“流动人口子女社会融合教育研究”
北京理工大学（北京）	教育政策	国家自然科学基金：2008“流动人口公共品提供的公共政策研究——以流动儿童义务教育为例”
中央财经大学（北京）	教育管理 教育发展	国家社会科学基金资助项目：2011“中国农民工二代初中后流向及其影响因素研究”
首都师范大学教育科学学院（北京）	社会融合	北京教育科学规划“十一五”青年专项：2007“北京市流动儿童的社会排斥现象研究”
中央教育科学研究所教育改革研究室	教育管理	中央教育科学研究所公益金项目：2008“从户籍制度变迁看流动人口子女教育政策演变”
上海理工大学管理学院（上海）	教育机会	教育部规划项目：2007“流动儿童教育券与民工子弟学校转型问题之研究”

（续表）

研究机构	问题关注	课题名称及其来源
上海市教育科学研究院（上海）	教育发展	上海市政府2007咨询热点课题："民工子女教育的相关问题研究"
华东理工大学社会与公管学院（上海）	社会适应	1. 国家社科基金2006年度项目："流动儿童的社会适应研究"；2. 上海市教育科学研究市级项目：2006"流动儿童面临的风险因素及其心理弹性的研究"；3. 国家社科基金：2010"我国农村留守儿童现状调查报告"；4. 国家社科基金：2011"流动人口家庭社会服务的需求与对策——以上海市流动人口聚居区为例"；5. 上海市教育科学研究项目：2011"流动儿童入学准备的研究"
华东师范大学心理与认知科学学院（上海）	心理健康 社会融入 教育发展	1. 上海市哲学社会科学规划课题：2008"家庭化迁移中流动儿童的身心发展与社会融入"；2. "上海市中长期教育改革和发展规划纲要"专项研究课题：2008"农民工子女教育"；3. 国家社科基金教育学项目：2011"大城市外来人口子女教育获得空间过程研究：基于区位获得模型的分析"
复旦大学国际关系与公共事务学院（上海）	社会化	上海市学术著作出版基金资助项目：2009"城市化的孩子：农民工子女的身份生产与政治社会化"
浙江工商大学公共管理学院（杭州）	教育发展	1. 联合国教科文组织全国委员会资助项目：2005"流动人口子女教育及全纳教育的理论与实践研究"；2. 全国教育科学"十五"规划课题：2005"关于中国流动人口子女教育问题的研究"；3. 2006年度杭州市哲学社会科学规划课题："和谐社区构建中外来务工人员的城市融入问题研究——以江干区三叉社区为例"
杭州师范学院人口研究所（杭州）政治经济学院（杭州）	教育调查 教育发展	1. 国家社科基金教育科学"十五"规划项目："中国流动人口子女教育问题的调查研究"；2. 联合国教科文组织中国全国委员会研究项目："中国流动人口子女全纳教育研究"；3. 全国教育科学"十五"规划项目："关于中国流动人口子女教育问题的研究"；4. 教育部人文社会科学研究规划基金项目：2010"教师发展与政治文化研究——基于教师政策演变的分析"
浙江大学教育学院（杭州）	社会整合	1. 杭州市哲社规划课题：2007"教育生态学视野下城市流动人口子女社会融入问题研究"；2. 国家社会科学基金重点项目：2008"加快覆盖城乡居民的社会保障制度研究"

（续表）

研究机构	问题关注	课题名称及其来源
华中师范大学教育学院（武汉）中国农村问题研究中心（武汉）	教育发展 教育调查 教育政策	1. 教育部人文社会科学重点研究基地项目：2005“农村人口流动背景下义务教育体制研究：中部地区‘流动儿童’与‘留守儿童’义务教育实证调查与对策研究”；2. 华中师范大学“丹桂”计划项目：“武汉市流动儿童义务教育需求实证研究”；3. 教育部基础教育司与世界银行资助：2005“留守儿童教育研究之农村流动人口子女义务教育研究”；4. 教育部哲学社会科学研究重大课题攻关项目：“我国农村与农民问题研究（教育部2003年第32号招标课题）”；5. 教育部社科重大攻关项目、教育部基础司/社政司资助：2007“农村留守儿童义务教育现状、问题与相关对策研究”；6. 教育部人文社会科学重点研究基地2004年重大研究项目：“农村人口流动背景下义务教育体制研究”；7. 国家社科基金：2011“城市流动人口服务管理问题研究”
东北师范大学教育科学学院（长春）	教育权利 教育发展	1. 教育部人文社会科学研究项目青年基金项目：2007“我国教育利益地方化问题研究”；2. 国家哲学社会科学基金项目青年项目：2007“和谐语境下的利益集团对教育政策影响的研究”；3. 吉林省哲学社会科学基金规划项目：2006“和谐视野中的教育利益问题研究”；4. 教育部人文社会科学重点研究基地重大项目：2006“农民工子女就学问题研究”；5. 吉林省教育科学“十一五”规划重点项目：2006“农村留守子女教育问题研究”；6. 全国教育科学“十一五”规划：2008“当代社会发展中的中国农村教育发展问题研究”；7. 中央高校基本科研业务费专项资金资助项目：2009“农民工子女初中后阶段就学问题研究”；8. 全国教育科学“十一五”规划教育部重点项目：2009“农民工子女初中后阶段教育政策研究”；9. 联校教育社科医学研究论文奖计划项目：2010−2011年度“教育政策执行的网络模式研究”
南开大学人口发展研究所（天津）	教育财政 教育管理	国家社科一般课题：2001“关于农民工子女在迁入地接受基础教育的系统研究”
中山大学社会学系（广州）	教育权利	国家社科基金重大招标项目：2005“城市化进程中的农民工问题研究”

（续表）

研究机构	问题关注	课题名称及其来源
华南农业大学（广州）	教育管理 教育权利 社会融入	1. 全国教育科学“十五”规划重点项目：2005“广东省农民工学龄子女教育问题现状调查和对策研究”；2. 广东省哲学社会科学“十一五”规划：2009“社会工作视野中的流浪儿童救助保护模式创新研究”
河海大学社会系（南京）	家庭教育 社会整合	1. 国家社会科学基金：2006“流动儿童与城市社会的融合”；2. 河海大学科技创新基金：2005“流动儿童与城市社会的融合”；3. 江苏省教育科学“十一五”规划：2009“流动儿童基础教育公平研究”；4. 江苏省研究生培养创新工程项目：2009“游走于城市的角落——对流动儿童基础教育公平问题的社会学分析”
南京财经大学经济学院（南京）	教育财政	1. 国家社科基金项目：2009“中国流动人口对经济发展贡献率的统计评价及其国际比较”；2. 全国统计科研重大项目：2008“中国人口流动对经济发展贡献率的统计研究”
宁波大学教育学院（宁波）	教育政策 教育发展	1. 浙江省社科联2007年度民生调研项目：“外来务工人员子女教育需求满足及当地教育供给增长问题与对策研究——以慈溪为例”；2. 2006年宁波市教育规划课题：“宁波市实施免费义务教育及相关问题研究”
杭州市电子科技大学（杭州）	教育权利	教育部人文社会科学研究青年基金项目：2011“‘义务教育后’农民工子女城市教育获得研究”
浙江师范大学教育学院（金华）幼儿师范学院（杭州）	教育管理 教育政策	1. 2008年浙江师范大学儿童文化研究院儿童发展全国招标重大课题：“基于治理与互动理念的流动儿童教育管理模式与社会支持系统建构研究”；2. 教育部人文社科规划基金项目：2010“新农村建设中学前教育公共服务体制的建构”；3. 国家社科基金项目：2010“进城农民工子女教育政策绩效评价与体制创新研究”
浙江纺织服装学院（宁波）	教育权利 社会融入	1. 2008年浙江省哲学社会科学规划课题：“农民工子女城市融合的法律保障机制研究”；2. 2010-2013年宁波市哲学社会科学学科带头人培育项目：“农民工子女公平受教育权的法律保障机制研究”；3. 2010年浙江省哲学社会科学规划课题：“农民工子女流入地升学保障的地方立法完善研究——以浙江为例”

（续表）

研究机构	问题关注	课题名称及其来源
温州大学思政教学与研究部、教育学院（温州）	社会支持 社会融入 教育管理	1. 全国教育科学"十一五"规划课题：2008"流动人口子女教育社会支持研究"（FHB080512）；2. 浙江省哲学社会科学规划课题：2008"社区教育：流动人口子女教育的社区关怀——以温州为例"；3. 国家社会科学基金项目：2009"农民工子女融合教育的社会学研究"；4. 国家社会科学基金一般项目：2011"新生代农民工创业与城市社会融入研究"；5. 温州市科技计划项目：2008"温州市民工子女义务教育现状及对策研究"
湖南科技大学（湘潭）	教育权利	2007年湖南省社会科学规划项目"和谐社会视域下农民工子女受教育权的法律保护研究"
衡阳师范学院（衡阳）	学习适应	湖南省哲学社会科学基金项目：2007"城市农民工子女初中阶段学业求助发展特点及其训练研究"
湖北师范学院教育科学学院（武汉）	社会排斥 教育管理	1. 教育部人文社会科学重点研究基地2004年重大项目："农村人口流动背景下义务教育体制研究"；2. 湖北省教育厅人文社会科学研究项目：2011"社会排斥与流动儿童教育公平问题研究"
安徽师范大学教科院（芜湖）	教育发展	国家社会科学基金一般项目：2008"进城农民工子女教育问题研究"
安徽大学社会学系、民族研究所（合肥）	教育管理	1. 国家社科基金项目：2007"和谐社会建设中的少数民族流动人口问题研究"；2. 安徽大学人才队伍建设经费资助项目：2006"中国西部地区城市少数民族流动人口若干问题研究"
江西师范大学政法学院（南昌）	教育权利	江西省"十一五"社会科学规划基金项目立项课题：2008"我国农民工权益法律保障研究"
成都理工大学文法学院（成都）	社会融入 教育发展	国家社科基金"十一五"规划：2007"流动人口子女融入城市公立教育研究"
宁夏大学教育学院（银川）	教育权利	2008宁夏哲学社会科学规划课题："西部民族地区城市化进程中的农民工子女受教育问题——以宁夏为例"
江西财经大学人文学院（南昌）	学业发展 教育管理	全国教育科学"十一五"规划：2009年度教育部青年课题："民工子女返乡就学现状问题与对策研究"
北京体育大学（北京）	学生发展 身体健康	国家社科基金课题：2006"我国城市农民工子女学校体育教育现状与发展对策研究"

（续表）

研究机构	问题关注	课题名称及其来源
南京师范大学（南京）	社会融合 学生发展	国家社会科学基金资助项目：2010“流动儿童的媒介使用及其社会融合影响研究”
重庆师范大学社会文化研究所（重庆）	社会适应	国家社会科学基金西部项目：2009“进城农民工子女城市社会适应性研究”
重庆教育学院（重庆）	教育政策	国家社科基金西部项目立项：2011“农村留守儿童政策研究”
贵州财经学院（贵阳）	教育发展 社会服务	国家社会科学基金资助项目：2011“留守与流动儿童关系关爱服务体系建设的比较研究”
长安大学（西安）	学生发展	国家社会科学基金资助项目：2011“大众媒介对西北地区农村留守儿童社会性发展的影响研究”
西南石油大学（成都）	教育经费	西南石油大学校级课题：2009“进城农民工子女接受义务教育经费保障机制研究”

说明：此表根据在CSSCI上发表直接有关或研究重点是流动儿童成果的课题来源所制成，不包括一些中小学、市以下级别教科所项目等，基本能反映国内近年来有关流动儿童研究的主要或重要的研究成果。

参与过流动儿童教育问题研究的机构有91所大学、研究所及学术刊物机构等，这些机构涵及全国各省及地方，其中大学是主要的研究力量，共85所，占研究机构的93%，主要有北京大学、北京师范大学、中国人民大学、华中师范大学、东北师范大学、杭州师范大学、华东理工大学、温州大学等。主要分布城市为北京、上海、杭州、武汉、长春、温州等，一是由于这些城市流动儿童比较多，问题比较明显；二是主要的科研力量多集中在大学，而大学多分布在大城市中。

从课题来源上看，涉及层次不同。上表主要选取了各级研究基金支持项目中直接与流动儿童相关或以流动儿童问题研究为中心（间接相关的或略有涉及的未纳入统计）的课题共109个，其中联合国教科文组织、世界银行等资助项目8个，占总数的7%；国家社科基金、国家自然科学基金31个，占总数的28%；教育部人文社科、教育科学规划项目24个，占总数的22%；各省教育科学规划、哲学社会科学、社科联项目20个，占总数的18%；国家部委、地方政府委托项目14个，占总数的13%；最后是各个地方科研基地、大学资助项目12个，占总数的11%。总体来看，国家社会和自然科学基金、教育部教育科学规划、人文社科基金、各省教育科学规划及哲学社会科学等项目是主要的课题经费来源，占总数的70%。

从所关注的问题来看，共有18个主题，几乎包括了流动儿童的各个方面：从学业行为、师生关系、心理健康、家庭教育，到社会适应等微观层面的问题；从教育调查、教育机会、教育权利、教育财政、教育政策到教育管理、教育发展等宏观层面诸问题。微观方面，又以家庭教育、社会适应、问题行为研究较多，如有15个机构对社会融合、学生心理健康进行了探讨；在宏观方面，则以教育调查、教育政策、教育发展研究居多，参与机构多达31个。

2. 研究者与知识背景

作为学术维度的考察，研究机构、课题来源及研究问题是反映流动儿童研究的重要方面，同时还有必要从研究者及其知识背景和研究成果来分析、总结当今流动儿童研究的成就，探索未来发展的方向。

表1-4　　流动儿童的研究者及背景一览表

职称学历	教授、博导/研究员 39(人)	副教授/副研究员/博士 85(人)	讲师、博士生/硕士/助研 55(人)	硕士生、本科/助教 15(人)	无职称/或不明 59(人)
工作单位	大学部、院、系 158(个)	大学研究所(专职) 43(个)	各级专门研究机构 36(个)	大学行政部门及部分中学 7(个)	杂志社与医院、图书馆等 9(个)
知识背景	教育学/心理学 104/33(人)	人口学/社会学 12/46(人)	管理学/经济学 11/12(人)	行政学/法学 5/7(人)	医学等其他学科 23(人)

（续表）

研究方法	量化研究 39（人）	质性研究 16（人）	思辨研究 112（人）	调查研究 60（人）	其他方法 16（人）
关注层次	宏观 128（人）	中观 73（人）	微观 48（人）	综合 4（人）	

制表说明：

1. 查得相关研究者共253人；其中男139人，女90人；不明性别14人；

2. 本表的作者均为第一作者、通信作者或主要介绍作者；所选文章均源自CSSCI期刊，不包括领导讲话、记者报道、文章摘要等非学术性论文；发表多篇文章的作者只统计一次；

3. 知识背景以作者最后学历为标准；职称以文章发表时职称为准，不同行业以正高、副高、中级及初级相等同计算；

4. 在研究方法上，以所发文章采用的研究方法为标准，不清楚者一律以其他方法列入；关注层次亦是如此。

从上表可以看出，253名研究者中，拥有教授、研究员等正高职称者39人，占总数的16%；副高职称或博士学位拥有者85人，占总数的34%；拥有副高以上职称或博士学位获得者占研究者总数的大半（50%），是当前我国流动儿童教育问题研究的主力军。

从研究者的工作单位来看，158人供职于大学学院，占总数的62%；就职于大学专职研究机构（研究所、研究中心）和社会各级专职研究机构者分别为43人、36人，所占比例达17%、14%。总体上，教学科研机构、专职研究机构占研究机构的绝大部分，高达93%；而大学中的院系、专职研究所或研究中心及大学行政部门共208个，占总数的82%。可以说，大学是流动儿童问题研究的核心重阵。

从知识背景来说，教育学、心理学、社会学、人口学和经济学出身的研究者共218人，占总数的86%，其中拥有教育学背景者达51人，占总数的41%，几近一半，这与流动儿童问题中教育问题尤为突出有关。有意思的是，除表上所列学科外，其他如人类学、统计学甚至是医学背景的研究者都有涉及，说明流动儿童问题已经引起社会的高度重视。

从研究方法来看，目前主要的还是思辨研究，253人中，有112人采用此研究法，所占比例高达44%；占据第二位的是一般调查法，使用者达60人，占总数的24%，二者共占68%。而现代规范的研究方法如量化研究、质性研究等实证研究法的使用人数为55人，仅占28%。因此，对流动儿童问题的实证研究有待进一步加强。

从关注的层次上看，大多数的研究属于思辨性的，从宏观上泛泛而谈，统计数据显示为128人，占总数的51%；在微观层次关注流动儿童问题的相对较少，仅有48人，所占比例为19%；而能从综合层次进行研究的只有4人，所占比例不足2%。因此，未来流动儿童研究的另一个突破点是综合性研究。

（四）流动儿童教育研究的问题与展望

在总体考察国内相关研究后发现，我国关于流动儿童的研究存在以下几个方面的不足：

其一，调查、思辨性的研究比较多，规范的质性、量化等实证研究相对较少。统计数据表明，调查研究和思辨研究的使用比例达到68%，而符合社会科学研究规范的质性或量化研究仅占28%。调查和思辨研究固然重要，能完善人们对于流动儿童教育问题的思考，然而，作为一门社会科学的研究，只有合乎科学研究规范的、来自田野实践的实地研究、量化研究才是真正具有科学价值的研究，其结论才有更大的可接收性。理论来自实践，反过来还需要在实践中检验自己的正确性，因此，在流动儿童研究上加强实证研究也是一个重要的发展方向。

其二，有一些不同层次的个案研究，但缺乏一定的理论高度和可推广性。就目前所能查到的文献来看，有不少研究者就某个流动学生受教育的经历进行研究，介绍某所学校、某个城市，甚至某个国家的流动儿童教育问题解决的经历或经验，并进行了一些反思。但是，对这些个体或组织的做法背后起支撑作用的法律依据、理论根基并没有深入研究，个案的选择也并不符合社会科学要求的随机取样或整体分层取样的要求，因此其结论的可接收性和可推广性不可避免地受到限制。

其三，宏观思辨或单一问题研究多，系统性解决问题的研究几乎空白。根据我们前面的统计结果，有51%的研究者从宏观层面进行思辨研究，这些学者或从法律、政策，或从教育本身等角度来看流动儿童的教育问题，提出了一些建议，具有一定的价值；但是能站在国家、学校、家庭及学生本人的视角，综合、系统地分析流动儿童教育问题的只有4人，不到2%；况且很多研究没有把政府与学校、家庭甚至是学生的互动选择列入思考，研究结论自然失之偏颇。因此，未来的流动儿童研究在系统研究方面需要大大加强。

其四，关于流动儿童的研究理念，以控制居多，基于治理和互动理念的研究少。从研究现状来看，多数对流动儿童问题的认识并不深刻，绝大多数的研究者都站在国家或各级政府的立场上，把流动儿童的教育问题当作一个政府可控制实施的问题，而没有流动儿童本身或其代理人的话语，缺乏多方主体的对话、选择与互动，这种主要研究对象——流动儿童在研究中的“缺位”现象，导致了研究结果可信性和研究建议的可操作性不足。

因此，从相关研究来看，流动儿童的教育问题是一个教育管理实践问题，更是一个系统的社会支持问题，如果国家地方政策法规能够解决好这些问题，那么流动儿童的就学难、个体心理健康、畸形行为等问题都会迎刃而解或得到最大程度的解决。因此，以治理和互动的理念为基础，针对流动儿童教育的管理模式和社会支持系统进行研究，从流动儿童的教育实践出发，以全新的教育管理理念为理论基础，进行实践管理模式的探索和政策法规等社会支持系统的建构研究变得尤为迫切。

三、研究设计

本书从教育学、政策学和管理学交叉学科的视角，运用政策过程理论、社会支持理论和社会治理理论，分析了流动儿童教育政策出台的理论解释、政策执行的偏离机制等；在社会支持理论的基础上，进一步探讨了流动儿童教育支持问题，并对流动儿童教育支持的现状特点与影响因素进行了实证研究；最后在政策分析和实证研究的基础上，建构了一个流动儿童的教育管理模式与社会支持系统框架。

（一）拟解决的问题

1．当前我国流动儿童教育政策问题分析

包括三个具体问题：（1）流动儿童教育政策发展形成分析；（2）流动儿童教育政策执行机制分析；（3）流动儿童教育政策发展空间分析。

2．当前我国流动儿童的教育管理中存在的问题

包括三个具体问题：（1）流动儿童教育管理的现状及特征；（2）流动儿童教育发展的影响因素分析；（3）流动儿童教育发展与教育支持的关系。

3．流动儿童的教育管理模式

包括五个具体问题：（1）流动儿童教育管理的理念；（2）流动儿童的国家办学体制；（3）流动儿童的学校教育机制；（4）流动儿童的家庭教育机制；（5）流动儿童的自我教育机制。

4．流动儿童的社会支持系统建构

包括三个具体问题：（1）流动儿童教育的社会支持框架；（2）流动儿童教育的社会支持模式；（3）流动儿童教育支持系统的建构。

（二）理论工具

在当前关注社会公平与教育公平的理念下，流动儿童的教育问题引发了社会各界的关心和支持，不同领域的学者从各自的研究领域进行研究，取得了不少的成果，这为本书奠定了坚实的研究基础，同时也为本书的讨论与分析提供了一个对话的平台或语境。一个关于社会的研究，是离不开社会理论支持的。作为理论工具，政策过程理论、社会支持理论和社会治理理论为本研究的理论合法性提供了支撑，并对本研究的新管理模式或管理体制建构起到了重要的理论支持作用，具体运用如下：

1．政策过程理论

政策分析作为政策学的一个重要分支，近年来得到相当大的发展，各种关于政策过程的理论不断出现。政策过程逐渐成为政策分析中的重要内容。美国政治学者约翰·W. 金登创立的多源流动政策过程理论是本研究的重要理论工具之一，他认为政策制定并不是一种理性化的、计划性的过程，而是具有一定的模糊性。也就是说，对于同样的环境或现象，在实际操作过程中可能存在多种思维方式。主要表现为三种决定性的因素在推动，即问题溪流、政策溪流和政治溪流共同作用，在适当的时候打开了政策之窗，从而导致了政策的出台。[1] 政策执行是指政策循环中的政策实施阶段，它被定义为“执行计划或政策的过程；

[1]〔美〕约翰·W. 金登著，丁煌等译：《议程、备选方案与公共政策》，113-244页，北京：中国人民大学出版社，2004。

它表示从计划到实践的转化”[1]。政策的执行并不是自动完成的，而是会存在这样那样的偏离，因此，政策执行过程也是一个政策子系统之间不断地相互作用与政策循环的过程。在本书中，政策过程理论被用来分析流动儿童教育政策出台与执行中存在的问题。

2．社会治理理论

该理论是近年来国际公共管理发展所形成的一种新的社会和政府管理理论，它认为政府的管理应当具备六个基本要素：合法性、透明性、责任性、法治、回应和有效。因此，政府的治理意味着一系列来自政府而又不限于政府的公共机构和行动者，政府在寻求解决社会和经济问题时，要把握责任和界线；在涉及集体行动的各个社会公共机构之间存在着权力依赖；治理意味着参与者最终会形成一个自主的网络，意味着办好事情的能力并不限于政府的权力，也存在着其他的办法；治理不是国家和市场的替代物，而是二者的补充。[2] 同时，社会系统理论在解释社会治理方面也有其独特的视角，该理论由德国著名社会学家卢曼首创，他认为“社会是由系统而非个体所组成的，个体属于社会的环境；社会是由差异组成的一体而非基于共识的整合一体；社会不应当以地理边界来区分和界定，社会不是一个由区域社会所构成的全球体系，而是一个由系统构成的世界社会，其内部边界是诸系统之运作所形成的边界，其外部边界则是社会与环境(如自然环境以及人)的边界,这些边界都是由沟通的不断运作来维持的”[3]。在卢曼看来，

[1] Mibrey W. McLaughlin, “Implementation Realities and Evaluation Design” in R. Lance Shotland and Melvin M. Mark(eds), *Social Science and Social Policy* (Beverly Hills: Sage, 1995): 97.

[2] 转引自杨凤英《治理视角下的高等教育中介组织研究》，北京师范大学2007届硕士学位论文。

[3] 肖文明：《观察现代性——卢曼社会系统理论的新视野》，载《社会学研究》，2008（5）。

社会的治理或管理需要的是把个体与作为整体的社会系统统一起来，找到社会问题解决的根本道路。

3. 社会支持理论

社会学中的社会支持理论产生于20世纪70年代，它是基于支持需要是从人类基因中衍生出来的一种本能的福利的观点，最早从精神病学中把“社会支持”这一概念引入到社会学研究当中，早期学者索茨(Thoits)将社会支持定义为重要的、生活中的他人如家庭、朋友、同事、亲属和邻居等为某个人所提供的帮助功能，包括社会情感帮助、实际帮助和信息帮助等。后期的研究者荷兰社会学家马特·G. M. 范德普尔则进一步发展了社会支持理论，他认为社会支持应当包括物质帮助、行为支持、亲密的互动、指导、反馈，对他人的行动、思想和感受给予反馈和正面的社会互动等六种形式。从社会学意义上来说，社会支持是一定社会网络运用一定的物质和精神手段对社会弱者进行无偿帮助的一种选择性社会行为，是一个由各个方面的资源所支撑的能对所需者提供支持的资本组合。在社会支持的理论假设中，政府是责任的主体，市场和社区是社会支持的重要平台。社会支持理论有宏观、中观和微观三派，宏观的社会支持主要是从政策、制度等社会符号角度来研究社会支持系统；中观派主要是从社会资本和社会网络理论出发，研究社会成员所获得的社会支持情况；而微观派主要是从情感和心理上来研究社会成员所获得的社会支持对其身心的影响。本研究将在宏观层面展开对流动儿童的政策和制度性社会支持系统的建构研究，而中观和微观层面主要是对流动儿童的学习提高和问题行为与社会支持的关系进行研究。[1]

---

[1] 李铣等：《弱势群体社会支持的理论整合与建构》，载《中共四川省委党校学报》，2004（4）。

（三）研究思路

在流动儿童的社会支持与教育发展的量化研究中，采用以下思路作为技术路线：

从对流动儿童进行管理、研究、教育的相关人员和流动儿童本人的访谈出发，借鉴前人关于社会支持的相关研究成果，以当前流动儿童最新研究为基础，构建流动儿童教育问题的社会支持、影响因素和学业成绩与问题行为的假设模型，以此展开量化研究。

具体而言，影响儿童教育问题的因素有来自国家政策、地方法规、家庭资本和学生个人特性这四大方面，并以此作为主要的自变量进行量化，来设定调查问卷；以社会支持作为中介变量来观察各种不同的因素是如何能通过社会支持来影响流动儿童的学业成绩和问题行为的；以流动儿童的学业成绩和问题行为作为流动儿童教育发展的两个主要指标来建构因变量，观察社会、家庭、自我等各方面因素在流动儿童身上产生的影响。

以下是量化研究的分析框架图：

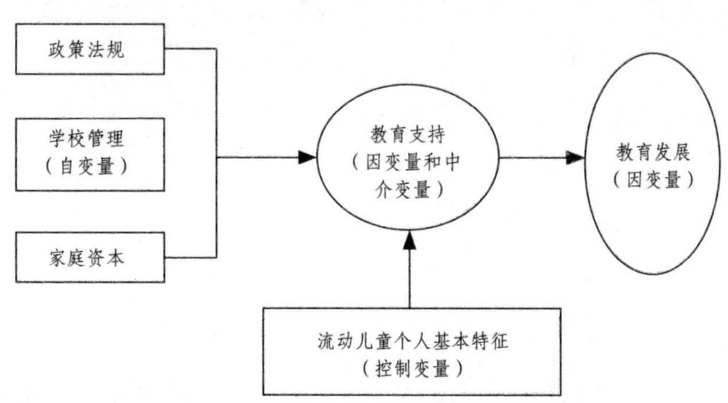

图1-1 流动儿童社会支持与教育发展假设分析模型

在教育管理模式研究上，我们认为教育管理模式事实上是教育管理理念、教育管理体制和教育管理机制相互作用所表现出来的一种稳定的教育管理方式或形式，这一分析的框架来自于北京大学政府管理学院教师、博士生导师李习彬关于理念、体制和机制相互关系的特点的社会系统理论观点，以及教育管理学著名学者、博士生导师孙绵涛关于教育模式、体制、活动相互关系的教育管理理论。

一般来说，符合社会实际的教育思想理念成为一种教育管理的活动首选的观念被接受下来，用于教育体制的实践之中，有利于形成良好的体制；而好的教育体制则有利于教育机制的改进，例如民主体制有利于法治机制的形成；而好的教育机制则能够调动人的积极性、主动性和创造性；反过来也是，成功的教育机制的实施有利于教育体制的进一步完善和稳定，而教育体制则让人们对形成这种体制的理念更加坚信，进一步巩固了教育观念。在他们的基础上，笔者建立起一个我国流动儿童教育管理模式的分析框架（见图1–2），以便于对流动儿童教育管理问题进行更好的分析和阐述。

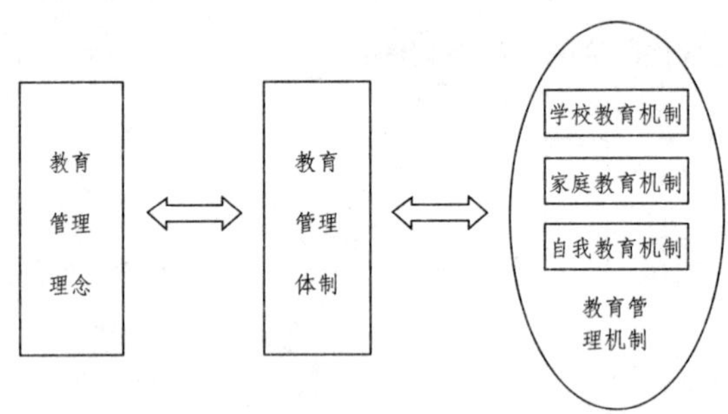

图1–2　流动儿童教育管理模式分析框架图

在社会支持系统研究上，本研究以社会系统理论和社会支持理论为基础，结合我国国情和流动儿童的实际问题，从治理和互动的理念出发，来分析流动儿童的社会支持系统的建构，强调的是行动者之间的互动和行动者个体能动性的发挥。在不同主体间的互动方面，强调互动对行动者获得某种资格，从而获得社会支持，行动者可以通过这种成员资格在关系网络中或者在更宽泛的社会结构中获取各种短缺资源。在此借用这一概念是为了从政府、学校、家庭和流动儿童本身的行动出发，以利益为工具，分析不同行为主体在不同的条件下的互动，以此来展开对各种社会支持系统的理解和阐释。

（四）核心概念

1．流动儿童

从流动儿童受关注以来，“流动儿童”这个概念也日趋清晰化。从最早的“进城务工人员子女”到后来多样化的“农民工子女”“城镇流动人口中适龄儿童、少年”“进城务工就业农民子女”“农村流动儿童”“城镇流动人口适龄儿童、少年”等，“城镇流动人口中适龄儿童、少年”概念不能清晰界定这一特殊群体的身份特征和生活状况；“流动儿童少年”涵盖的范围远远大于实际生活中的这一特殊群体，容易造成歧义理解；“进城务工就业农民子女”和“农民工子女”的概念突出进城农民职业的变更特点；“农村流动留守儿童”的概念清晰地表述了农民进城后其子女的两种生存状况即进城或是留村，同时，对这一特殊群体的概念也取消了年龄限定，使概念的界定更具科学理性，因为《义务教育法》对儿童入学年龄已有规定。[1] 在我们看来，“农民工子女”或“进城务工人员子女”等类似名称有明显的歧视意味，是以城市为本的一个立场，而“流动儿童”这一名称更加中性化，概念的范围包容性大，

[1] 吕少蓉：《1996年-2007年国家关于农村流动儿童义务教育政策的变迁》，载《教育导刊》，2008（6）。

因此，在笔者看来，这一名称更加合适。在本研究中，流动儿童是指跟随父母工作或生活而在非户籍所在地就读的义务教育阶段的学龄儿童。

2. 流动儿童教育

流动儿童的教育问题是一个内涵和外延都比较大的广义概念，因此有必要予以界定。在本研究中，流动儿童教育问题包括三个层面：第一个层面是指流动儿童教育机会问题，即国家教育管理部门应当保证所有的流动儿童都有学上，避免出现流动儿童失学、辍学等情况发生；第二个层面是指在满足流动儿童都能上学的情况下，教育管理职能部门应当提供一个适合流动儿童教育的教育管理体制和机制，保证流动儿童不会因为身份、户籍等受到歧视或不公正对待，让流动儿童愿意上学；第三个层面是指要为流动儿童提供高质量的教育，适合流动儿童身心健康发展的教育，让流动儿童不仅能上学、愿上学，还能做到乐于上学。因此，在本研究中，流动儿童教育是一个发展性的概念，它有一个从低级到高级的过程，最终的目标是做到让流动儿童受到与城市儿童没有差别的、公平公正的教育。

3. 教育支持

又称流动儿童教育的社会支持。在本研究中，我们把对流动儿童教育的社会支持统称为流动儿童的教育支持。教育支持是社会支持的一个方面，与教育援助、教育救助等概念相类似。余秀兰认为教育支持不仅限于教育援助、教育救助等，还应当包括权利、机会、精神方面的支持。[1] 在本研究中，我们认为流动儿童教育支持概念是一个中

---

[1] 余秀兰：《社会弱势群体的教育支持》，21页，北京：中国劳动社会保障出版社，2007。

位概念，它的支持对象既包括流动儿童本身，也包括流动儿童所在的家庭或就读的公立或私立（打工子弟学校）学校；它的支持内容并不包括所有与教育或学习发生的关联性支持，如政策支持、法律支持等，在本研究中只包括经济支持、学习支持、情感支持和交往支持这些对流动儿童学习生活产生直接影响的支持内容；从支持主体看，既有以国家为责任主体的正式支持主体，如政策决策机构、国家领导人、职能管理部门等，也有本身并不直接承担流动儿童教育的辅助支持主体，如共青团、妇联、工会、退休委等，以及以社会志愿者、非政府组织(NGO)、企业等为责任主体的非正式支持主体。

（五）研究方法

在本研究中，我们用了长达两年的时间对浙江省流动儿童聚居较多的城市，如绍兴、义乌、海宁、诸暨等地进行了调查、访谈，在此基础上形成这一研究成果。采用了多种研究方法，但主要是以下三种：

1．文献分析法。本研究以“基于治理与对话的流动儿童教育管理模式与社会支持系统建构研究”为主题，在进行相应的研究设计后，主要是以“流动儿童教育”“教育政策”“教育体制”“教育支持”为篇名、主题、关键词等，通过图书馆相关论著、年鉴、教育及社会科学类报刊杂志等获得相关的理论文献，对其进行整理、分类、分析，进而完成文献综述及论文撰写。

2．调查实证法。本研究需要对流动儿童教育支持或教育政策实施现状进行实地调查，采取问卷、访谈等形式，借助SPSS统计软件、LISERL建模软件进行定量的频数统计、相关分析等，了解流动儿童的教育支持现状与影响因素。

3．过程事件法。这一研究方法是著名的社会学教授孙立平所创，主要是通过关注、描述、分析事件与过程，对其中的逻辑进行动态上的解释。本研究在流动儿童的教育政策出台与执行等政策分析中，对过程与事件进行结构分析，并在这个过程中，就静态的结构与动态的互动情境的相互作用进行探讨。

四、特色与创新

本项目从研究到设计，始终以创新为学术旨趣，积极面向流动儿童及其教育相关主体，面向当前的社会环境与社会体制，面向流动儿童教育品质的提升。在研究过程中，注重实证研究，以事实为依据，让数字来说话；坚持有用原则，为流动儿童教育发展提出切实可行的政策或体制改革建议。研究者深入流动儿童家庭、学校、社区等，进行实地观察、访谈、调查。

本研究属于应用性理论专题研究，力求将理论阐释与流动儿童调查数据相结合，颇具特色和创新之处。

（一）研究特色

1. 实践特色

本研究最大的特色就是始终坚持基于事实、基于国情、基于可行的实践特色。中国是一个国情特殊的国家，人口众多、地区差异较大，中国的事情只能按中国的方法去观察、分析和处理，任何一个国家的流动儿童教育问题在性质上都不可能与中国完全相同，真正可借鉴的地方不多。因此，本研究基于中国国情探讨了流动儿童的管理体制、模式及社会支持方式等，具有一定程度上的可操作性、应用性。

2. 中国特色

本研究第二个特色就是中国特色。流动儿童在全世界都有，但不同的国家性质并不一样，管理或解决问题的方式也相差甚大。比如美国的流动儿童，指的是那些从事季节性流动工作的渔民、伐木工人等人的孩子，或者是指那些外国移民者的子女。而中国的流动儿童，主要是指那些来自农村落后地区的农民工的孩子，由于中国的教育管理体制问题，这些孩子在流入地的就学、升学等都成为不容易解决的问题。这种体制问题与美国等国外的流动儿童教育问题并不一样，国外的流动儿童都能得到体制或制度上的就学保障，即使是那些偷渡的不合法移民的孩子也不会因为其父母的行为而失去就学的机会。以美国为代表的国外流动儿童的教育问题不是制度或体制问题，更多的是一种学习问题，如语言学习问题、学习质量问题、文化融入问题等。因此，本研究的中国流动儿童的教育问题是基于中国制度、体制背景，力图从制度、政策的高度来构建流动儿童的教育问题，从入学、升学等“入学难”基础教育问题到学习质量、学习心态等“乐学”高层次的教育问题，是具有中国特色的一项研究。

3．时代特色

中国的流动儿童问题，并不是一个一直存在的问题，更不会是一个不可解决的问题。我们认为，中国的流动儿童问题是由于中国改革开放政策与城乡二元体制落后的矛盾所产生的一个问题，是政治体制改革与经济体制改革不统一的矛盾的产物。流动儿童问题所产生的社会环境正在发生积极的变化，一些针对流动儿童教育问题的相关政策都已经陆续出台，相应的配套政策如户籍政策、财政政策、文化政策等都已经颁布并得到强有力的推行，一些流动儿童的教育问题在部分地方已经得到相当程度的解决，流动儿童的教育问题必将在我国的深化政治体制改革中得到全面的解决。本研究是基于已经改革但改革并不完全到位这样一个特殊背景所进行的流动儿童教育问题研究，因此，具有一定的时代特色。

（二）创新之处

1. 预期的理论创新

（1）在流动儿童的社会支持上，借鉴前人的社会支持量表，打破前人主要把社会支持定位于身体和精神方面的设计，编制和修订出一套在信度和效度上达到测量要求、在内容上宏观与微观相结合的儿童社会支持量表。

（2）通过量化研究，建构起一个流动儿童教育发展的影响因素模型，以利于对流动儿童的进一步研究。

（3）在对流动儿童教育管理的全面考察上，首次建构起一套流动儿童的教育管理模式，这一模式的特别之处在于它把各级政府、学校和家庭、志愿者及流动儿童本身以一种“互动”的形式联结起来，在实践上有很强的操作性。

（4）以社会治理和社会系统理论为指导，首次建构起一套流动儿童教育发展的社会支持系统，解决传统研究上的“头痛治头”的“乌托邦”式建议模式。

2. 本研究的实践价值

（1）本研究的量化研究得出的流动儿童社会支持量表和流动儿童教育发展的影响因素模型，将为这一领域的进一步研究奠定新的起点和研究基础，有利于流动儿童研究的进一步深化。

（2）本研究将为流动儿童的教育发展提供一个整体实施的新的管理模式，这个模式把政府、学校、家庭、社区服务和儿童自我以互动形式联结起来，有利于流动儿童更好的社会成长。

五、本书框架

在撰写的体例安排上，主要分为六个部分：

第一章是导论。主要是对本研究进行总体性介绍。本章节首先向读者介绍本研究的选题背景及拟解决的问题。流动儿童教育问题是当前社会中存在的一个实践问题，一个仍然没有得到解决的问题，特别是没有一个与现代市场经济体制相适应的流动儿童的教育管理模式、支持体系，这些问题就成为本研究需要解决的问题。然后介绍当前我国流动儿童教育的研究现状，并对本研究的研究思路、研究方法以及研究特色与创新进行概括性介绍。

第二章是流动儿童教育问题的政策分析。因为中国流动儿童教育问题有其自身特色和时代特点，它不仅是一个社会问题或教育问题，更是一个政策问题，而且是一个政策性非常强的问题，因此，探讨流动儿童的教育管理模式和社会支持体系必须要对其进行政策分析。本章节首先回顾了中国流动儿童教育政策的发展路径，从流动儿童成为一个社会问题开始，到其成为一个教育问题、一个政策问题的过程进行了回顾，在此基础上，运用多源流政策分析理论，探讨了流动儿童教育政策的产生；其次，本章节在借鉴国内外教育政策执行研究理论的基础上，探讨了流动儿童政策执行中存在的问题，并形成一种中国式的流动儿童教育政策执行机制，这一机制对于包括流动儿童教育政策在内的很多政策都具有较好的解释力；最后，在前面研究的基础上，对流动儿童教育政策空间进行了探讨，提出不同地方解决流动儿童教育问题应有共同和不同的政策思想。

第三章是流动儿童教育支持的结构与现状研究。本章节在前期对流动儿童及其家长、教师访谈调查的基础上，借鉴了国内外教育支持研究的文献，编制了一套当前中国流动儿童教育支持的量表，经过预调查、正式调查等研究过程，最后形成了一套17题项4维度的流动儿童教育支持量表，经过探索性和验证性因素分析，达到了良好的信度和效度；最后，本章节还对当前流动儿童教育支持的现状和特点进行了研究，得出了一些重要的结论。

第四章是流动儿童教育发展的影响因素研究。本章节在前面对流动儿童教育支持量表研究的基础上，探讨了流动儿童教育支持影响因素。研究发现，一些国家或地方政策、学校管理和家庭状况对于流动儿童的教育支持有较为显著的影响，在此基础上建构了一个流动儿童教育支持的影响因素模型；最后，还对教育支持与教育发展的关系等进行了探讨。

第五章是流动儿童教育管理模式的探讨。本章节首先对我国流动儿童教育管理的理念进行了反思，发现中国的流动儿童管理理念经历了从控制到接纳的过程，但仍然没有形成一种基于对话与治理的管理理念。而我们则坚持对话与治理的管理理念，建构了一个与此理念相适应的流动儿童教育管理体制和机制，以期能为当前流动儿童教育管理体制改革提供借鉴或参考。

第六章是流动儿童教育的社会支持系统建构。流动儿童的教育问题不是一个单纯的教育问题，而是一个社会系统工程。流动儿童教育问题的解决，需要教育管理部门之外的民政、公安、财政、人事等多个管理部门的分工协作。因此，我们在理解社会治理理论和社会支持理论的基础上，建构了一个流动儿童教育的社会支持分析框架，并根据中国目前已有的教育支持做法或措施，提出了流动儿童教育支持的三大系统与六种模式：三大系统是指政府为主的正式支持系统、社区为主的辅助支持系统和非政府组织（NGO）为主的非正式支持系统；六种模式是责任模式、关爱模式、选择模式、奉献模式、委托模式和自强模式。

另外，本书还包括了相关的后记和附录，主要是对流动儿童教育支持与教育公平的时代性与前瞻性进行了反思，指出流动儿童教育问题并不是一个不可解决的问题，但也不是一个轻而易举就能解决的问题，它是一个系统性、复杂性较强的问题，这种系统性与复杂性决定了流动儿童教育问题的解决需要一定的时间和过程，它仍然会在教育公平的大道上行走一段时间，而这个时间的长短，主要取决于政府对此问题的重视及为之做出的努力。为了读者方便，本书还附有详细的调查量表。

第二章

流动儿童教育问题的政策分析

第一节　流动儿童教育政策的发展路径

中国流动儿童教育问题的出现，是与中国改革开放以来的工业化和城市化的大背景分不开的。1978年中国实行改革开放政策，在广东、福建、浙江等一些地区设立经济特区，以吸引台湾、港澳地区的工业加工项目，于是，在这些早期的工业集中地区吸引了第一批来自全国各地的产业工人——“打工者”。这些打工人员多是年轻人或没有成家的未婚人员，或是家庭还在户籍所在地，只身一人在外打工。这些早期的打工者并没有带来流动儿童问题。

20世纪90年代以后，随着中国改革开放步伐的加大，经济发达的地方拉开了工业化和城市化进程的序幕，全国八届人大第二次会议通过的《政府工作报告》明确指出，农村剩余劳动力向非农产业转移和地区间合理流动是经济发展的必然趋势和合理要求，这个报告中把城市化列入了“十五”发展战略，一些地区如浙江、山东相继提出了加快城市化发展的战略目标。在后来的党的十六大报告中，也强调农村富余劳动力向城镇和非农产业转移是工业化和现代化的要求，并指出城市化是小康社会建设的重要内容。[1]

在工业化和城市化的社会发展背景下，中国开始出现了历史上最大规模的人口流动潮。人们还依稀记得20世纪80年代改革开放伊始的“民工潮”。据1989年相关部门的统计，当时全国有5000万流动人口，2/3的流动人口从事了打工、经商和服务等经济活动，其中跨省流动的人就有800万人，而且每年还以1100万的速度从农村流向城市。[2]总之，早期流动人口虽然数目庞大，但从其流动特点来说，仍然是个体流动多，举家流动少；年青人流动多，中老年流动少；短期流动多，长期流动少等。伴随父母流动的儿童总体数量较少，很多孩子就在当地的公立学校中借读，流动儿童的教育问题并不明显。

一、政策问题：流动儿童教育政策的出现

（一）成为社会问题的流动儿童教育

流动儿童教育问题是在全国出现大规模流动人口的背景下出现的。到20世纪90年代中期，在中国沿海及一些省会城市开始出现比较大规模的人口流动，“民工潮”的规模已经达到每年2500万－8000万，相当于一个人口大国的人口数。[3] 目前我国正经历前所未有的、规模最大的人口流动。2000年全国人口普查结果显示，我国的流动人口已经达到1.21亿人，其中省内流动7865万人，跨省流动4242万人；18岁以下

[1] 杜越等：《城市流动人口子女的基础教育——政策与革新》，8页，杭州：浙江大学出版社，2004。

[2] 葛象贤等：《民工潮探源（上）》，载《瞭望周刊》，1989（44）。

[3] 杜越等：《城市流动人口子女的基础教育——政策与革新》，9页，杭州：浙江大学出版社，2004。

的流动儿童1980余万人，占全部流动人口的19.37%，其中6–14岁义务教育阶段流动儿童占全部流动儿童的43.8%。

在这1000多万的流动儿童中，很多孩子因为各种原因在父母打工地处于辍学或半辍学状态，他们的受教育问题已经不像流动早期数量少时那样，可以在公立学校中安排下去。流动儿童的教育问题应当如何解决，不仅是一个教育内部需要解决的教育问题，而且是一个严峻的社会问题。这些孩子的教育困境引起了新闻媒体的极大关注，最早对此进行报道的是记者李建平。1995年，李建平在《中国教育报》关于《“流动的孩子”哪儿上学》的系列报告中，提出了“流动人口子女的教育问题，是关系到普及九年义务教育、提高全民族文化素质的大问题”。《中国教育报》以“失学的孩子苦上苦”为题报道了河南一位在京打工的农民的女儿，曾经在北京清河一所小学上了一年学前班，期间常得到教师的夸奖和学校的奖励；但等到该上一年级时，因为学校学位紧张，她哭着离开了学校，每天跟着父母走街串巷收破烂，小女孩时常捧着小红花独自抹泪。后来，报告文学作家黄传会对一些流动儿童聚居较多的城市进行了调查访问，发现很多的农民工子女就学难，写下了《我的课桌在哪里？——农民工子女教育调查》，文章以大量的调查、访谈和图片，展示了这样一个特殊群体的教育困境。

随着越来越多的农民工进城务工，流动儿童上学难的问题日益演化成为一个严峻的社会问题。有的小小年纪就做了童工，一天要干十几个小时的活。在北京的“浙江村”，一位13岁男孩的家长与服装老板签了合同：不得私自回家，不准请假，不准擅自离开。这个孩子每天干13个小时的活，最忙时一天20多个小时，一个月的工钱是100元。在广东等一些沿海城市，雇用童工的现象也十分严峻，曾有新闻报道广州市的卖花女孩，最小的5岁，最大的也不过13岁，每天傍晚出去卖，一直卖到凌晨两三点。[1] 还有一些流动儿童在城市繁华地带或公共场所乞讨，有些孩子是自己出来无法生存而乞讨的，有的则是一些不法分子雇用的，最小的孩子年龄不到四五岁，实在让人叹息！

对于那些不能上学又无所事事的孩子来说，游荡就是日常生活的主要内容，有的拾酒瓶，有的边捡边偷最后发展成为惯偷，有的打架生事，有的在网吧度日。不久前，在笔者所在的浙江省金华市中，一个逃学少年在网吧上网的时候与另一个来自安徽的民工孩子发生了争吵，被民工孩子一刀砍成颈部以下全部瘫痪，而这个犯罪的孩子只有12岁。事后发现这个民工孩子的父亲在外地，母亲是一个洗车工，没有时间看管孩子，最终给社会和家庭带来的后果让人触目惊心！据北京市一位派出所民警介绍，近些年来，流动人口犯罪率呈上升趋势，占犯罪人口总数的40%以上，而未成年流动人口犯罪率达16%。[2]

更为重要的是，流动儿童教育问题对社会和谐发展带来了危害性。其一，流动儿童在城里的公立学校就读，因为来自农村的社会背景，使得流动儿童在学业成绩、生活习惯等方面相对城市儿童普遍较差，他们得不到教师的重视和同学的尊重，幼小的心灵由此产生深深的自卑；其二，“农民工子女”“外来人口子女”“外来工子女”“乡村来的孩子”等身份标签加剧了这些孩子的自卑心理，使得他们从小就对社会不公平有了最切实的感受。在笔者的访谈中就有一个12岁的孩子说道：“城市不是我们的，我们的家在农村，但我们喜欢待在城市。我家里没钱，不能像他们城里的孩子那样有好吃的好玩的。”在这些孩子心理产生的

[1] 汪明：《聚焦流动人口子女教育》，2–3页，北京：高等教育出版社，2007。
[2] 汪明：《聚焦流动人口子女教育》，2页，北京：高等教育出版社，2007。

不公平感会随着他们长大而增强，有些孩子很小就有报复城市的念头，他们在城里长大，在农村已经找不到他们的生活方式，很多人最后会留在城市，成为城市新一员，这些对社会不公平的感觉和对城市的报复性思想，成为未来社会和谐发展的炸弹，随时可能引发未来社会的不安定，不少有远见的学者都已经看到了这点。

总之，随着流动儿童人数的不断扩大，加之社会对此问题解决能力的有限，流动儿童的身心健康问题和社会犯罪等一系列的社会问题，正成为影响社会和谐发展的重要因素。

（二）成为学术问题的流动儿童教育

关注社会问题，不仅是一个人文社科知识分子的研究旨趣，也是作为知识分子的社会责任。著名教育专家陈向明提到"研究的问题"是研究者在所要探究的现象中提炼出来的、学术界或实践界尚有疑问的、研究者个人认为有必要回答的问题。[1] 社会问题最终必然引起学者们的关注并成为一个学术问题。

流动儿童的教育问题对于社会发展的不良影响，引起了学者们的注意，不少学者开始就流动儿童问题进行调查研究，以求得解决流动儿童教育问题的良策。早在2000年中国流动儿童问题初现端倪的时候，韩嘉玲对北京市50所流动儿童学校、102名教师进行了研究，并对其中19所学校的2161名学生进行了问卷调查，发表了《北京市流动儿童义务教育状况调查报告》，这是当时国内第一个较为详细、完整的有关流动儿童教育状况的调查报告。调查发现流动儿童在升学、教材、同学关系等许多方面面临困难。最后，作者警醒道："如果这些数十万计

[1] 陈向明：《质的研究方法与社会科学研究》，236页，北京：教育科学出版社，2009。

的孩子不能及时得到应有的教育与公平的待遇，不久的将来，在许多城市里，将会出现一支数量庞大的新文盲大军，他们从小在城市边缘生活，是在歧视与排挤中长大的'二等公民'，他们将形成新的严重社会隐患。如何妥善解决这一迫在眉睫的问题，已不仅仅是政府各相关职能部门的事情，而是全社会应共同关注的焦点了。"[1] 后来的许多研究者开始了更大范围内的流动儿童问题的调查研究。如张秋凌在北京、深圳、绍兴和咸阳4个城市对10所学校的128位流动儿童、108位家长和36位校长及学校管理人员进行了访谈。结果发现，城市环境给这些流动儿童的发展带来了很多有利因素，但流动儿童入学难、升学难、受歧视现象普遍存在，大城市流动儿童的处境令人担忧。[2] 邹泓等考察了全国9个城市流动儿童的生存和受保护状况，发现与原来在农村相比，流动儿童来到城市后的生活条件虽有所提高，但是流动儿童受歧视的情况较为普遍，童工现象还存在，流动人口有关儿童权利的知识和观念还比较缺乏。[3]

随着流动儿童教育作为学术问题的重要性日益提高，不少研究者从不同的角度对流动儿童问题进行了研究。周皓、熊少严等学者从社会排斥与整合的角度，对流动儿童教育问题进行了思考，以期寻找到造成流动儿童教育公平问题的真正的原因。[4] 有研究者从经济学角度对流动儿童的教育问题进行了研究，如范先佐、冯帮、李

---

[1] 韩嘉玲：《北京流动儿童义务教育状况调查报告》，载《青年研究》，2001（8）；韩嘉玲：《北京流动儿童义务教育状况调查报告（续）》，载《青年研究》，2001（9）。

[2] 张秋凌：《流动儿童发展状况调查——对北京、深圳、绍兴、咸阳四城市的访谈报告》，载《青年研究》，2003（9）。

[3] 邹泓等：《中国九城市流动儿童发展与需求调查》，载《青年研究》，2005（2）。

[4] 周皓：《流动儿童与社会的整合》，载《中国人口科学》，2003（4）；熊少严：《城市流动儿童的社会整合与学校教育的指导策略》，载《广东社会科学》，2006（1）。

芬等对当前流动儿童教育面临的财政问题和流动儿童的教育选择问题进行了分析和探讨，并在此基础上提出了解决这一问题的对策思路：解决教育经费来源，要引进政府采购制度，要对民办农民工子弟学校进行审核评估等。[1] 有的从法律的角度来加以探讨，如对流动人口子女平等受教育权进行法理分析，探究了中国流动儿童义务教育的问题和不足，提出进一步加强和完善我国流动儿童义务教育权利保护的制度构想，着眼于为流动儿童健康成长营造良好的社会环境，把研究目光聚焦于流动儿童权利保护的管理体制。[2] 从政治学的观点来看我国的流动儿童政策，其背后体现着一定的社会控制理念，不同阶段的流动儿童教育政策反映出不同的社会控制理念；[3] 也有研究者从国家和地方两个层面、主观和客观两个方面深入分析流动儿童政策的现状，剖析国家和地方政府之间的义务和责任关系，分析影响流动儿童政策制定、执行等环节的因素，针对流动儿童主要问题，提出了一些政策建议。[4]

随着党的十七大报告提出建设社会主义和谐社会的精神，同时也因新出台的《义务教育法》对教育公平的要求，流动儿童的教育问题成为社会发展建设的重大课题。据前面的统计，各级研究基金支持项

---

[1] 范先佐：《“流动儿童”教育面临的财政问题与对策》，载《教育与经济》，2004（4）；李芬：《流动农民对其适龄子女的教育选择分析——结构二重性的视角》，载《青年研究》，2003（12）；冯帮：《社会排斥与流动儿童的教育公平》，华中师范大学2007届硕士学位论文。

[2] 陈瑞丰：《我国流动儿童义务教育的法律思考》，苏州大学2005届硕士学位论文；刘潇潇：《农民工子女平等受教育权之法理分析》，载《法学杂志》，2006（4）。

[3] 周序：《流动儿童教育政策中的社会控制理念》，载《江西教育科研》，2007（5）。

[4] 钱再见等：《论农民工子女义务教育政策有效执行的路径选择》，载《南京师大学报（社会科学版）》，2007（2）；何玲：《中国流动儿童政策分析》，载《人口研究》，2007（2）。

目中直接与流动儿童相关或以流动儿童问题研究为中心（间接相关的或略有涉及的没有统计在内）的课题共49个，其中联合国教科文组织、世界银行等资助项目8个，国家社科基金、国家自然科学基金8个，教育部人文社科、教育科学规划项目15个，各省教育科学规划、哲学社会科学、社科联项目5个，国家部委、地方政府委托项目3个，最后是各个国家地方科研基地、大学资助项目6个；其中国际组织委托、国家级基金课题总共31个，占总数的62%。有112人参与对流动儿童的研究，其中教授、研究员等正高职称19人，占总数的17%；副高职称或博士43人，占总数的38%，副高以上职称或博士学位研究者占总数的大半（55%），是当前我国流动儿童教育问题研究的主力军。从研究者的工作单位来看，就职于大学学院的59人，占总数的52%；大学内所设专职研究机构（研究所、研究中心）和社会各级专职研究机构各23个，均占20%。这些教学科研机构或专职研究机构占据研究机构的绝大部分，高达92%；而大学中的院系、专职研究所或研究中心及大学行政部门共84个，占总数的75%。可见，大学和专门研究所是流动儿童的主要研究机构。

总之，因为社会媒体的关注，流动儿童的问题已经从一个教育问题发展成为一个社会问题，这样的一个社会问题又因为受到学者的关注而成为了一个学术问题；如果这一问题受到了政府决策者的关注，就会成为一个政策问题。

（三）成为政策问题的流动儿童教育

托马斯·戴伊说过，那些不被界定为问题的社会状况永远不会成为政策问题，确定问题是什么比认定解决问题的答案是什么甚至更为重要。[1] 因此，流动儿童教育政策出台的前提是流动儿童的教育首先是一个政策问题，流动儿童教育作为政策问题的出现才是解决流动儿童教育问题的根本。对于什么是政策问题，著名的政策专家威廉·邓恩这样界定：政策问题是通过公共活动能得以实现的需要、价值或改进机会[2]。邓恩进一步对政策问题的特征进行了分析，他认为政策问题具有四个基本特征。第一，政策问题总是与其他问题相互依存。某一领域的政策问题经常影响到其他领域的问题，如能源问题可能影响到卫生、保健和失业问题，因此对于政策问题的解决从来不是孤立的，需要依靠一个整体的方法，即认为相互关联的各个部分所组成的整体系统，只有这样才可能成为政策问题，那些个体、部门等单独就可以解决的问题是不会成为政策问题的。第二，政策问题具有主观性。政策问题产生的外部条件是被有所选择地确定、分类、解释和评估的，是思想作用于环境的产物，如有关污染的相同数据用不同的方式却可以得出大相径庭的解释，作为一种思想的政策问题是从问题情势中抽出的要素。平时我们所遇到的问题是问题情势（相当于问题形式或状况——笔者按），而非问题本身。第三，政策问题的人为性。邓恩认为，只有当人类对改变某些总是问题情势的希望做出判断时，才可能产生政策问题。从这个意义上来说，政策问题是主观判断的产物，也是作为客观社会条件的合法定义而为人们所接受。因此，政策问题离不开人的主观能动性。第四，政策问题具有动态性。对一个政策问题的不同定义可能导致不同的解决方法，因为问题和解决方案都在不停地变

---

［1］〔美〕托马斯·R. 戴伊著，鞠方安等译：《自上而下的政策制定》，6页，北京：中国人民大学出版社，2002。

［2］〔美〕威廉·N. 邓恩著，谢明等译：《公共政策分析导论》，156页，北京：中国人民大学出版社，2002。

动。因此，虽然方案要解决的问题不会过时不会轻易改变，但方案却可能过时。[1]

对于政策问题，另一种观点来自著名的政策研究专家约翰·金登，他认为一个问题之所以成为政策问题或被界定为政策问题，与人们对问题的价值观、与其他问题的分类或对比有关。[2] 某一问题在一些人看来只是普通问题，而有些人看来却是一个需要政府来采取行动的问题，这就成为了政策问题。同样，一个问题要成为政策问题也是看其在与其他问题的重要性比较中得到肯定和强化的。在笔者看来，流动儿童从一个教育问题，发展成为一个社会问题或学术问题，最后发展成为一个政策问题，主要有三个方面的原因：(1) 作为状况或状态的流动儿童教育需求；(2) 作为一种分类的流动儿童教育价值观；(3) 作为一种解决或改进困难的实现机会。具体分析如下：

1. 作为状况或状态的流动儿童教育需求

一个问题只是问题本身或只是一个局部问题，是不会进入政策制定者视线之中的。如中国早期流动人口较少时，流动儿童跟随在外务工的父母身边学习，他们的教育需要问题因为人数不多，基本上就能被流入地的公立学校消化掉。但是，当流动儿童数量不断增大，流入地的教育部门（主要是公立学校）已经没有办法解决日益增多的流动儿童教育需要时，流动儿童的教育问题就不再是一个只靠教育本身可以解决的局部问题了，而是需要超过教育系统之外的地方政府、公安等多个部门联合行动，至此，流动儿童的教育问题就成为一个社会问

[1]〔美〕威廉·N. 邓恩著，谢明等译：《公共政策分析导论》，159–160页，北京：中国人民大学出版社，2002。

[2]〔美〕约翰·W. 金登著，丁煌等译：《议程、备选方案与公共政策》，138–139页，北京：中国人民大学出版社，2004。

题。社会问题的产生有其复杂性，不是一项政策或一个部门就能解决的，需要深入的调查研究，寻找问题的本质，这个时候流动儿童的教育问题不仅是一个社会问题，也是一个学术问题。

最终，流动儿童教育问题进入决策者的视野，除了它从一个局部问题到系统性问题，从一个社会问题到学术问题这样的进化外，最根本的原因是作为一种状况或状态的流动儿童教育需要成为影响一个国家或民族人口素质的大问题，此时问题的性质就发生了改变。在前面我们谈到过，流动儿童随着我国工业化和城市化背景下的人口流动数量不断增大，2000年全国人口普查结果显示，我国18岁以下的流动儿童1980余万人，其中6–14岁义务教育阶段流动儿童867万人；2005年流动人口子女大约为3760万人，其中6–14岁学龄儿童大约为2658万人。若以18岁以下作为未成年儿童的标准来计算，全国流动人口子女将超过4000万人，其中进城务工农民子女大约就是3000万人。[1] 从一些微观的调查来看，至2007年9月，北京流动学龄儿童是40.5万人，上海是39.2万人，广东省流动人口子女高达244.08万人，浙江省流动人口子女约58万人，江苏省学龄流动儿童是40多万人。[2] 3000多万流动儿童的教育需要，对于政府来说不是一个可以忽视的问题。

众所周知，需要并不等于需求。需要只是一种主观上的渴望或愿望，但是渴望或愿望能否实现，则是另外一回事。教育经济学认为，教育需要转化成教育需求，前提是这种教育需要是人们能够在经济上可以支付。以全国3000万学龄流动人口为基数，如果以生均公用经费拨款

[1] 范先佐：《进城务工就业农民子女的教育公平与制度保障》，载《河北师范大学学报》，2007（1）。

[2] 蒋太谷等：《从歧视走向公平——中国农民工及其子女教育问题调查与分析》，126–127页，沈阳：东北大学出版社，2008。

标准1200元为例[1]，那么，针对这些流动儿童要增加的经费拨款就是360亿，鉴于现在公立学校的拨款机制并没有全国性的统一处理，地方政府在得不到中央政府相应的教育经费补贴的情况下，只能在有限的财力增加的情况下，解决部分流动儿童入学问题。而东部和城市的学校教育标准明显高于西部和农村，这些流动儿童要接受流入地更好的教育时，就不得不自己支付一笔不菲的借读费，而这些流动儿童的父母大多为普通劳动者，收入普遍比较低。因此，流动儿童的教育需要问题如果得不到国家的支持，很难转化为一种教育需求。在这种情况下，流动儿童的教育需求问题仍然是一个急需要国家和政府解决的问题。

根据缪建东等人的调查，当前，流动儿童的教育需求问题主要表现在以下几个方面：第一，就学阶段以小学为主，失学率高于全国平均水平。现在的教育入学制度以户口所在地为原则，流动儿童的入学问题并不是当地政府首先考虑的问题，很多孩子因为经济和户口问题上不了学，或因为政府安排的学校太远而上不了学，导致了这些流动儿童的失学率远高于全国平均水平。第二，就学年龄相对偏大，辍学率随教育阶段的提高呈增加趋势。流动儿童从家乡流入城市的过程中，一方面会因为流入地入学条件限制，另一方面也会因为延误入学时机而不能按时入学。据邹泓等对中国九城市的流动儿童发展需求调查报告显示，流动儿童超龄接受义务教育的比例为4.8%，而全国的比例为3.3%，远高于全国水平。另外，调查也显示，7–18岁以下的儿童中有

[1] 根据上海市财政局、上海市教育委员会关于印发本市义务教育阶段公办学校生均公用经费基本标准的通知（沪财教［2008］36号），小学和初中的标准分别是1400元和1600元，本文以1200元作为东部发达地区一般标准。考虑到学龄流动人口多是从西部到东部、从农村到城市，这些流动学生的接纳需要增加生均公用经费拨款，这对于任何一个地方哪怕是经济发达地方的政府来说，都是一笔十分庞大的数字。

5.8%的儿童一直没有上学或辍学，16–18岁以下的儿童中有20.6%辍学，37.4%的流动儿童初中毕业后不再继续上学。[1] 第三，流动儿童就学存在着不同程度的不适应问题。迄今为止，流动儿童在城市入学主要有两种形式，一种是在公立学校就读，另一种是在专门的民工子弟学校读书，然而这些流动儿童在学习上都存在不同程度的适应性问题。公立学校较少考虑到这些来自农村或他乡的孩子以前的学习背景、学习方式等，仍然按城市的课程设置体系和教学方式进行教育，这导致了这些流动儿童作为插班生在学习上产生焦虑和自卑心理；而民工子弟学校大多地处偏僻或离流动儿童父母工作地较远，在交通上带来很大不便，同时民工子弟学校的办学条件、师资状况等较差，从而导致很多流动儿童不愿上学或其父母也不太愿让其子女上学，很多的孩子因此处于半失学状态。[2]

从以上的现状调查中可以看到，流动儿童的教育问题虽然在国家和政府的强烈关注下，得到了相当程度的重视，并采取了一些措施，但仍然没有完全解决，流动儿童的教育需求与政府对这些问题的解决能力的矛盾仍然存在，并且这一问题是政府所不能忽视的。

2．作为一种对比和分类的流动儿童教育价值观

流动儿童的教育问题在国家出台一些措施后，仍然得不到真正的解决，这种情况下一般只有两种结果：一种是维持现状，随着社会政治经济的发展变化及各地经济发展均衡，流动人口数量下降，流动儿童教育问题越来越成为一个不起眼的小问题；另一种是这一问题在新

[1] 邹泓等：《中国九城市流动儿童发展与需求调查》，载《青年研究》，2005（2）。

[2] 缪建东等：《同一片蓝天下——流动人口子女教育的探索建议》，5–8页，南京师范大学出版社，2007。

闻媒介、互联网络或利益团体权利诉求中不断放大，成为一个政府不能忽视的问题。当前，流动儿童的教育问题走向了后一种情况。

每个人都是带着一种价值观来看待问题的，所观察到的状况与一个人对某一理想状态的知觉之间的不相配就变成了问题。问题有时与对比有关，如果一个人得不到别人正在得到的东西，而他又信奉平等，那么这种比较劣势就构成了一个问题。同时，每一个问题的界定与其分类有关，如果一个问题被归于一种类型而不是另一种类型，那么人们对它的看法就会有很大的不同。[1] 流动儿童的教育问题最后发展成为一个政策问题与人们将其纳入社会比较和分类有关，更与一定时期的社会价值观有关。

对于儿童的教育问题，随着世界经济与人权的发展，人们对其有了全新的认识。联合国通过的1989年《儿童权利公约》、1990年《儿童生存、保护与发展世界宣言》等文件都强调了对教育弱势群体进行补偿教育以消除教育中的不平等现象，提出儿童教育权利对于儿童的保护和发展的重要性。特别是1994年6月，联合国教科文组织和西班牙政府在西班牙的萨拉曼卡召开了“世界特殊教育大会”，提出实现全纳教育的主张及全纳教育的几条重要原则。原则的第一条提到了每个儿童都有受教育的基本权利，必须获得可达到的并保持可接受的学习水平的机会；第三条提到教育制度的设计和教育计划的实施应当考虑这些特性和需要的广泛差异；第四条提到有特殊需求的学生应该有机会进入普通学校学习，而这些学校应当以一种能满足其特殊需要的儿童中心教育思想接纳他们；第五条提到全纳学校是反对歧视、创建人人受欢迎的社区、建立全纳社

[1]〔美〕约翰·W. 金登著，丁煌等译：《议程、备选方案与公共政策》，139–140页，北京：中国人民大学出版社，2004。

会和实现全民教育的最有效途径。[1]国际教育理念对儿童教育权利的重视为所有弱势和困难儿童的教育发展奠定了思想基础。

中国在走过改革开放最初“效率优先、兼顾公平”的经济发展中心阶段后，在20世纪90年代后，流动儿童的教育问题日益突出。这些跟随打工父母流动的孩子的教育问题由于户口、学籍、学位等种种原因，很难在父母打工的城市得到完全解决，但是儿童的教育权利理念引发了人们的关注和思考。首先，同是中国公民，同是中国的孩子，与住在同一个城市的城市孩子比较，流动儿童得到的教育待遇让人们为之不平甚至是愤怒。前文已经提到，很多的城市流动儿童因为家庭经济原因交不起高昂的借读费而失学，或是因为打工子弟学校太偏僻，交通不便而失学；与城市公立学校各种教学条件相比，那些民工子弟学校只能称之为简易学校。这种教育起点的不公平让正义的人们为之愤怒，有志之士也在不断地呼吁。其次，流动儿童作为社会弱势群体的分类也引发了人们的关注。在国际全纳教育实施的今天，一些特殊儿童如残疾儿童等也纳入了国民教育系列，而同是作为弱势群体的流动儿童也理所应当纳入国家义务教育系列中，不能因为经济、户口等原因让他们失去接受教育的机会。最后，流动儿童教育问题随着社会进步日益显示出其重要性。在我国国民经济不断发展的同时，我国教育的发展也得到了相当的重视。国家对义务教育的重视已经成为对地方政府政绩考核的一个重要指标，主要表现在义务教育儿童的入学率、辍学率、生均经费等各项指标成为教育督导的主要对象。总之，流动儿童的教育问题在比较和分类中其重要性得到了提升，开始进入政府

[1] 转引自周佳：《教育政策执行研究——以进城就业农民工子女义务教育政策执行为例》，37页，北京：教育科学出版社，2007。

视野，为流动儿童政策出台奠定了思想基础。

3．作为一种解决或改进困难的实现机会

流动儿童的教育问题能否进入决策者的视野，除了作为一种不可忽视的社会需求和在比较与分类中的重要性凸现出来外，最重要的就是在现实的土壤中，有没有解决的可能性。

首先，国民经济的快速发展为流动儿童教育问题的解决提供了物质基础。从国家统计局的数据可以看到，从1995年以来，我国国民生产总收入进入一个新时期，1995年我国国民生产总收入为59811亿元，人均国内生产总值为5046元；进入21世纪后，我国国民生产总值首次超过10万亿元大关，人均国民生产总值在2003年突破万元大关，应当说我国实现义务教育免费的物质条件已经成熟，这也为从全国统筹解决流动儿童问题奠定了物质基础。

表2-1　中国国民生产总收入及人均生产总值数据表（1995-2008）

年度	国民生产总收入（亿元）	国内生产总值（亿元）	人均国内生产总值（元）
2008	316 030	314045	23 708
2007	266 422	265810	20 169
2006	215 904	216314	16 500
2005	183 617	184937	14 185
2004	159 454	159878	12 336
2003	134 977	135823	10 542
2002	119 096	120333	9398
2001	108 068	109655	8622
2000	98 000	99215	7858
1999	88 479	89677	7159
1998	83 024	84402	6796
1997	78 061	78973	6420
1996	70 142	71177	5846
1995	59 811	60794	5046

资料来源：本表根据国家统计局网站历年统计数据整理而成，原数据小数点后两位均作四舍五入处理。

其次，我国近年来财政上转移支付的教育管理体制改革为流动儿童教育问题的解决奠定了制度基础。1994年，我国实行了财税制度改革，即分税制改革，通过明确划分不同层级政府的财政资源和在不同层级政府设置相应的税务机构来提高中央政府在整个预算收入中的比重和整个预算收入在国内生产总值中的比重。

表2-2　　中央财政收入占全部财政收入比重及向地方政府返还数量表（1995-2004）

年份	全国财政收入（亿元）	中央财政本级收入（亿元）	中央财政收入占财政总收入比重（%）	中央财政对地方财政的补助支出（亿元）
1995	6242	3256	52.2%	2534
1996	7407	3661	49.4%	2722
1997	8651	4226	48.9%	2856
1998	9875	4892	49.5%	3321
1999	11 444	5849	51.1%	4086
2000	13 395	6989	52.2%	4665
2001	16 386	8582	52.4%	6001
2002	18 903	10 388	55.0%	7351
2003	21 715	11 865	54.6%	8261
2004	26 396	14 503	54.9%	10 407

资料来源：根据《中国财政年鉴》（2005）有关数据计算整理而成，原数据小数点后两位直接省略。

从上表可以看出，近年来中央财政较大幅度地增加了对地方的转移支付，中央财政对地方财政的补助支出在1995年为2534亿元，2001年达到6001亿元，到2004年首次突破10 000亿元大关，达到10 407亿元。

总之，国民经济的快速发展所取得的成绩为流动儿童教育问题的解决准备好了经济基础，同时，分税制改革后的国家财政转移支付制度又为流动儿童教育经费实行全国教育统筹提供了制度保障。

二、政策议程：流动儿童教育政策的形成

在前面我们已经看到，流动儿童教育问题的发展经历了一系列过程：从一个教育自身的问题成为一个社会问题，需要社会各方面联合起来解决；由于学者们的关注，它又成为了一个学术问题；最后，流动儿童的教育问题成为一个具有很大需求的社会问题，社会的价值观在对此问题进行对比和分类处理的过程中，其重要性日益加大。这样一个问题在国家和政府具备一定的物质条件和思想条件时，最后进入政府决策者的视野，成为了一个政府需要解决的问题，即最后成为了一个政策问题。

（一）流动儿童教育政策议程：一个理论视角

根据金登的观点，一个社会问题最终成为一个政府需要解决的政策问题，并不是一个自然而然的结果，而是由多种因素和机会共同作用而形成的，这一理论也称之为多源流理论。金登认为，政策制定并不是一种理性化的、计划性的过程，而是具有一定的模糊性。也就是对于同样的环境或现象，在实际操作过程中可能存在多种思维方式，主要表现为有三种决定性的因素在推动，那就是问题溪流、政策溪流和政治溪流共同作用，在适当的时候打开了政策之窗，从而导致了政策的出台。[1] 其中问题流是指在社会环境中，各种社会问题形成了一条问题溪流。然而问题总是弥散在现实中，但却不是所有的问题都能得到政府决策者的关注，从而上升到政策议程当中。那什么问题会引发政府决策者的关注，而什么问题不会进入决策者的视野？这就进入

[1]〔美〕约翰·W. 金登著，丁煌等译：《议程、备选方案与公共政策》，113-244页，北京：中国人民大学出版社，2004。

了第二个环节，即政策流。政策流是指在政策系统中存在着政策共同体，这个共同体是由官员、国会成员、学者和思想库其他研究人员组成的网络，网络成员共同关注某一政策领域中的问题。[1] 对于问题的解决，政策共同体中的专家们各自有许多的意见和主张，政策共同体的成员们都希望自己的见解或主张得到重视，这些问题的政策见解以政府咨询顾问和学者的学术话语最具代表性，共同构成了政策流。在政策流的过程中，有一些见解或建议得到采用而另一些却遭到抛弃，这就进入政策问题的第三个环节——政治流。政治流包括国民情绪、公共舆论、意识形态等，每一个因素都会影响政治家们对问题的重视程度，并最终影响到政策的形成。

其实，这三股流都是各自独立进行的，它们的发生发展都不依赖于其他源流的存在，但是，当三股源流聚集在一起发生交互作用时，有些问题最终会进入决策者的议事日程。金登认为，最终问题能走到议程当中，有一个“政策之窗”的问题：“政策建议的倡导者提出其最得意的解决办法的机会，或者是他们促使其特殊问题受到关注的机会。”[2] 政策之窗的开启有时是因一个事件的发生而打开的，一旦开启就意谓着进入政策议程的机会出现，如果此时抓住机会，那问题就得以进入议程；如果错过这个机会，那就只能等待下一次政策之窗开启，也许就再也没有机会了。所以有的问题最终并没能进入决策者视线，有的问题则因此机会得到政策倡议者的推动而进入议程。这一理论为我们认识流动儿童教育政策的形成提供了一个很好的理论视角。

---

［1］〔美〕约翰·W. 金登著，丁煌等译：《议程、备选方案与公共政策》，148–149页，北京：中国人民大学出版社，2004。

［2］〔美〕约翰·W. 金登著，丁煌等译：《议程、备选方案与公共政策》，209页，北京：中国人民大学出版社，2004。

（二）流动儿童教育政策出台：进程的分析

像任何一个政策出台一样，流动儿童教育政策的出台，是三种政策源流综合作用的结果。当然，在这一进程中，每一种政策源流的力度可能并不一样，但对于议程最后的形成，都是一个不可或缺的因素。当“政策之窗”打开时，政策企业家利用这一时机，最后促使了流动儿童教育政策的出台。

1. 问题源流：以户籍为基础的学籍管理体制

从根源来说，我国流动儿童教育问题的产生是源于我国二元制的户籍管理体制。1955年，我国曾出现过大规模的农村人口向城镇和工矿企业流动的历史，许多城镇因此出现粮食供应紧张的问题。于是在1957年12月，中共中央、国务院联合出台了《关于制止农村人口盲目流动的指示》，要求在城市实行户籍管理，以控制农村人口大量外流。这一政策直接促使了1958年《中华人民共和国户口登记条例》的出台，其中第十条规定公民从农村迁往城市，必须持有城市劳动部门的录用证明、学校的录取证明或是城市户口登记机关的准迁证明，并向常住地户口登记机关申请办理迁出手续。从此，出现了农业和非农业两类户口形式，形成了城乡二元户籍管理体制，从而取消了1954年我国宪法所规定的公民有迁徙自由的权利，也赋予了我国的户籍制度控制人口流动的功能。

20世纪80年代，中国实行改革开放的政策，国务院先后选取了部分城市和地区实行经济特区政策，允许它们引进外来企业发展经济。这些地方在政策导向下开始出现大量的劳动密集型工厂，城市经济突飞猛进，但一个突出的问题就是劳动力的匮乏。而同时，农村实行联产承包责任制，农业生产效率激增，把大量的劳动力解放出来，致使这一部分劳动力开始向城市转移，这就出现了最早的民工潮。然而当时的城市职能管理部门仍然采用计划经济管理的一套模式，对于民工流动的性质并没有清楚的认识，国家也曾三令五申地发文严格限制农民工流动。最早进城的农民工多以单身为主，跟随父母进城的儿童数量极少，很多与父母一起进城的流动儿童要么在附近的学校借读，要么因为经济等各方面的原因待在家里，或帮父母一起从事劳动，成为新一代文盲。

20世纪90年代，随着国家改革开放政策力度的进一步加大，中国出现了以广东为代表的南方工业经济比较发达的区域和以浙江、江苏为代表的东部工业经济发达区，加上各省市区域内农村人口向城市的流动，流动人口的数量急剧增多。据2000年全国第五次人口普查资料显示，我国流动人口约1.2亿，其中从农村流入城镇的占74%，即在城镇的流动人口已达8800多万。据不完全统计，在中国几个经济较为发达的城市中，北京有需要就读的流动儿童24万人、上海32万人、广州20万人、东莞20.6万人。[1] 对于任何一个城市来说，几十万的流动儿童的教育问题不是一个小问题，单纯依靠公立学校安排是十分困难的，因此，流动儿童的教育问题成为国家和地方政府都需要正视的问题。

许多流动儿童的家长不忍心看着一天天长大的孩子成为文盲，想方设法让孩子入学。面对这一问题，国家和地方政府做出了相应的努力，尽可能地安排流动儿童特别是义务教育阶段的儿童就学，主要策略是在已有的公立学校中随班就读或成立专门的民工子弟班。但是，以户口为基础的学籍管理制度和教育财政拨款制度严重地制约了一些

---

[1] 杜越等：《城市流动人口子女的基础教育——政策与革新》，59-60页，杭州：浙江大学出版社，2004。

学校接纳流动儿童就学的积极性，一些学校每接纳一个流动儿童所得的教育拨款数量相当有限，甚至于成为一种义务，导致了一些公立学校有意限制接纳的人数，或强行索要赞助费（借读费）。如此导致城市能解决流动儿童的就学数量相当有限，流动儿童问题并没有得到更好的解决。由于公办学校对流动儿童的拒绝或限制，一些农民工自己创办学校来解决孩子的就学问题，于是简易的农民工子弟学校应运而生。1993年，安徽省六安市一名来上海打工的小学教师凤某，在老乡们的劝说下创办了全国第一所农民工子弟学校，最初只有28名学生，教室搭在垃圾山上的两间棚子里。[1] 然而民工子弟学校因为办学条件等多方面达不到国家办学标准，多数属于非法的、应当取缔的学校。有的学校在没有光线的仓库、厂房里上课，没有课桌椅，更没有实验设备；在师资水平上，绝大多数教师的学历只有初中或高中，更没有获得教师资格等。因为家长的期待不高，孩子有学上就行，因此民工子弟学校在一定程度上缓解了流动儿童就学难的问题，然而这种无法达到国家基本标准的教育仍然是非法的，对于流动儿童来说，这样的教育是不公平的，流动儿童的教育问题仍然没有得到解决。

在20世纪90年代的中国，因为人口流动、农村与城市改革等不断推进，大量的社会问题涌现出来，每一个方面的问题都有其得到政府立即处理和解决的必要性，如进城农民工的医疗问题、城市住房问题、工业环境污染问题等，每个问题都需要相当的财力人力才能加以解决，然而政府的能力是有限的，特别是在一定时间里，能够成为政府议程的社会问题更为有限。不同的群体关注的社会问题处于一种相互竞争

[1] 蒋太岩等：《从歧视走向公平——中国农民工及其子女教育问题调查与分析》，129页，沈阳：东北大学出版社，2008。

阶段，都在努力寻找政府特别的关注，希望政府能优先解决；而每一个社会问题得到解决都需要一个时机，即比较成熟的社会环境，只有这个环境出现，才有可能使得这一问题得以进入决策者视野，并摆上政府议事日程。

2. 政策溪流：从学术问题到政策建议

一般来说，当一个问题在众多的社会问题中得到特别关注时，这时各相关政策主体就会围绕这一问题产生很多的政策建议，甚至围绕这些政策建议进行争议与讨论，这些建议就形成了政策溪流。

对于流动儿童的教育问题，应当说最早的政策建议来自于学者的研究报告与政策建言。20世纪90年代，当流动儿童数量越来越大时，不少学者从社会发展进步中看到，流动儿童的教育问题不仅仅是流动儿童本身的问题，而且是一个国家和社会和谐发展的基础问题。这些流动儿童在城市中长大，很多人都将会逐步在城市定居下来，而如果城市相应的管理体制没有建立起来，他们就处于一种“悬着”的生存状态，成为社会和谐发展的不稳定因素。[1] 有研究者指出在实施全民教育，推行教育机会均等的进程中，保障流动儿童接受教育机会是亟待解决的问题。[2]

流动儿童的教育问题很快成为学术研究的热点，研究者普遍认为中国流动儿童在流入地接受教育，是每个孩子应有的教育权利，也是每一个流入地政府必须承担的义务。现在的城市公立学校对流动儿童的接纳和城市民工子弟学校在完成流动儿童的受教育权利方面都有不

[1] 高水红：《学校教育与农民工子女的身份认同》，载《当代教育科学》，2008（22）。

[2] 罗建河：《流动儿童的教育问题探析》，载《教育科学》，2002（4）。

可推卸的责任。流动儿童问题源于计划经济时期形成的二元体制，促使了城乡之间的不平等。雷万鹏从教育需求角度提出了一个审视流入地政府责任和流动儿童教育政策的理论架构，提出流入地政府应该采取不同策略、分担不同责任以回应流动儿童多元化教育需求。有些教育需求，政府应发挥积极作用；有些教育需求，政府当有限介入。从入学难度、财政负担、家校联系和家庭教育选择等方面看流动儿童义务教育面临的挑战，当前流动儿童教育正经历一次结构转型，即流动人口从对儿童入学机会的关注逐步转变到关注教育过程、教育质量和初中后入学机会。流入地政府需要在教育财政等方面制定相应政策以回应上述挑战。[1] 同时，社会学、政治学、心理学等各个领域的专业研究人员都从自己的学术专业角度指出了流动儿童教育中存在的问题，并提出了一些看法。这些看法集中在以下几个方面：第一，流动儿童的教育问题不只是一个教育问题，还是一个社会问题。如果流动儿童在城市的发展总遭遇排斥，会形成新的社会不安定问题；第二，流动儿童的教育问题是一个法律问题，更是一个政策问题。国家和地方政府应当为流动儿童接受教育提供法律保障和政策安排，从政策制定到政策执行形成一个政策系统来解决好流动儿童的教育问题。第三，流动儿童在城市因为家庭及生活环境等因素，会形成一些心理健康方面的问题，并最终会影响到其学业成绩等。与此同时，国家组织了专门人员对流动儿童教育问题进行了研究，2005年全国教育科学研究规划小组的国家重点课题“弱势群体教育权益保障研究”侧重对流动儿童、贫困生等教育问题研究；2006年教育科学国家重点课题“教育提高人

[1] 雷万鹏：《从多元需求看流动儿童教育政策的选择》，载《华中师范大学学院（人文社会科学版）》，2005（3）。

口素质和增强民族竞争力研究”的子课题“农民工子女教育和城乡社会融合研究”侧重于对流动儿童的社会融合研究；2007年教育科学国家重点招标课题“当代社会变迁中的中国农村教育发展问题研究”的子课题“城镇化过程中进城农民工子女和农村留守儿童教育问题”侧重于对流动儿童的管理体制研究，这些研究成为政策源流中的重要组成部分。

此外，国家行政管理部门负责者及国家领导人也对流动儿童的教育问题在不同场合下提出了一些政策建议。从教育部相关司长、教育部长到国家领导人，都在不同场合指出流动儿童的教育国家要承担解决的责任。应当说通过学者、政治家和学校代表及一些人大代表的关注和呼吁及政策建议，为流动儿童的教育政策出台准备了政策的思想基础。

3．政治溪流：从教育效率到教育公平的重点转移

“政治源流是政策制定过程中的重要组成部分，它独立于问题源流与政策源流而存在。政治源流主要包括诸如国民情绪、压力集团之间的竞争、选举结果、政党或者意识形态在国会中的分布状况以及政府的变更等因素。在从强制收容到无偿救助的政策转变过程中，国民情绪以及执政党和政府的执政理念构成了政治源流的主要部分”[1]。政治源流（政治溪流）最重要的是执政党的理念、社会意识形态和国民情绪，在我国的主要表现首先是作为一个社会主义国家的意识形态，其次为执政党的执政理念的变化，最后才是社会发展过程中人民对社会发展

[1] 周超，颜学勇：《从强制收容到无偿救助——基于多源流理论的政策分析》，载《中山大学学报（社会科学版）》，2005（6）。

与进步的一种渴求（国民情绪[1]）。有时候这三者之间并不是很容易区分开来，比如新中国成立后，实现民族独立与全国平等的社会理念的社会主义意识形态是作为执政党的共产党的执政理念，同时这也是新中国成立后绝大多数人民的一种社会渴求，三者之间大部分是重叠的。但有的时候这三者之间并不一样，比如“文革”期间以阶级斗争为纲的政治理念并不是大多数的中国人的社会渴望。如果三者重叠部分大，那社会共识程度高，经济和社会发展速度就快。如果并不一致，那三者之间就存在着潜在的和外在的竞争，同时竞争中也有消耗。

我国的政治源流的三个组成部分大多数时期都有共识。从新中国成立以来，这种共识就是我国教育改革追求的主旋律应当是教育效率优先于教育公平。1952年到1957年初等学校学生入学率达到学龄儿童的70%以上，高等学校在校生增长127%。[2] 教育首先是让更多的人有接受教育的机会。1958年到“文革”前，这一时期教育工作改革的总目标是“坚持党的教育工作方针，反对右倾思想和教条主义，调动一切积极因素，鼓足干劲，力争上游，多快好省地扫除文盲、普及教育，培养一支数以千万计的又红又专的工人阶级知识分子队伍”[3]。“文革”期间教育受到极大破坏。1983年，邓小平同志提出教育要面向现代化、面向世界、面向未来。1984年农村实行联产承包责任制后发生了很大的变化，生产效率得到很大的提高，同年10月召开党的十二届三中全

[1] 国民情绪在政策学者金登看来，是具有一些共同的观念，即在一个国家里有大批的民众正沿着某些共同的路线思考，这种国民情绪以明显的方式经常发生变化，而且国民情绪的这些变化对政策议程和政策具有重要的影响，在笔者看来，是一种一定时期内国民对社会发展和进步的渴求，是一种价值取向和利益诉求，在此笔者称之为一种社会渴求。

[2] 郭福昌,吴德刚：《教育改革发展论》，2页，石家庄：河北教育出版社，1996。

[3] 郭福昌,吴德刚：《教育改革发展论》，4-5页，石家庄：河北教育出版社，1996。

会通过了《关于经济体制改革的决定》，对经济效率的追求提到一个新的高度并公开在各种大会上表达出来。据1990年秋季的统计，我国城市和76%的县已经基本普及初等教育，学龄儿童入学率达到97.8%，小学毕业生升学率达74.6%，全国女童入学率达95.38%。尽管在推进义务教育方面取得了很大的成绩，但要在全国实现义务教育，仍需做很大的努力，其中经费不足还是很大的问题，中小学生流失现象在有些地区还比较突出。[1] 应当说，在教育经费还不能满足基础教育和义务教育需要的情况下，教育的目标首先是追求教育效率。党的十六大正式提出了“效率优先、兼顾公平”的社会发展方针，可以说建国后多数时间特别是改革开放后，教育的效率都是摆在教育公平的前面的。

自20世纪90年代初，国际学者掀起了追求教育权利与教育公平新思潮，教育公平开始逐渐超越教育效率，成为教育改革与进步的新理念。1989年联合国教科文组织发表的《儿童权利公约》、1990年的《儿童生存、保护和发展世界宣言》与《世界全民教育宣言》、1995年在北京举行的联合国第四次世界妇女大会的《北京宣言》等，都对弱势群体的教育不公平等提出了要求。特别是1994年联合国教科文组织在西班牙萨拉曼卡召开的世界特殊教育大会上，发表了著名的《萨拉曼卡宣言》，第一次提出了全纳教育的观点，主张每个儿童都有受教育的权利，这个权利必须获得可达到的并保持可接受的学习水平机会；教育制度的设计和教育计划的实施应该考虑到这些特性和需要的广泛差异；有特殊需求的学生应该有机会进入普通学校学习，而这些学校应以一种能满足其特殊需要的儿童中心教育思想接纳他们；全纳学校是反对歧

---

[1] 高奇：《新中国教育历程》，248-253，石家庄：河北教育出版社，1996。

视实现全民教育的最有效途径。[1] 全纳教育的思想为教育公平提供了一个新的高度和起点，正如联合国教科文组织所言，“学校应该接纳所有的儿童，不应该由于身体、智力、社交、情绪或者其他身体状况的问题把部分儿童拒之门外；无论是残疾儿童或者是天才儿童、流浪儿童、童工、边远地区游牧民族儿童、少数民族儿童，或者是来自其他弱势群体或者社会边缘群体的儿童，都应该得到教育机会”[2]。从这些国际教育理念来看，教育公平已经超越社会教育其他价值观，成为一个负责任政府的社会义务。中国亦受此理念影响。谢维和等做过一个1990年至2005年中国的教育公平与教育发展的实证研究，其中有一个关于中国社会国民对教育公平关注程度变化的研究。谢维和在中国学术期刊网等以与“教育公平”直接相关的词搜索相关论文和词语数量，采用词频分析的办法，形成了一个国民对“教育公平”关注的统计趋势图：

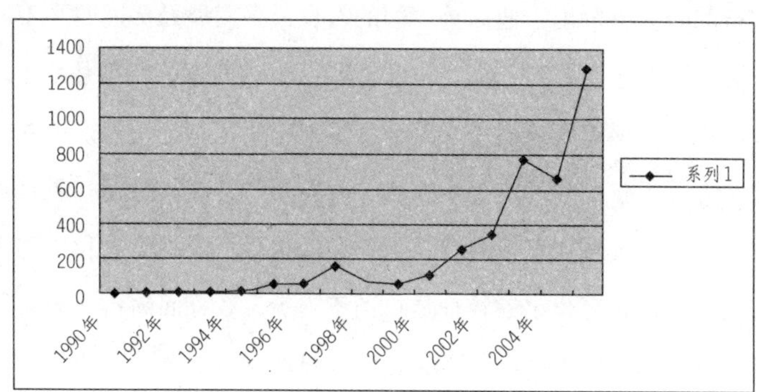

注：谢维和《中国的教育公平与教育发展》相关数据。

图2-1　1990-2005年“教育公平”词频统计趋势图

[1] 周佳：《教育政策执行研究——以进城就业农民工子女义务教育政策执行为例》，37页，北京：教育科学出版社，2007。

[2] 联合国教科文组织，陈云英等译：《全纳教育共享手册》，12页，北京：华夏出版社，2004。

我们看到，进入90年代以后，中国社会关于教育公平的话语日趋增多。1990年与教育公平相关的词是5次，1997年增加到161次，2005年达到1290次，年平均增长率是44.80%。中国社会公民近年来对教育公平的关注程度呈现出一种越来越高的趋势，而从1990年以来，正是中国教育发展取得成绩非常显著的时期，包括义务教育的普及和巩固、高中阶段教育的扩张以及高等教育的大众化等。当整个社会对某些问题关注程度比较高的时候，这种关注实际上表示这一方面出现了一定的问题。[1] 在笔者看来，至少表明对教育公平的社会渴求已经成为一种强势话语进入了国民的意识当中，特别是1995年以后，教育公平话语频次急剧提高，至少在一定程度上表明教育公平已经从长期的教育效率强势话语中绽出，逐渐获得国民教育价值观中的优先地位。

这一结论也可以从著名教育专家杨东平对中国的教育公平发展轨迹进行的研究中得出，他认为中国的教育公平发展经历过四个不同阶段：第一阶段是“文革”前“十七年教育”，这时期的特征是基于政治歧视的权利不平等，社会主义公平价值与工业化和赶超模式下的效率优先一直处于强烈的冲突之中；第二阶段是“文革”时期，教育重心下移至农村，重点在普及教育，是一种低重心、公平优先和平均主义的发展模式，教育公平的特征是权利不平等，教育面向大多数人，低水平的教育机会均衡；第三阶段是20世纪80年代，教育公平的主题主要表现为城乡差距、地区差距和学校差距等，这一时期教育公平的特征是权利平等，能力主义的分数面前人人平等，面向少数人的精英教育；第四个阶段是20世纪90年代中期之后，由于市场经济和教育市场化的

[1] 谢维和等：《中国的教育公平与教育发展（1990–2005）——关于教育公平的一种新的理论假设及其初步证明》，38–42页，北京：教育科学出版社，2008。

发展，教育在规模数量上的大发展，但由于旧有的制度性障碍与市场环境的矛盾不断深化，产生了社会特殊的教育问题，即教育机会扩大，教育差距扩大，新的“教育不公平”增长。[1] 教育不公平不管是在国民话语中的频次还是专家的研究结论中都成为一种主流意识。

教育公平理念从国际组织的倡导发展成为中国研究者、中国媒体的主流话语，最终影响了最高决策者的决策。流动儿童教育问题对社会进步与和谐的重要性屡见于政府官员、国家领导人的谈话、报告或相关法律当中。1995年3月18日，第八届全国人民代表大会第三次会议通过《中华人民共和国教育法》，其中第九条规定“中华人民共和国公民有受教育的权利和义务”，第十八条规定“各级人民政府采取各种措施保障适龄儿童、少年上学就学”。因此，流动儿童的教育问题如果还得不到解决，与政府执政的理念是不协调的，流动儿童教育问题着手解决的时机已经成熟，只要有一个合适的机会，推动政府和部门领导的关注，它就会列入讨论的议程当中。

4．政策之窗：流动儿童教育问题解决的契机

一个政策最后能不能出台，有其偶然性。多源流政策理论认为，在政策之窗打开之前，三个源流是各自独立进行的。政策之窗的开启为三个源流的汇合提供了一个机会，如果决策者能够抓住这个机会推动源流的汇合，就能够促使政策议程的建立，实现政策转变。

自1993年北京市出现由外地人员自发创办的“打工子女学校”后，流动儿童的教育问题进入了新闻媒体的视野。城市里的人们开始发现在他们身边，还有一群本来应当在学校中读书的学龄期的儿童，但现

[1] 杨东平：《中国教育公平的理想与现实》，55-59页，北京：北京大学出版社，2006。

在待在城市里面上不了学，这群孩子告别昔日学校中朝夕相处的小伙伴，牵着父母的手，千里迢迢来到繁华的大城市却上不了学。[1] 这些孩子有的每天跟随父母走街串巷收破烂、捡垃圾；有时只是一个人待在家打发每天的时光；有的在外面做童工，一天长达十几个小时，从事卖花、洗车、烧炉等一些繁重的工作；更有一些孩子被人胁迫从事乞讨，有的逐渐发展成为小偷甚至惯偷。造成此类现实的原因是在城市学校读书对于流动儿童家庭来说需付一笔不菲的借读费，或是公立学校根本就没有给这些流动儿童借读的机会等。最后农民工只有自己设法解决孩子的读书问题，于是简陋的民工子弟学校陆续出现。1993年6月24日，江西省南昌县教育局下文批复同意为流动人口子女建立“南昌县麻丘镇驻武汉跟踪小学”；1994年曾经做过民办教师的李素梅建立“北京行知打工子女学校”，目前已经发展成为北京最大的一所专为外地来京的打工子女提供就学机会的简易学校。然而，这些打工子女简易学校太过简陋，有的连教室都不合格，租用一个四面不透光的仓库；有的根本就没有操场跑道，或是操场设在楼顶上，这些都是硬件上不合格。更有甚者，这样一些学校的教师基本或大多数都没有教师资格证，有的本身就文化程度很低，不能胜任教师这一职位。

1995年，《中国教育报》在1月21日、22日、23日连续三天刊登了记者李建平的文章《“流动的孩子”哪儿上学——流动人口子女教育探讨》。事情的经过是这样的：1995年一个寒冷的星期天，《中国教育报》记者李建平去北京的农贸市场买菜，发现一些流动人口的孩子在市场里闲逛，他们不是在模特衣架中钻来钻去，就是和大人一起抖着衣服

---

［1］汪明：《聚焦流动人口子女教育》，2页，北京：高等教育出版社，2007。

叫卖，这一情景让她心里很不是滋味。她认为眼下正是“普九”的关键时刻，这些孩子不应该是被教育遗忘的人群。这些问题在她脑海中闪现，她决定对流动人口子女入学问题进行调查。这一系列报道提出了“流动人口子女教育问题，是关系到普及九年义务教育、提高全民族文化素质的大问题，应该摆到有关领导的议事日程，引起全社会的高度重视；对流动人口子女教育应从长计议，应尽快制定出流动人口子女入学的暂行规定和管理办法”。在这篇文章中，作者提供了大量的数据及一些政策建议，为有关部门制定政策提供了依据和借鉴。这一系列报道引起了社会强烈的反响，也引起了国家相关部门的关注，同年，原国家教育委员会（现教育部）将流动人口子女教育问题正式列入议事日程，并于当年底出台了相关政策。1996年原国家教委出台了《城镇流动人口中适龄儿童、少年就学办法（试行）》的教育政策，这一政策颁布后，各地政府采取各种措施落实流动儿童入学问题。[1] 这一文章的发表引发了国内教育领域的学者对流动人口子女教育问题的研究，并最终导致教育部流动儿童教育政策议程的建立和相关政策的出台，成为流动儿童教育问题的议程的“政策之窗”。

在这篇文章之前也有一些文章关注了流动儿童教育问题，这些都是政策之窗，然而只有李建平这一文章打开了改变的局面。政策之窗开启的时间是很短暂的，机会稍纵即逝，而人们并没有抓住，这有两方面的原因：一方面是问题本身以及政策溪流和政治溪流还没有发展

---

［1］《热点之一：“流动的孩子”哪儿上学？》，载中国教育新闻网，http://www.jyb.cn/gb/2003/07/04/zy/jyzx/107.htm.

成熟，另一方面是缺乏善于捕捉机会的政策企业家。[1] 李建平的文章《“流动的孩子”哪儿上学——流动人口子女教育探讨》之所以有这么大的影响，政策企业家发挥了重要作用。新闻媒体和一些学者在此扮演了政策企业家的角色。作为中国教育领域最为重要的媒体，《中国教育报》连续三天的报道影响巨大。正是因为有了媒体的连续报道，才有了学者们的专门研讨以及教育部主管领导的关注，才有列入议事日程的可能。政策企业家的作用不仅是提出了政策建议，更为重要的是，他们推动了问题源流、政策源流和政治源流三者的汇合，并抓住了文章引发强烈关注这样一个“政策之窗”。至此，这三个源流问题与解决方案结合起来了，政策建议获得了一个很好的政治契机，政策问题、政策建议与政策事件相结合最终推动了一个政策议程的建立和相关政策的出台。

总之，流动儿童政策制定的过程就是一个流动儿童教育中的问题、解决方案和为问题解决所展开的政治活动三条溪流汇合的结果，但只有在政策之窗开启时，这三条溪流才能获得汇合的机会。流动儿童政策企业家们正是抓住了这种机会的积极行动者，推动了这一政策出台。正如金登所说：“好的思想会因为缺乏倡导者而不能发挥作用，问题会由于没有解决办法而得不到解决，政治事件也会因为缺乏有创造力的高明建议而得不到利用。”[2]

---

[1] 政策企业家，按照金登的说法是指在政策活动过程中，追求政策利益的相关人，在流动儿童教育政策出台过程当中，政策企业家包括教育部领导者、关注流动儿童教育的学者和公立学校或私立学校的领导者、教师、流动儿童学生和家长等，其中教育部的领导在此是最重要的政策企业家，详细理论探讨请参看［美］约翰·W. 金登，丁煌等译：《议程、备选方案与公共政策》，57–180页，北京：中国人民大学出版社，2004。

[2]〔美〕约翰·W. 金登，丁煌等译：《议程、备选方案与公共政策》，230页，北京：中国人民大学出版社，2004。

三、政策进程：流动儿童教育政策的发展

自从1995年原国家教委把流动儿童教育问题列入议事日程，到现在为止已有19年了，这期间断断续续出台了不少相关政策法规，其中不同阶段的政策表现出不同的特点，每个阶段都在致力于解决流动儿童教育中出现的问题。但是，问题总是在不断变化的，有时旧的问题还没有完全解决，新的问题又出现了，于是政策议程又进入了一个新的循环，新的问题流、政策流和政治流在新的政策之窗开启时，产生出新的政策。以下是对19年来流动儿童相关教育政策的回顾。

（一）流动儿童教育实践进展

流动儿童政策的形成，在中国的社会环境中，主要与两个方面密切相关，一是领导人有关流动儿童教育的讲话，二是流动儿童教育实践工作的民间推动。

1993年，北京市开始出现由外来人员自发创办的“打工子弟学校”，这些学校对于解决一些在北京不能上学的流动儿童教育问题提供了一个出路，这是最早的流动儿童教育实践的探索。但是，这些学校缺乏合法性，多处于地下办学状态，随时有被取消的危险，流动儿童面临着随时失学的危险。

1993年6月24日，江西省南昌县教育局下文，批复同意为流动人口子女建立“南昌县麻丘镇驻武汉跟踪小学”，主要解决在武汉市打工的南昌县麻丘镇农民子女的入学问题。这所学校的出现，推动了政府对流动儿童学校建设的重视。

1994年9月，曾经做过民办教师的李素梅在北京建立起“北京市行知打工子弟学校”，目前学校已经发展为北京最大的一所专为外地来

京的打工子弟提供就学机会的简易学校。这也是第一次正式的并得到官方默认的民间自发解决流动儿童教育问题的努力。

1995年，第八届全国人民代表大会第三次会议通过《中华人民共和国教育法》，规定各级人民政府采用各种措施保障适龄儿童、少年就学。

1996年4月2日，原国家教委基础教育司印发《城镇流动人口中适龄儿童、少年就学办法（试行）》，并在北京市丰台区、天津市河北区、上海市徐汇区、深圳市罗湖区、浙江省义乌市、河北省廊坊市等六市区开展流动人口适龄子女就学工作，这是第一次正式对流动儿童教育问题的政策实践。

1997年，安徽省凤台县尚塘乡在上海市虹桥建立"尚塘乡驻沪跟踪小学"，与南昌县在武汉设立的民工子弟学校一样，引发人们对打工子弟学校设立的合法性与经济性的思考。

1998年5月，浙江省杭州市江干区教育委员会"依法取缔"民工子弟学校"鲁冰花希望小学"，引发对流动儿童教育问题争议。

1998年，湖北省武汉市出台《社会力量办学流动人口子女简易学校办学标准》，民间自办的打工子弟学校开始找到合法依据。

1999年1月11日，国内第一所以流入地政府管理为主的民工子弟学校——天成小学在杭州市成立，民工子弟学校从民间自发到流出地举办发展到流入地举办，流动儿童教育政策开始到位。

2002年5月26日，全国人大副委员长、全国妇联主席顾秀莲同全国妇联、中央国家机关18个部委以及北京市委、市政府的同志，在"六一"国际儿童节即将来临之际，到专门接受流动儿童的北京市石景山玉泉路小学，看望流动儿童。

2002年8月16日，教育部、公安部、劳动和社会保障部等九部委和29个省市区代表在浙江省杭州市召开“全国进城务工就业农民子女接受义务教育工作经验交流会”，教育部副部长王湛同志发表《以“三个代表”重要思想为指导，坚持“两个为主”做好进城农民子女接受义务教育工作》的讲话。这是第一个国家教育部领导人对流动人口子女教育问题发表的高层讲话，在一定程度上推动了第二年《关于进一步做好进城务工就业农民子女义务教育工作的意见》政策的出台。

2002年9月1日，北京市开始降低流动人口子女在公办中小学的借读费，在小学阶段借读费由500元降为200元，初中由1000元降为500元，为全国流动儿童教育经费问题的解决做出表率。

2002年12月28日，由中国陶行知研究会组织的“全国民工子弟教育研讨会”在上海青浦召开，这是全国第一个有关流动儿童教育问题的专门的学术会议。

2003年3月，在全国政协十届一次会议上，全国政协委员、中国青年基金会常务副理事长徐永光提出要求依法保障进城农民工子女接受义务教育权利的议案。同年在全国人大十届一次会议上，376名代表联名提交“关于加快修改《中华人民共和国义务教育法》”的提案，议案中建议“建立进城务工农民工子女就学的有关制度”。两会上关于流动人口子女教育问题的提案，为确立流动儿童教育权利的法律保障奠定了基础。

2003年4月3日，联合国儿童基金会、国务院妇女儿童工作委员会的代表考察无锡市流动儿童教育情况，这是国际组织第一次对中国流动儿童教育状况的调查。

2003年9月3日，全国第一家专门招收流动人口子女的教育集团——天成教育集团在杭州市成立，表明流动儿童教育问题的解决有了一个新思路。

2003年9月9日，国务院总理温家宝来到北京玉泉路小学，看望在那里上学的农民工子女，并在黑板上写下“同在蓝天下，共同成长进步”。温总理强调，一定要让进城务工农民的孩子有书读、有学上。流动儿童教育问题发展过程中国家领导人的讲话，直接推动了《关于进一步做好进城务工就业农民子女义务教育工作的意见》这一政策的出台。

2003年9月19日，全国农村教育工作会议在北京召开，国务委员陈至立在工作报告中指出，要重视和认真解决好进城农民工子女的就学问题。

2003年11月，北京市教委宣布北京现在要让应接受义务教育的23万流动人口子女基本都有学上，成为解决流动儿童教育问题的典范。

2004年，湖北省武汉市政府将“解决进城务工农民子女入学”列为当年政府要办的十件实事之一。流动儿童的教育问题得到从上到下的进一步重视，为流动儿童教育政策的进一步完善创造了更好的条件。

2004年1月13日，中国青少年发展基金会启动了面向农民工子女的“希望工程助学计划”，农民工子女教育经费问题开辟了除政府、流动家庭外的第三条道路。

2004年2月，浙江省瑞安市开始实施“教育凭证”制度，解决流动儿童就学问题，为流动儿童教育经费实现全国统筹进行了试验，为进一步解决问题奠定了基础。

2004年3月，北京市海淀区明园学校、行知打工子女学校等十所专门接受流动人口子女的学校被批准为民办学校，打工子弟学校开始正式获得合法性。

2004年4月，上海启动希望工程助学进城计划，首批1000名在沪进城务工子女得到每人每年600–900元的助学金，这是全国第一个实施流动儿童教育助学的政府措施。

2004年9月，北京市在实施义务教育的公立中小学中，对符合来京务工就业农民工子女条件的借读生免收借读费，为全国流动儿童全面实现真正免费的义务教育作出垂范。

2004年11月4日，国务院妇女儿童工作委员会办公室和联合国儿童基金会共同在北京举办“流动儿童工作经验交流研讨会”，这是继陶行知研究会后召开的一个更高层面的流动儿童教育问题研讨。

（二）流动儿童政策文本演变

流动儿童政策发展最终是以政策文本形式来巩固流动儿童教育发展的成就，其中文本主要有两种形式：中央政策文件和相关教育法律法规。以下是政策文本演变的过程。

1995年，原国家教委基础教育研究司义务教育处与北京市教育科学研究所在流动儿童问题纳入当年议事日程的背景下，着手调查、研究流动儿童入学问题。

1996年，原国家教委颁发了《城镇流动人口中适龄儿童、少年就学办法（试行）》，在流动人口较多的省份进行试点。在这一政策文件中，规定城镇流动人口中适龄儿童、少年入学等由其父母或监护人持流入地的暂住证，向流入地住所附近的中小学申请入学。

1998年，原国家教委、公安部联合颁发了《流动儿童、少年就学暂行办法》。《流动儿童、少年就学暂行办法》规定，流入地人民政府应为流动儿童少年创造条件，提供接受义务教育的机会；而流动儿童少年父母或监护人应当按流入地人民政府规定送子女或其他被监护人上学，接受并完成规定年限义务教育。试行条例还对流动儿童就学的公立学校、打工子弟简易学校和教育行政管理部门的职责做出了相应的规定。但是这一试行条例仍然有很大的缺陷：一是规定流动儿童少年常住户籍所在地人民政府应严格控制义务教育阶段适龄儿童外流，这在现实中明显具有控制的理念；二是在第十一条中规定公立中小学可依国家有关规定收取借读费，这对于经济上本来就比较困难的流动儿童家庭来说，增加了负担，导致很多的流动儿童仍然处于因交不起借读费而失学的状态；三是没有针对流动儿童义务教育经费的全国性统筹提出具体解决办法。这三大不足导致了很多的流动儿童因为经济等多种原因处于失学状态。

2001年，国务院印发了《关于基础教育改革与发展的决定》，在第二条第十二款中指出“要重视解决流动人口子女接受义务教育问题，以流入地区政府管理为主，以全日制公办中小学为主，采取多种形式，依法保障流动人口子女接受义务教育的权利”。

2003年1月15日，国务院办公厅在《关于做好农民进城务工就业管理和服务工作的通知》第六条规定，“要保障农民工子女接受义务教育的权利。流入地政府应采取多种形式，接收农民工子女在当地的全日制公办中小学入学，在入学条件等方面与当地学生一视同仁，不得违反国家规定乱收费，对家庭经济困难的学生要酌情减免费用。要加强对社会力量兴办的农民工子女简易学校的扶持，将其纳入当地教育发展规划和体系，统一管理。简易学校的办学标准和审批办法可适当放宽，但应消除卫生、安全等隐患，教师要取得相应任职资格。教育部门对简易学校要在师资力量、教学等方面给予积极指导，帮助完善办学条件，逐步规范办学，不得采取简单的关停办法，造成农民工子女失学。流入地政府要专门安排一部分经费，用于农民工子女就学工作。

流出地政府要配合流入地政府安置农民工子女入学，对返回原籍就学的，当地学校应当无条件接收，不得违规收费。”这一文件对流动儿童入学、就学及民工子女学校等都有进一步的规定，还针对流动儿童教育中的经济困难问题提出了“酌情减免”，虽然力度不大，但这是一个好的开端。另外，提出了流出地与流入地政府关于流动儿童教育的责任问题，为进一步的流动儿童教育经费统筹打好了基础。

2003年9月19日，全国农村教育工作会议在北京召开，中共中央政治局常委、国务院总理温家宝出席会议。在会议上温总理指出农村教育工作的重要性，其中特别指出一定要让进城务工农民的子女有书读、有学上，和城里孩子同在蓝天下共同成长进步。

2003年9月30日，经国务院同意，国务院办公厅转发了教育部、中央编办、公安部、发展改革委员会、财政部、劳动保障部《关于进一步做好进城务工就业农民子女义务教育工作的意见》，指出推动城市建设和发展、推进农村富余劳动力转移以及维护社会稳定，是各级政府的共同责任；进城务工就业农民流入地政府(以下简称流入地政府)负责进城务工就业农民子女接受义务教育工作，以全日制公办中小学为主。地方各级政府特别是教育行政部门和全日制公办中小学要建立完善保障进城务工就业农民子女接受义务教育的工作制度和机制，使进城务工就业农民子女受教育环境得到明显改善，九年义务教育普及程度达到当地水平；建立进城务工就业农民子女接受义务教育的经费筹措保障机制，流入地政府财政部门要对接收进城务工就业农民子女较多的学校给予补助，城市教育附加费中要安排一部分经费，用于进城务工就业农民子女义务教育工作；采取措施，切实减轻进城务工就业农民子女教育费用负担。流入地政府要制订进城务工就业农民子女接受义务教育的收费标准，减免有关费用，做到收费与当地学生一视同仁。要根据学生家长务工就业不稳定、住所不固定的特点，制订分期收取费用的办法。通过设立助学金、减免费用、免费提供教科书等方式，帮助家庭经济困难的进城务工就业农民子女就学。这一政策的最大亮点就是对流动儿童教育经费问题提出了相应的解决办法，比如规定流入地财政部门对接受流动儿童学校给予补助，鼓励地方教育管理部门和学校对流动儿童教育费用实行减免及提供教科书等。但是作为一种政策的深入，它还没有真正解决流动儿童教育经费的全国性统筹问题。

2005年12月，国务院颁发了《关于深化农村义务教育经费保障机制改革的通知》，确定全部免除农村义务教育阶段学生学杂费，对贫困家庭学生免费提供教科书并补助寄宿生生活费；提高农村义务教育阶段中小学公用经费保障水平。在免除学杂费的同时，先落实各省（区、市）制定的本省（区、市）农村中小学预算内生均公用经费拨款标准，所需资金由中央和地方按照免学杂费资金的分担比例共同承担；其中进城务工农民子女在城市义务教育阶段学校就读的，与所在城市义务教育阶段学生享受同等政策。应当说，这一政策的出台是真正在历史上第一次把流动儿童的教育经费问题放在全国统筹这样一个高度上来考虑的，虽然这一政策在全国执行的过程中，并没有完全解决流动儿童的教育经费问题，但毕竟推动了对这一问题解决的进一步发展。

2006年6月29日，十届全国人大常委会第二十二次会议通过新修定的《中华人民共和国义务教育法》，从早期的18条发展到63条，首次把教育均衡发展纳入法制轨道，强调了义务教育的公益性质、强制性质和免费性质。第四条规定凡是中华人民共和国国籍的适龄儿童、少年，不分性别、民族、种族、家庭财产状况、宗教信仰等，依法享有平等接受义务教育的权利，并履行接受义务教育的义务；第十二条规定父母或者是其他法定监护人在非户籍所在地工作或者居住的适龄儿童、少年，在其父母或者其他法定监护人工作或者居住地接受义务教育的，当地人民政府应当为其提供平等接受义务教育的条件。新修定的《义务教育法》对于流动儿童的教育权利、教育经费处理及其相应的责任主体都有明确的规定，第一次从法律的高度对流动儿童的教育权利实现进行了保障，是一个重大的进步。

（三）流动儿童政策发展分析

流动儿童教育政策的发展过程，是一个流动儿童教育政策文本发生变化的过程。对其中的一些话语进行分析，有助于我们更好地理解流动儿童教育政策的演进。从1996年流动儿童教育受到政府关注以来，已经出台了若干个相关的政策，每一个政策都致力于对新出现问题的解决，从而形成了一个流动儿童教育政策体系。总结流动儿童相关教育政策，有一些变化是渐进的，有一些变化是革命式的。

1. 流动儿童概念从模糊转向清晰

从流动儿童受关注以来，流动儿童这个概念也日趋清晰化。从最早的名称“进城务工人员子女”到后来多样化的“农民工子女”“城镇流动人口中适龄儿童、少年”“进城务工就业农民子女”“农村流动儿童”、“城镇流动人口适龄儿童、少年”等。有研究者认为1996年提出的“城镇流动人口中适龄儿童、少年”概念从字面上看不能清晰界定这一特殊群体的身份特征和生活状况。1998年提出的“流动儿童少年”概念单从字面理解，其涵盖的范围远远大于实际生活中的这一特殊群体，可以包括城市户籍的流动儿童，容易造成歧义。2003年提出“进城务工就业农民子女”和“农民工子女”的概念突出进城农民职业的变更特点，笼统概括了这一特殊群体的身份特点。2007年提出的“农村流动留守儿童”的概念已非常清晰地表述了农民进城后其子女的两种生存状况，即进城或是留村；同时，对这一特殊群体的概念也取消了年龄限定，使概念的界定更具科学理性，因为《义务教育法》对儿童入学年龄已有规定。[1] 从中可以看出国家对于流动儿童这一群体概念的明晰过程。

2．流动儿童从户籍约束转向身份管理

早期的流动儿童相关教育政策都以流动儿童的户籍作为教育管理的基础，来自不同地区的流动儿童的户籍所在的教育部门承担着对这些儿童的教育责任和义务。这种以户籍为基础的管理制度，把人分为城市人口、农村人口等，人口流动受到户籍制度的限制，加深了城乡差别、东西差别形成的二元的经济结构。“因为难以跨越的城乡鸿沟以及狭隘的教育理念使农民子女失去学习的兴趣和信心，有的早期辍学，有的荒废学习时光，只有少部分农民子女迫于跳出农门的压力而拼搏于各级各类考场之中。因而，以户籍划分居住地、就业地和就学地的历史在客观上侵犯了一部分人的受教育权及其相关利益。”[2] 对这种以户籍制度为基础的流动儿童教育管理制度造成的后果引发了人们的反思，追求平等和自由是人们神圣的权利，不能因为种族、性别、贫富等而有所区别。在2001年国务院发布的《关于基础教育改革与发展的决定》中，颁布了“要重视解决流动人口子女接受义务教育问题，以

[1] 吕少蓉：《1996年-2007年国家关于农村流动儿童义务教育政策的变迁》，载《教育导刊》，2008（6）。

[2] 杨颖秀：《农民工子女就学政策的十年演进及重大转变》，载《东北师大学报（哲学社会科学版）》，2007（6）。

流入地区政府管理为主，以全日制公办中小学为主，采取多种形式，依法保障流动人口子女接受义务教育的权利”（简称为“两为主”）的政策，开始实现从以户籍为基础的教育管理制度向以身份为基础的教育管理体制转化，并在后来的《关于做好农民进城务工就业管理和服务工作的通知》、2003年9月30日国务院办公厅转发的教育部、中央编办、公安部、发展改革委员会、财政部、劳动保障部《关于进一步做好进城务工就业农民子女义务教育工作的意见》等政策文件中得到进一步的确定。在2006年6月29日，十届全国人大常委会第二十二次会议通过新修定的《中华人民共和国义务教育法》，首次把教育均衡发展纳入法制轨道，强调了义务教育的公益性质、强制性质和免费性质，从而在法律上确立了以流动儿童身份为基础的教育管理体制，更好地保护了流动儿童的受教育权利。

3．流动儿童管理理念由管制转向服务

在1996年国家教委基础教育司印发的《城镇流动人口适龄儿童、少年就学办法（试行）》中，规定流动儿童、少年户籍所在地教育行政管理部门对流动儿童进行严格的管理，流动作为一种于社会无益的观念，对流动儿童进城或在他方入学持不赞成甚至是排斥的态度。在1998年的《流动儿童、少年就学暂行办法》中，第六条规定城镇流动人口中适龄儿童、少年户籍所在地教育行政部门，应建立严格的适龄儿童、少年流动管理制度。凡户籍所在地有监护条件的，必须在户籍所在地接受义务教育；户籍所在地没有监护条件的，流动期间在流入地接受义务教育；第十九条规定流入地市、区教育行政部门，应为在校的流动人口中适龄儿童、少年设立临时学籍。临时学籍应记载学生的转进、转出、成绩、操行评语、健康状况、升级、休学、复学、毕业、结业等项目。学生升学或转走时，应由学校对临时学籍进行审核签章，由学生带至新转入学校。第二十一条规定为城镇流动人口中适龄儿童、少年举办的学校或教学班、组，应于每学年初，将其入学情况通报给学生户籍所在地学区，学区应作为入学率统计。这些政策条款中仍然可以看出对流动儿童管理的控制或管制的理念。

2003年国务院办公厅《关于做好农民进城务工就业管理和服务工作的通知》文件中，第一款就提到“做好农民进城务工就业管理和服务工作，不仅有利于促进国民经济持续快速健康发展，而且有利于维护城乡社会稳定”。第六款指出“要保障农民工子女接受义务教育的权利。流入地政府应采取多种形式，接收农民工子女在当地的全日制公办中小学入学，在入学条件等方面与当地学生一视同仁，不得违反国家规定乱收费，对家庭经济困难的学生要酌情减免费用。要加强对社会力量兴办的农民工子女简易学校的扶持，将其纳入当地教育发展规划和体系，统一管理。简易学校的办学标准和审批办法可适当放宽，但应消除卫生、安全等隐患，教师要取得相应任职资格。教育部门对简易学校要在师资力量、教学等方面给予积极指导，帮助完善办学条件，逐步规范办学，不得采取简单的关停办法，造成农民工子女失学。流入地政府要专门安排一部分经费，用于农民工子女就学工作。流出地政府要配合流入地政府安置农民工子女入学，对返回原籍就学的，当地学校应当无条件接收，不得违规收费”。这表明国家和政府对于流动现象的观念已发生变化，从管制转向了服务。这一管理理念的变化体现为2006年政府提出的“切实为农民工提供相关公共服务”的重要内容；2007年政府提出要“不断加大对农村留守流动儿童的关爱支持力度”，“保证他们进入城市后能够尽快入学接受义务教育”。值得注意的是农村留守儿童的义务教育问题也首次在国家文件中出现，“农村留守儿童的义务教育问题产生时间要早于农村流动儿童”得到进一步的体现。

第二节　流动儿童教育政策的执行分析

流动儿童教育政策其实是一个政策循环系统，政策与问题在不断地互动，新的问题催生新的政策，新的政策出现又产生新的问题，于是政策又进入一个新的制定、执行、评估的循环之中。早在1973年美国政策学家普雷斯曼（Jeffrey.L.Pressman）和韦达夫斯基(A.Wildavsky)就对美国联邦政策关于创造就业机会的政策项目“奥克兰计划”执行状况进行了跟踪调查研究，发现政策的执行并不像政策制定者设计的那样被执行了，而是被部分执行或执行不到位。虽然人们认为行政管理机构会很自觉地执行立法机关或其他政策制定者所制定的政策，但事实上政策执行问题常常使整个政策过程陷入困境，这在政策学中被称为“阿基里斯之踵”。

一、流动儿童教育政策执行问题

流动儿童教育政策在执行中，出现了很多问题。据中央教育科学研究所教育发展研究部课题组的调查报告显示，流动儿童中在学者占全部流动儿童的90.7%，一直未上学者占6.89%，辍学者占2.45%，后两者合计显示的流动儿童失学率高达9.3%。以此推算，在随父母进城的1500万农民工子女中，有近140万适龄儿童辍学或一直未上学。课题组在统计北京市人民政府公布的数据中发现，截至2006年7月，北京市有农民工子女36.6万，在公办学校上学的只有22.8万，占62.3%；而在已获批准的打工子弟学校上学的有4.3万，占11.7%，在未获批准的打工子弟学校上学的有9.5万，占26%。也就是说，还有近37.7%、约13.8万农民工子女没有进入公办学校就读，而是在民办的打工子弟学校，甚至是在未获批准的打工子弟学校就读。[1] 就笔者课题组在浙江省的调查研究中发现，流动儿童平均入学率只有96.7%，至少从教育机会的角度来说，还没有达到义务教育百分百入学的标准。

除了教育机会入学情况外，在教育过程当中，流动儿童所获得的教育相比公立学校来说，也是严重不均衡的，课题组在浙江的调查发现流动儿童对其所获得的教育满意率只有68.7%。首先，流动儿童所在的民工子弟学校状况较差。有研究者对广州市民工子弟学校进行考察，发现主要存在以下问题：第一，办学经费不足，学校条件简陋，学校收入主要依赖收取学生的学杂费，几乎无法满足正常的开支和运转。第二，教师待遇较差，素质不高。大部分民工子弟学校师资力量薄弱，缺乏相应的专业训练和资质。这些民工子弟学校也不能改善教师待遇，不能提供配套的生活环境，致使教师流动幅度很大，影响了教育教学质量。第三，管理不够规范，运作水平不高。大部分民工子弟学校没有规模效益，更没有建立现代学校管理制度，管理水平处于低层次，随意性大。[2] 其次，流动儿童在公立学校也受到不同程度的区别对待，难于融入城市文化，从而引发心理健康等诸多问题，很多学校教师对此问题采取回避或忽视态度。[3] 南京大学钱再见等人将此类不均衡的教育现象分析总结为三个方面：第一，农民工子女的失学

---

[1] 中央教育科学研究所教育发展研究部课题组：《进城务工就业农民子女接受义务教育的政策措施研究》，载《教育研究》，2007（4）。

[2] 刘雪明，张丽敏：《地方政府执行外来农民工子女义务教育政策探析——以广州市为例》，载《中国集体经济》，2008（6）。

[3] 王璐：《流动人口中适龄儿童义务教育的政策发展与实施——北京市个案研究》，载《教育学报》，2005（3）。

率高，义务教育政策执行有悖普及性；第二，经费筹措保障机制乏力，义务教育政策执行缺乏可持续性；第三，教育资源匮乏，义务教育政策执行有失公平性。[1] 流动儿童教育政策缺乏普及性、可持续性和公平性，比较全面地表达了当前流动儿童教育政策执行的问题。也有研究者从政策实施出发，提出了流动儿童教育政策如何操作化问题。他们认为，对于流动儿童或者说农民工子女的教育问题，国家的政策导向是很明确的，但是在落实过程中由于必须经地方各级政府加以衔接与操作，因此，如何调整国家与省、县级政府的责任关系成为问题的重中之重，于是各种执行的问题就出现了。[2]

对于这些问题产生的原因，不少研究者进行了独立思考。有研究者认为主要是以下原因：第一，政策宣传欠缺，导致政策施行环境不利；第二，地方对政策落实不到位，导致政策施行无序化；第三，施政主体积极性低，导致政策施行不畅；第四，施行方式单一，导致政策结果有效性不足。[3] 但这样的分析还是不足以说明问题，地方对政府落实不到位只是表面现象，而不是内在原因，需要探讨的是：为什么地方政府对中央政策落实不到位？为什么地方施政主体的积极性不高，是理解的问题还是利益关系？抑或是其他不可抗的原因？中央教科所课题组认为原因在于以户籍身份为基础的教育管理制度导致了执行上的管理不畅；城市公立学校教育资源相对短缺，难以有效实现政府接纳流动儿童入学政策；打工子弟学校的大量存在阻碍了“两为主”政

---

[1] 钱再见，耿晓婷：《论农民工子女义务教育政策有效执行的路径选择》，载《南京师大学报（社会科学版）》，2007（2）。

[2] 刘成斌：《在中央与地方之间：民工子女教育政策的操作化——以浙江省为例》，载《青年研究》，2007（10）。

[3] 朱汉平：《实然与应然的博弈：基于农民工子女教育问题的政策分析》，载《行政论坛》，2009（2）。

策的全面落实。[1] 而有研究者提出流动儿童教育政策执行不畅与地方政府的自由裁量权过大和资源获得有限有关。[2][3]钱再见对此有一个比较好的总结，他认为深层次的原因是三个方面：一是政策主体方面的因素，主要表现在政策制定主体在制定政策时缺乏应有的前瞻性和严密性，致使政策内容存在弹性空间，缺乏权威的约束力；政策执行主体在执行政策时权责利不明确，权力分配不合理；政策制定主体和政策执行主体的利益取向不吻合。二是政策客体方面的因素，主要表现在政策所指向的目标群体信任度缺失，政策的有效执行是以政策目标群体对所推行政策的认同和接受为前提条件的，而政策能否被认同在很大程度上取决于作为政策目标群体的社会公众对作为政策执行者的政府官员是否信任以及信任的程度。三是政策资源方面的因素，主要表现在户籍制度对农民工子女教育政策的影响；城乡条块分割的义务教育体制对农民工子女教育政策的影响。[4] 种种分析都有各自的道理，但有的原因过于单一，不足以完整解释引发的现象与问题，失之于过简；有的包括多处因素，难以让人看到问题的本质，失之于过繁。有没有一个适合于中国国情的流动儿童教育政策执行问题分析框架，即中国的教育政策执行有没有其独特性，是一个值得探讨的问题。

二、流动儿童教育政策执行问题

政策执行是指政策循环中的政策实施阶段，它被定义为“执行计

[1] 中央教育科学研究所教育发展研究部课题组：《进城务工就业农民子女接受义务教育的政策措施研究》，载《教育研究》，2007（4）。

[2] 周佳：《农民工子女义务教育政策执行研究》，载《中国青年研究》，2006（9）。

[3] 班建武，余海婴：《教育政策执行难的利益分析——以北京市流动儿童义务教育政策实施为例》，载《教育科学》，2006（3）。

[4] 钱再见，耿晓婷：《论农民工子女义务教育政策有效执行的路径选择》，载《南京师大学报（社会科学版）》，2007（2）。

划或政策的过程；它表示从计划到实践的转化”。[1] 政策执行的问题，历来是政策执行中的难点，也是政策研究近年来的热点之一。政策分析家们发现，政策执行既与政策制定密不可分，也有其本身的独特性。

在政策研究的早期，人们认为政策一旦制定出来以后，就一定会得到执行，后来美国著名的政策研究专家普雷斯曼（Pressman）和韦达夫斯基（Wildavsky）对美国加利福尼亚奥克兰市失业居民的联邦计划的研究表明，政策制定出来后并不如所预期的那样能得到有效的执行。后来的一些政策研究者也陆续地发现政策执行并不如想象的那么简单，“由于问题的特性、周围的环境、或者主管任务的行政组织等方面相关的诸多原因，计划可能并不像当初想的那样得到执行”[2]。在政策执行的研究中，主要有三种研究视角。一种是“自上而下”的执行模式，这种模式认为政策的起点就是政策的决策，主要考察政府行政人员在多大程度上执行或不执行决策及其执行程度背后的原因。这种研究方法是假设每一个政策都有着非常清晰的目标，这与现实生活中的政策目标模糊性是矛盾的；更为重要的是，它把重点放在高层决策者身上，而在政策执行当中，高层决策者与低层官员及公众成员相比，只是一个比较边缘的角色；而其优点是关注了政策制定的科学性。第二种视角是“自下而上”的政策执行模式，与前一种视角相反，这种方法研究的起点是“在计划的执行中所有公开的和私下的行动主体考察他们的个人和组织目标、他们的战略，以及他们所建立的联系网

[1] Mibrey W. McLaughlin, “Implementation Realities and Evaluation Design” in R. Lance Shotland and Melvin M. Mark (eds), *Social Science and Social Policy* (Beverly Hills: Sage, 1995):97.

[2] 迈克尔·豪利特，M.拉米什著，庞诗等译：《公共政策研究：政策循环与政策子系统》，267页，北京：三联书店，2006。

络”[1]。这种方法强调很多计划或目标成功与失败经常取决于直接介入到计划执行中的底层行动主体的责任心与技巧[2]。这种方法的好处是把主要注意力放在了那些政策的制定和执行中，构成了政策网络中的各种正式和非正式关系，既而从关注决策中解脱出来，回到了政策问题本身当中，引发了对政策执行主体和机构的研究，对政策执行来说是一个重要的突破。因此，对政策执行的研究最好是把两种方法结合起来，把关注高层决策者和低层执行者结合起来，把关注政策制定的科学性与政策执行的可行性结合起来，这就是现在已经有不少的研究者开始关注的政策工具的视角。本研究是在第三个层面上出发，结合中国政治经济与文化背景，探讨一个中国本土化特色的政策执行分析框架，以流动儿童教育政策执行为例，丰富我国的政策执行研究。

（一）基本假设：“比较利益人”

政策执行是依靠各政策执行组织、人员等实现政策目标的，因此就涉及到组织和人员的行为基本假设——人性假设。政策执行的各级组织机构、政策目标对象和政策行动人员都是有本身的利益的，不怀疑个别人员和机构有高尚行为，但对于大多数的机构和人员来说，在政策执行的过程当中，自我利益或组织本身利益最大化是其行动的基本动力，所以，我们认为教育政策执行的基本假设是：当政策执行时，任何组织机构或个体既追求个体利益，也追求共同利益；既关心当前利益，也关心长远利益；既关注物质利益，也关注精神利益。

---

［1］迈克尔·豪利特，M.拉米什著，庞诗等译：《公共政策研究：政策循环与政策子系统》，272页，北京：三联书店，2006。

［2］Michael Lipsky , Street-Level Bureaucracy: Dilemmas of the Individual in Public Services （Cambridge: MIT Press, 1980）.

公共政策对人的行为假设中,最早提出的是“公共人”的行为假设，这种观点认为，公共管理者以公共利益为行为动机，摒弃个人狭隘的私利是理所当然的。然而现实中发现，完全以公共利益作为行为动机的群体、个体或组织也是有的，但这种现象特别少见。后来有人提出公共政策的“经济人”假设，认为人是理性的，任何的行为动机都会追求个人利益最大化。但是这一观点有时并不能解释一些“大公无私”的行为，也就是说在社会实践中被“证伪”了。事实上把人的行为置于一种“极点”是有缺陷的，不是所有的人都是高尚的，也不是所有人都是自私的，同样，一个人不是所有时候都是追求自我利益最大化，有时候会在特定时期或阶段表现出牺牲自我利益的行为。因此，人的行为动机是在一定时机一定背景下的产物，换句话说，行为人总是经过比较而做出自己的行为的，当长远利益高于当前利益时，行为人会选择放弃当前利益选择长远利益。同理，当精神利益大于物质利益时，行为人会选择精神利益，因此，这种行为假设可以称之为“比较利益人”[1]。

根据陈庆云的分析，公共管理者行为的“比较利益人”行为假设是基于人的自然性、社会性和文化性的三大本质特性的。自然性是指人作为一种自然物的存在所具有的生物属性，这种属性是维持个体生存和种族繁衍的自然需要。像自然界的任何生物一样，人首先面对的是个体的生存与发展，所以必然表现为自利的一面；但同时个体的生存又是以群体和种族的存在与发展为前提的，因此，人与人之间有共同的利益,追求群体共同的利益同样是人的重要动机。人不仅有自然性，

[1] 陈庆云等：《比较利益人：公共管理研究的一种人性假设——兼评“经济人”假设的适用性》，载《中国行政管理》，2005（6）。

也有社会性，马克思说人是一切社会关系的总和，即指人总是作为社会的一员而存在，总是与社会中的其他人有着竞争与合作关系。人的社会性表现在对他人的权利和义务关系之中，这种权利和义务表现为一定的社会制度安排，所以人会根据其他人对其角色期待相应地调整个体的行为决策，“随着行为领域的转换和制度环境的变化，个人承担的角色及角色期待不同，则自我利益和共同利益在个人决策中的优先次序、权重会相应发生改变”[1]。除此之外，人的文化性也是人的行为动机的重要影响因素。这是因为人总是一定社会中的人，而社会总是具有一定历史的。所谓文化性，是指在历史积淀中形成的价值、道德、习惯。人是文化的产物，人的行为动机总受其所处的文化历史、风俗、习惯等影响，个体追求利益必定受到其所处的社会文化价值观的影响，从时间上来说，不同的历史阶段对利益的宽容程度也不一样，如新中国和改革开放后对个体利益追求的宽容程度就相差很大。由于人的自然性、社会性和文化性差异影响人们不同的利益追求，不同的历史处境决定了人们对利益的追求是一个“比较利益”，所以，公共管理的基本假设认为人是“比较利益人”，还是比较符合现实情境的。

（二）政策执行机制：一个中国式的分析框架

《汉语大词典》把“机制”界定为：“原指机器的构造和工作原理，生物学和医学通过类比借用此词，指生物机体结构组成部分的相互联系，以及其间发生的各种变化过程的物理、化学性质和相互联系。现已广泛应用于自然现象和社会现象，指其内部组织和运行变化的规律。”在社会科学中，机制一词的应用十分广泛。虽然在概念的内涵和外延

---

[1] 陈庆云等：《比较利益人：公共管理研究的一种人性假设——兼评“经济人”假设的适用性》，载《中国行政管理》，2005（6）。

上略有不同，但总体意义相差不大，多指事物发展过程中各相关因素之间的相互作用与联系。那么，政策执行机制是指政策执行过程当中，政策执行各相关因素之间的内在作用方式和相互联系。在政策的执行过程当中，有的因素发挥了积极的作用，而有的因素则实际上起了消极的作用。一般来说，“权力中心在制定政策以后，通常由地方各级政府来具体执行，而在执行过程中，又会因为政策的不完全性、中央和地方的行政等级结构之间的离散性等特征，导致政策走样与‘变形’，或是出现‘上有政策，下有对策’的情形”[1]。

本研究主要是探讨流动儿童教育政策执行机制，分析这些机制产生的条件与作用的形式，以及在中国文化背景下所特有的表现形式。因此，笔者对政策执行机制的分析框架是：

1．作为权力中心制定的政策与作为地方部门或组织执行的政策并不是一样的，存在着认知、利益、权力等政策要素的影响，其程度也各不一样，政策是一种事实上的利益博弈。

2．从政策制定的角度来看，政策首先是一种纲领，它指导着政策实施的方向；其次它是一种目标，渗透着社会及管理者对于政策执行目的的追求；再次，它是一种文本，表现为各种政策的文字形式和内容；最后，政策是一种话语，表达的是不同政策主体的诉求，是政策的应然状态。

3．从政策执行来看，所有的政策最终都必须成为一种实施细则或规范，这是政策执行过程中，权力、利益、关系等多方面博弈的结果，是政策的实然状态。

[1] 林梅：《环境政策实施机制研究——一个制度分析框架》，载《社会学研究》，2003（1）。

（4）在政策的执行过程当中：第一，由于政府主体间的认知差异，形成了关于政策的正式或非正式规范，这两种规范在利益的作用下，经常发生磨擦与冲突；第二，利益是政策执行的博弈目标，不同的政策主体通过政策的执行去获得资源和利益，也通过政策的消极执行去减少利益或资源的损害；第三，政策制定具有高度的不完全性，导致了政策执行过程中政策的再制定，但在再制定的过程仍然是不完全的，会受到政策执行环境和非正式规范的影响；第四，在现实的政策执行中，政策主体受到社会资本或社会关系等因素的影响，使得政策的实然执行呈现出情境化特征。以下我们用一个图来表示：

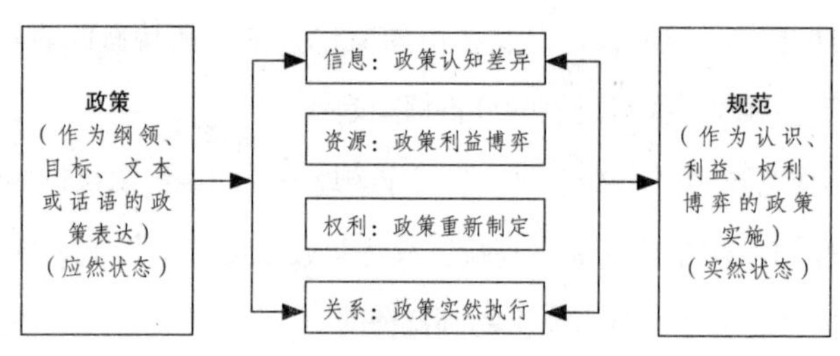

图 2–2　政策执行机制模型

（三）流动儿童教育政策执行机制分析

流动儿童的教育政策像其他政策一样，其政策执行过程既是一个不同政策主体间利益博弈的过程，也是一个政策不断完善与修定的过程。在这个过程当中，因为对政策信息认知差异、对政策利益的期待、各种权力对政策执行的影响和处于社会关系情境中的政策个体等要素，使得理想的政策执行与现实的政策实施状态之间存在很大的差异，形成了一个政策执行的内在复杂关系体系。

1．信息：认知差异机制

流动儿童教育政策执行的认知差异源自于政策主体对信息把握的

差异，用管理学家西蒙的话来说，就是人的决策总是受限于人的理性；后来，制度经济学家威廉姆森引入组织行为分析之中，认为政策决策者不可能制定出他所面临的全部备选方案，也不具备对于未来各种可能性及其后果的完全知识或预见，因此，任何一个政策制定都不可能是最完善的。作为流动儿童教育政策制定的权力中心部门，对于流动儿童教育问题的需求信息也不是全面的，只能提出一些原则性的纲领或目标，具体的实施规范则由地方政府或相关职能部门来制订，这就必然导致了不同的政策主体间的认知差异，特别是政策执行主体上的认知差异。

中央政府对流动人口子女教育问题是非常重视的，2003年9月温家宝总理在全国农村教育工作会议的讲话中指出，“一定要让进城务工农民的子女有书读、有学上，和城里的孩子同在蓝天下共同进步成长”，“没有教育机会的均等，就谈不上社会公平”，流动儿童的教育问题是一个关乎国家进步与发展的重大战略问题。2003年10月国务院办公厅转发教育部等部门《关于进一步做好进城务工就业农民子女义务教育工作的意见》也指出“做好进城务工就业农民子女义务教育工作，是实践‘三个代表’重要思想的具体体现，是贯彻落实《中华人民共和国义务教育法》、推动城市建设和发展、推进农村富余劳动力转移以及维护社会稳定的需要”。解决好流动儿童教育问题，是关系到国家和谐发展的重大战略问题。

地方各级政府对于流动人口子女教育问题的认识并不同于中央政府。一位省级相关部门的官员说，“流动人口子女教育问题是存在的，但这个问题并不是我们完全能解决好的，需要中央政府解决好资金才可以解决好”。在地方官员眼中，一个政策如果上级不给配套资金，是没有解决的动力的，政策执行成为一个与中央政府争取资源的机会。一位地方教育局长说，“流动儿童的问题是没办法彻底解决好的，你们不知道，你解决得越好，明年来这里的流动人口就越多”。因此，地方教育部门在不得违反中央政策的情况下，流动儿童教育政策执行得越好，地方政府付出的经费就越多，唯一的办法就是降低政策执行的标准，把流动儿童更多地安置在一些简易的民工子弟学校或招生不理想的公立学校中。最后流动儿童教育问题在“两为主”政策指导下，落实到具体的公立学校和民工子弟学校的头上。学校并不管政策的实际效益，而只管执行上级教育管理部门的政策和自己本组织的利益。公立学校也尽可能多报流动儿童的数目以争取更多的生均经费，虽然这个经费并不如本地学生的生均经费；而民工子弟学校则尽可能招到更多的民工子弟和以更低的价格聘请老师（大多为退休教师或没找到工作的大学生），主要目标还是在于得到更多的流动儿童教育经费补助。

产生这种认识差异的原因有多种——流动儿童教育政策问题的特殊性与各级政策执行主体各自的生活背景、所处的社会位置等，都会导致对流动儿童教育政策认识的不同。中央政策的决策者非常清楚流动儿童问题事关社会和谐与稳定，这些流动儿童大多成为城市的“农二代”，他们已经很难回到农村的家乡，大多成年后也会在城市中找工作建立家庭生活下去，这一代儿童如果在成长过程中受到社会的不公平对待，在他们心里埋下了仇恨的种子，这对于社会发展的影响是巨大的，因此要把解决流动儿童教育问题作为一个重要的战略问题来决策。而地方政府常常把流动儿童教育政策执行看成是从中央政府获得经费拨款的一个机会，但事实上中央政策的理念是“流动人口为流入地服务，所以当地政府有责任和义务解决好流动人口子女”，由于所处位置不同，造成了对问题认识的差异。对于流动儿童本人或其家庭来说，他们所考虑的是政策能在多大程度上解决他们的入学难的现实问题，至于国家政策的重要社会意义他们是不去考虑的。一位流动儿童家长说，“我找了几个学校都要我交一笔赞助费，而且要一万多，我哪里拿得起，后来我只好去了一个民工子弟学校，每个学期只交书杂费”。总之，由于政策主体所处的环境、位置、教育等因素不同，形成了认知上的不同，最后造成了政策执行中的差异。

2．资源：利益博弈机制

公共政策的执行，是一场利益的博弈过程。美籍加拿大学者戴维·伊斯顿认为，公共政策是国家对全社会价值的权威性分配，其形成过程是由国家根据自身利益（国家利益）对复杂的利益关系予以整合的过程。流动儿童教育政策的执行过程中，从作为“经济人”的各级政府或功能组织到处于不同部门中的政策利益相关人和流动儿童本人或家长，获得更多的资源是其行为的重要动机。当然这种资源并不一定就是经费或物质，有时候资源表现为某种形式的声誉或于“己”的某种便利。

首先，公共选择理论认为，政府同样是一名“经济人”，具有公共性与私人性两面。公共性是政府执行政策的目的，主要是为了满足社会的需要，而私人性则是指政府执行政策的过程当中，也有自己的利益之处，也是追求自我利益最大化的“经济人”，会以尽可能少的经济投入获得最大化的政策收益。中央制定流动儿童教育政策后，各省（自治区）、市、县三级地方政府是政策执行的重要主体。国务院2003年发布了《关于进一步做好进城务工就业农民子女义务教育工作的意见》，提出解决流动人口子女教育问题“以流入地政府为主，以公立学校为主”这一政策精神。对于流动儿童及国家来说，这一政策具有重大意义，但对于地方政府未必是一个好的制度安排。首先，这一政策对地方政府财政“不利”。地方政府在执行这一政策时，没有得到相应足量的国家政策投资，反而要“自掏腰包”。以浙江宁波市为例，宁波市现有22.4万外来务工人员子女接受义务教育（接纳人数居浙江省各地市第一），占该市义务教育阶段学生总数的1/3左右，其中在公办学校就读15.1万人，占全市就读外来务工人员子女的67.4%，在民办流动人口子女学校就读7.2万人，占全市就读外来务工人员子女的32.6%。从2006年起，宁波市对符合条件的外来务工人员子女逐步免除了学杂费、借读费、课本费和作业本费，使他们与本地学生一样享受免费政策。据统计，按生均教育经费每人5000元计，宁波市为此每年新增财政性教育经费支出7亿多元。[1] 目前“以县为主”的教育管理体制存在着政府财力资源与义务教育责任能力不对称的问题，流动儿童政策的执行势必加剧流入地地方政府的财政负担，与地方利益产生直接的冲突。

其次，地方教育管理部门对于流动儿童的管理，存在着付出更多资金和工作量，得到的却可能是来年更大的财力人力付出的问题，这对于一个理性的“经济人”来说，同样是不合算的。以专门的招收打工子弟学校来说，接受更多的流动儿童意味着可以得到更多的政府补助和学杂费，但对于地方教育管理部门则意味着更多的经费支出，更多的工作管理量和更多的安全责任等。因为并没有流动儿童教育经费的全国统筹，补贴也是非常有限的，解决流动儿童入学人数越多，意味着投入也越多，这就产生了流动儿童教育经费差价由谁买单的问题。以北京市为例，一个户籍在河南省的流动儿童如果2002年在当地就学，

---

[1] 朱振岳：《宁波实现外来务工人员子女“有书读”》，载《中国教育报》，2009年7月6日。

当地政府只需拨出355.75元的教育事业费，而在北京，政府则要为其支出2472.26元。[1] 一所100人的民工子弟学校，地方政府每年的经费补助就达200多万。加上这些流动儿童及教师等带来的管理上的责任与工作量，地方教育部门要付出更多的精力。另外，地方部门也担心，流动儿童就学问题解决得越好，在以后就会有更多的流动儿童来入学，进入一个"做得越多，失去更多"的恶性循环当中。

最后，对于公立学校来说，执行流动儿童政策越好，就意味着可能付出更多的资源，失去更多的利益，这对一个理性的"经济人"来说，也不是一个理智的选择。流动儿童绝大部分来自于农村，学习基础比较差，一些公立学校所在地的学生家长得知班上接收了较多流动儿童时，觉得这些流动儿童成绩不好、习惯较差，会影响到自己孩子的成长，或是向学校提出抗议，或是干脆就让孩子转学。一所学校接收流动儿童越多，就意味着整体教育质量在竞争中处于不利地位，给班主任、各科教师和校长甚至是教育局长带来工作绩效压力，让学校失去较多的社会资源和社会收益。学校为了弥补利益损失，在中央规定不准收取借读费后，就采用各种"改头换面"的形式收取流动儿童的借读费。在广东南海一个经济发达区村小学，校长就与村委会主任联合起来向借读的流动儿童收取每人1000元的"地方经济发展捐款"。

政策的利益博弈机制原因是多方面的，首先，它源自于政策系统中的利益主体群的存在。在流动儿童的教育政策执行过程当中，中央政府代表的是全国流动儿童的最大化利益，而地方政府既是国家利益的地方代表，也是地方利益的代表。地方利益群体包括地方教育管理部门、各级教育管理局、公立学校和私立学校等，不同的政策利益主

[1] 张翼：《教育财政投入的五大问题》，http://www.bjpopss.gov.cn/bjpssweb/n3950c48.aspx.

体有不同的利益诉求，因此就形成了政策中的利益博弈。其次，地方政府在政策执行当中扮演了双重角色。一方面地方政府既要受中央政府利益的影响，又要受到地方民众利益的制约，这种角色的冲突导致了政策执行过程中种种问题。最后，政策的利益博弈源自政府作为“比较利益人”的本质假设。任何机构或组织都是人的组织，所有的目标都是由工作人员去实现的。不管是个体还是组织，利益决定了他们行动的动机与动力强度，这样，组织或机构的利益事实上也是工作人员的利益，追求利益最大化的本性决定着政策过程是一个利益的博弈过程。

3．权力：政策重塑机制

法国行政学家夏尔·德巴什认为，对于行政机构来说，“如果决策与他们期望的东西不相符或在他看来是无法实施时，他将反对这种毫无活力的东西或者试图改变措施的内容”[1]。传统的政策分析认为，政策制定与政策执行是两个不同的环节。一般来说，我国的政策决策由中央政府做出，然后交由各省（自治区）、市、区地方政府或相关职能部门执行，这种行政体制使得中央与地方形成了政策执行的“委托－代理”关系。由于信息认知差异和政策利益的博弈，导致中央或上一级权力决策者制定出来的政策大多比较粗略，或仅是一些纲领性的文件，或只是一些原则性的说明等，具有高度不完全性特征。因此地方政府在执行中央政策之前，必须对政策实行再制定，最后形成政策实施细则或补充说明之类的具体政策规范。

事实上，政策制定与政策执行并不是完全可以分开的。各级地方政府或职能部门在执行政策时，必须根据地方的具体情况对政策进行

[1]〔法〕夏尔·德巴什著，葛志强等译：《行政科学》，113页，上海译文出版社，2000。

调整或解释。在这一过程当中，既有对中央政策进行合理灵活的处置，也有不合理的变通，所谓的“上有政策、下有对策”。这种变通并非全面否定中央政策，或歪曲中央政策，更多的时候是使政策在具体的地域环境中更具操作性。变通的原因包括两个方面：一是中央和各级地方政府或职能部门对政策执行的具体环境的认知差异，各级地方政府或职能部门在掌握政策执行的地方性知识上远比上一级政策制定者更充分；另一方面是每一级执行政策的地方政府在政策的执行过程中都有自己的利益所在，在权力的许可或容易达成的地方，使得政策执行更有利于自身。

以流动儿童的教育政策执行来看，政策的重塑主要表现为以下几种形式：

（1）**政策附加** 政策附加是指政策执行主体在执行上级政策的过程中，人为附加了不恰当的内容，使政策的调整对象、范围、力度、目标超越了原政策的要求，影响了原政策精神的忠实表达。[1] 地方政府或下级职能部门总是要结合地方政策环境来执行上级政策，做到具体情况具体分析，但是在这一政策的重新制定过程中，利用这种权力附加一些新的利益目标，以谋取组织或个人不正当利益。2003年中央的《关于进一步做好进城务工就业农民工子女义务教育工作的意见》规定，流动儿童所在的流入地政府与公立学校是解决农民工子女教育问题的主体，也就是“两为主”精神，并强调地方财政部门安排必要的保障经费。但在这一政策的实施过程中，不少地方政府制定或默认了公立学校收取农民工子女借读费的做法，原因是地方政府利用这一政策重新制定的机会来减轻地方财政的经济压力，而公立学校也利用

[1] 张国庆：《公共政策分析》，240页，上海：复旦大学出版社，2004。

这一机会作为学校创收的一个渠道。这样一来，政府的好的政策并没有取得好的效果。

（2）政策替代 “政策替代是指执行主体利用政策的抽象性特征和自由裁量权，以本地区或本部门具有特殊性为借口，做出不同于原有政策精神实质的解释，从而扭曲上级政策精神为我所用，甚至以自行制定的‘土政策’直接替代原政策”。[1] 政策替代实际上是我们经常说的“钻政策空子”，表面上执行上级政策，实际上推行一套在本质上并不同于上级政策精神的政策。例如，在本课题的调查过程中发现，有些地方教育管理部门借执行流动人口子女教育政策的机会，强行命令民办中小校应当首先满足农民工子女入学要求，在没有完成地方政府的农民工子女入学目标前提下，不得招收当地居民孩子入学，以此来打击民办中小学的发展。

（3）政策敷衍 政策敷衍是指政策执行主体在政策执行过程中，对一些不利于部门、地方或个人利益的政策做表面文章，并不真正地具体落实，使得政策执行浮于形式。在政策执行过程当中，一些地方政策执行主体会对一项不利于本部门或地方利益的政策实行表面上重视，以发文件来落实文件，以会议来落实会议，停留在口号等表面工作上，而没有真正地执行上级政策。以流动儿童教育政策为例，早期的流动儿童政策要求地方政府负责流动儿童的入学安排，却没有相应的流动儿童教育经费来源配套，致使一些地方政府对此政策不积极执行，很多流动儿童家长拿着中央的政策文件到当地的教育管理部门，却被告知因为学位有限，没有办法安排，导致大量的流动儿童得不到

---

［1］周国雄:《地方政府政策执行主观偏差行为的博弈分析》，载《社会科学》，2007（8）。

中央政策的实惠。

（4）政策截留　政策截留是指政策执行主体在政策执行过程中遭遇可能损害自己的既得利益时，就不学习、不传达、不贯彻，隐瞒、截留该政策，使得中央政策得不到完整的执行。这种行为是对上级政策的明显对抗，其社会影响是很恶劣的。例如在执行中央流动儿童有关政策时，一些地方教育管理部门或学校，利用流动儿童父母文化偏低、工作时间较长、信息了解程度不够等弱点，不向流动儿童或家长通告中央对流动儿童的一些政策性经费或物质补助，以获得更多的自我利益。调查中发现，一些打工子弟学校把中央或上级部门对流动儿童的教材补助等形式的政策优惠不通告流动儿童家长，以谋取更多的学校自我利益，其性质非常恶劣。

4．关系：政策嵌入机制

在政策的执行过程当中，常常会出现政策的利益只落实到部门与政策执行人员熟悉的政策利益对象手中的情况，也就是说政策在执行过程中，社会关系对政策资源的分配起了重要的影响作用，我们把这种现象称之为政策的关系嵌入机制。在流动儿童教育政策执行过程中，我们发现：一些学校在得到国家或地方政府对流动儿童的补助金或慰问金（或是一些礼物、食品等物质）后，并没有按照规定将这些资金或物品平均发放给流动儿童或是符合上级规定条件的流动儿童。事实上，最后得到这些国家资金或物品的流动儿童或是老师喜欢的学生，或是与管理者有某种熟悉关系的流动儿童，甚至是一些政策执行人员就直接把这些政策资源截留给与利益亲近者。这一政策执行过程中的社会关系嵌入现象，越是在执行底层，或是在离权力中心较远的地方，或是在管理制度不严明的地方，表现得越明显。

这一现象在中国表现尤为明显。从文化角度看，是因为中国既不是一个社会本位也不是一个个人本位的社会，而是一个关系本位的社会。[1] 在中国人的社会关系网络中，各种血缘、地缘和学缘关系比较强地影响着个体的思想和行为方式。费孝通把中国人的思想行为方式用“差序格局”来总结，由于与他人关系的不同强度，中国人的行为呈现出亲疏有间的特点。[2] 这种以他人与自我关系的强弱程度为出发点的行为方式带来的最直接的变化就是政策执行人员“公务关系私人化”，其结果是政策资源配置到社会资本较多的政策对象之中。其实这并不完全是中国特点，在西方社会中政策也受到政策执行主体的社会关系的影响。经济史学家波兰尼在研究市场经济中发现，经济活动一直嵌于社会、宗教及政治制度之中，经济系统整合在社会系统之中，经济是附属于社会的，人类经济嵌入并缠结于经济与非经济的制度之中。在政策执行中，这种嵌入性也表现出丰富的内涵。政策资源的分配也嵌入于一定的社会政治经济文化结构当中。政策执行者对与自己关系亲密的政策对象，给予更优惠的资源分配，既不违反上级政策，又给别人以“面子”“人情”，收获未来的期待利益。这种嵌入主要以两种方式进行：一种是“关系性嵌入”，政策行为主体嵌入于人际关系之中，在这种嵌入性关系中，对规则的期望、对相互赞同的渴求、互惠性交换等是行动者所面对的主要社会因素；另一种是“结构性嵌入”，指行动者嵌入更为广阔的社会关系网络中，在这种嵌入性关系中，制度、文化传统等社会背景性因素对行动者产生影响。[3]

---

[1] 梁漱溟：《梁漱溟文选》，169-185页，上海：远东出版社，1996。

[2] 费孝通：《乡土中国·生育制度》，24-30页，北京大学出版社，1998。

[3] 郑石明：《嵌入式政策执行研究——政策工具与政策共同体》，载《南京社会科学》，2009（7）。

根据庄西真的研究，这种教育政策嵌入性主要有四种形式[1]：

第一种是命令—服从型。这是一种典型的强制式政策工具治理模式，常意味着一种权力统治关系，是一种完全的权力意志的贯彻。这种政策执行嵌入在正式的社会权力和制度结构中，是一种结构性嵌入方式。这种政策执行以一定社会制度的稳定性和权力的合法性为基础。这种类型的治理结构需要一种服从型的社会关系结构才能长期存在，在这种关系结构中，权力需要被认可和接受。如果失去这种服从型关系结构的支撑，这种政策执行会受到抵制。

第二种是政策—对策型。这也是一种强制式政策工具治理模式，但不同的是在这种政策执行模式中，这种政策嵌入的是一种多元自主式的关系结构，在这种结构下，政策执行主体对权力的认可和接受不同于“命令－服从型”，而是有一定的自主性。政策执行主体会采用各种对策抵制这种强制性的治理结构，这样政策往往难以落实，或是与政策目标已经有差异了。如流动儿童教育政策在不同的地方有不同的模式却基本执行了中央政策。

第三种是放任—剥夺型。这是一种非强制式的政策工具治理模式，教育政策的执行主要依赖于政策执行主体的自主行动，对权威表现出排斥或漠视。随着由这种观念所主导的政府教育治理模式改革方案在不同国家的扩散“政府管理以正式官僚制和传统公共行政模式为特征的时代正在迅速消逝”[2]。这种政策执行往往是各行其是，很多政策因为环境宽松得到更加有效的执行，如流动儿童政策在不同的城市里面

［1］庄西真：《教育政策执行的社会学分析——嵌入性的视角》，载《教育研究》，2009（12）。

［2］〔澳〕欧文 · E. 休斯著，彭和平等译：《公共管理导论》，序言，北京：中国人民大学出版社，2007。

有不一样的实施方式，而不是在全国一个样本，这种“自主而放任”的政策执行模式在一定程度上调动了各地政府根据自身情况执行政策的积极性。

第四种是自主—合作型。这也是一种非强制式政策工具治理模式，在这种模式中，教育政策执行主体嵌入一种多元自主性关系结构当中，政策执行的基础是政策执行主体具有相应的行为能力，并能够对自己的行为负责，每个行为主体对自己的行动感到满足。这种政策常常在一定的社会实践中自主产生，并被实践证明有很好的效果，然后，通过政策决策者推广应用或理论研究者宣传介绍，被政策执行者选择使用。如顾冷沅的“青浦教改”大面积提高数学成绩的研究，在上海取得成功后，被各个教育管理机构和学校主动选择实行就是这种模式的最好典型。

以上我们以流动儿童教育政策执行为例，分析了教育政策执行中的政策性工具影响。政策执行是一个非常复杂的过程，很难在这样一个初步性论证中得到完全的论证，但是它对政策执行的实然状态进行了分析，有利于政策决策者对政策执行的深入认识，丰富了政策执行的研究，同时也解释了为什么中国流动儿童教育政策执行难的原因，是一个有价值的探索。

第三节　流动儿童教育政策的博弈分析

流动儿童教育政策从制定到执行的分析让我们看到了政策的巨大空间，那么，在中国流动儿童教育政策发展中，现在的流动儿童教育政策还有多大空间可以挖掘，值得研究者三思。以下我们就流动儿童政策与对策的博弈，从一个政策空间的视角来分析中国流动儿童教育政策的进一步发展和优化。

一、政策空间：一个分析政策执行的新视角[1]

近年来，“政策空间”一词大量出现在报纸和学术刊物的话语之中，但遗憾的是，就目前国内能检索到的文献研究来看，国内学者对这一问题的研究大多集中在对某一具体政策空间的探索之中，但对于什么是政策空间并没有一个真正的研究，理论探索几乎是一片空白。也许是觉得这是一个司空见惯的问题，可往往是这种“集体的无意识”造成了研究的苍白。那么，什么是教育政策空间？研究它有何意义？它的表现形式和产生原因是什么？它对教育政策制定和实施有什么具体要求？以下试对这些问题进行探索。

（一）政策空间及研究的必要性

对于什么是政策空间，目前似乎还没有一致的定义，我们不妨从政策本身定义来做一个分析，以寻求它的发生之源。有的学者从政策的价值选择特性出发来定义政策。如美籍加拿大学者戴维·伊斯顿(David Easton)认为，“政策是对全社会的价值权威性的分配”[2]，哈罗德·拉斯韦尔（H. D. Lasswell）与亚伯拉罕·卡普兰（A. Kaplan）认为政策是“一种含有目标、价值和策略的大型计划”[3]。从我们选取有代表性的两位学者的观点来分析，可以看出，政策的制定就是为了使价值在全社会范围内分配，也就是说，政府在选择对某一问题上的

[1] 此章节的部分内容发表在《教育学术月刊》2008年第8期。

[2] D. Easton. The Political System. *New York: Kropf,* 1953.129.

[3] H.D. Lasswell and A. Kaplan. Power and Society. *New Haven: Yale University Press*, 1970.71.

作为和不作为，是有一个政策的自由裁量度。另有一派学者从政策对客体的事实作用上出发来定义政策。如托马斯·戴伊则认为“凡是政府决定做的或不做的事情就是公共政策”[1]。对于这一定义，知名政策学者詹姆斯·安德森作了一个评价，他认为“这一概念不得要领，它不能充分地意识到政府决定的作为与事实上的作为有一定的差距”。詹姆斯·安德森本人也对政策下了一个定义，即“政策是一个有目的的活动过程，而这些活动是由一个或一批行为者，为处理某一问题或有关事务而采取的”[2]。他的评语及他本人对政策下的定义，说明了政策的作用不仅在作为与不作为之间，也表现在决定作为与实际作为之间也有一定的差距。当然也有其他不同的看法，但并未形成对这一问题的主流性的观点。综合以上两派主流学者的观点，政策空间（policy space）有两个基本内涵:第一,政策空间是指政府在选择作为和不作为、何时作为、如何作为以及选择的范围及实施力度上的一个自由的裁量度；第二，政策空间是指政府所决定的作为与实际上能够的作为存在的差距。

教育政策作为公共政策的一个分支，在政策研究中已经成为了一个越来越重要的学科研究。我国对教育政策的研究已经起步，但时间还不长。对于教育政策是否应该定义,还存在争论,在已给出的定义中,代表性的有袁振国和孙绵涛的观点。袁振国对教育政策的定义是：“教育政策是一个政党或国家为实现一定时期的教育任务而制定的行为准

[1] Thomas. R. Dye. Understanding Public Policy (6th ed.), Englewood Cliffs, N. J.: Prentice-Hall Inc, 1971.18.

[2]〔美〕詹姆斯·E. 安德森著，唐亮译：《公共决策》，4页，北京：华夏出版社，1990。

则。”[1]孙绵涛则认为，教育政策是一种有目的、有组织的动态发展过程，是政党政府等政治实体在一定历史时期，为实现一定的教育目标和任务而协调教育的内外关系所规定的行动依据和准则[2]。两位研究者对教育政策的主体、客体、过程和方式作了一个概括，充分而全面地指出了教育政策的内涵和特点。综合我们对政策空间内涵和教育政策的定义，我们可以对教育政策空间下这样一个定义：教育政策空间是指教育政策主体在教育政策的制定和实施上对教育客体作用上的自由裁量度。

教育政策空间的研究是非常有必要的，是因为这种自由裁量会对教育政策制定和实施造成重大影响。英国政策专家米切尔·黑尧(Michel Hill)认为，“我们不应该忽略这样一个问题，即自由裁量权问题在一定程度上是一个规范性问题。在什么条件下可以说自由裁量权是一个问题，这一问题对谁有利？自由裁量权和规则之间所确立的一定的平衡，在多大程度上对所涉及到的当事人是有利的还是不利的？尤其是对那些受到公共政策影响的普通公众？”[3]。笔者认为，我们必须对教育政策空间实施研究有三个原因：其一，是教育政策学科发展自身的需要。我们探索教育政策空间是为了更好地促进教育政策学科发展的完善，到目前为止，我们的教育政策研究对这一问题的探究少之又少，因此，有必要关注教育政策空间的内涵、表现形式和发生原因，以及这一概念对教育政策其他概念所产生的影响，使这一学科日益完善。其二，是教育政策研究和决策这一职业本身的需要。作为从事教育政策的研

[1] 袁振国主编：《教育政策学》，115页，南京：江苏教育出版社，1996。

[2] 孙绵涛：《教育政策学》，10页，武汉工业大学出版社，1997。

[3]〔英〕米切尔·黑尧著，赵成根译：《现代国家的政策过程》，170-171页，北京：中国青年出版社，2004。

究者和决策者，对于教育政策空间的意识和在实际工作中建立起合理的教育政策空间是十分必要的。这将有利于教育政策的研究者和决策者在实际工作中，更好地运用教育政策科学知识，提高这一职业的整体水平，从而为教育政策的制定和实施做出更多的成绩。其三，是当前我国教育事业发展的需要。当前我国的教育事业已经从单纯的数量普及向教育的高水平高质量迈进，教育公平等问题日益凸现，通过对教育政策空间的研究和关注，可以更好地对不同地区不同教育政策的推进产生积极的影响，从而对教育政策实施的困难有充分的认识和预期，使我国的教育政策的制定和实施有一个更好的效果，这也是我国经济繁荣发展、社会平稳发展的必要条件。

（二）教育政策空间产生的原因分析

以上我们探讨了流动儿童教育政策空间的表现形式，这有利于我们在教育政策制定和实施时对这一问题有足够的意识，从而能够更好地利用。但是我们还必须对其产生的原因加以探索，以利于对这一问题更好地认知。我们认为，流动儿童教育政策空间之所以存在，有以下几个原因：

1．教育政策主体价值取向的多元共存与整合性

教育政策主体价值取向源于教育政策主体的多元共存。在一项教育政策的制定和实施上，教育政策的决策者、研究者和实施者等各主体都参与其中，因此，这样的一个过程就是教育政策各主体的多元价值取向的集体选择过程。这些价值包括政治价值、组织价值、个人价值、政策价值和意识形态价值，等等。这些个体性的价值取向最后综合统一形成某一具体教育政策本身的政策价值取向。青年学者刘复兴认为，教育政策的基本价值特征有三个向度:价值选择、合法性和有效性。“在

现象形态上，教育政策的价值特征表现为一系列的价值选择。教育政策的价值选择是教育政策的制定者在自身价值判断基础上所做出的一种集体选择或政府选择。它蕴涵政策制定者对于政策的期望或价值追求，体现了政策系统的某种价值偏好，表达了教育政策追求的目的与价值。教育政策的价值选择既包括观念中的选择，又包括实践活动中的选择。观念中的选择是政策价值目标的确定……”[1]这种教育政策价值的集体选择，从目标到实践，本身就是一个存在着不同价值取向的选择，因而这种不同价值取向之间的差距空间在所难免。此外，政策价值本身也存在一个内部空间。保罗·萨巴蒂尔(Paul. A. Sabatier)等提出“支持联盟框架（the Advocacy Coalition Framework，AFC)”，认为拥有共同政策信仰的人或团体可称为“政策联盟”或“支持联盟”，支持联盟的信仰系统分为：深核（Deep Core)、近核（Near Core）和次级方面（Secondary Aspect）三个方面。“深核是确定人们世界观的规范性、本体性理论；近核是实现政策区域或子系统中深核信仰的基本战略、政策观点等；信仰次级方面是在某一特定政策区域内，为实现政策核心所必需的多种工具性决策及信息探求等。三种结构类型以一种逐步接受变化的顺序排列，即深核比次级方面更拒斥变化。”[2]一般来说，这三个层面的变化并不是一致的，当某一政策子系统发生变化时，首先发生变化的是这一联盟的“次级方面”，如果它能成功应对子系统的变化，则它的价值变化基本不变化；如不能则波及到“近核”层面。同理，“近核”也是如此，如不能成功应对则又引起“深核”的

---

[1] 刘复兴：《教育政策的价值分析》，38-45页，北京：教育科学出版社，2003。

[2] Paul. A. Sabatier, Hank. C. Jenkins-Smith. Policy Change and Learning, Colordo: Westview Press, Inc.1993:30-32.

价值变化，在这个一步一步从“次级方面”向“深核”的运动过程中，政策的空间得以拓展。教育政策作为政策体系中的一种，同样具有这样一个从“次级方面”向“深核”的运动过程，在这一过程中，教育的政策空间得到拓展。总之，教育政策价值取向上存在的政策内部和政策内外部的矛盾的发展，最终导致了教育政策空间的出现。

2．教育政策系统运行过程中的不确定性

这种不确定性是由教育政策系统运行过程中的本身的不确定性所决定的，不确定性意味着“在特定情景下各种情况都有可能发生”[1]，政策活动是由政策问题认定、政策问题议程启动、政策制定、实施、评估和调整等一系列的环节组成的。在这一过程之中，每个环节都存在着不确定性，这种不确定性就形成了对一些事情上的选择作为和选择不作为，也可能是由于不确定性而不断地调整作为方式、时间和范围等，这也就是教育政策空间存在的基础。

首先，从教育政策本身来说，教育政策活动同样是社会中的事物运动，“不确定性来自事物与环境之间的非定常相互作用，由此导致事物运动状态和运动轨迹的突变和间断，这一类事物是所谓的不确定性系统，不确定性是它们的内禀属性”[2]。这就是说，教育政策活动作为社会生活中的一种事物运动之一，同样具有本体论意义上的不确定性。这种不确定性是教育政策空间存在的基础。

其次，教育政策活动的不确定性源于人的有限理性。诺贝尔经济学奖得主赫伯特·A.西蒙（Herbert A.Simon）认为这种有限理性表

[1] 刘贞华：《政策空间的表现形式与产生原因分析——以教育政策为例》，载《当代教育科学》，2007（11）。

[2] 吴华：《政策活动中的不确定性现象研究》，袁振国主编：《中国教育政策评论》，74页，北京：教育科学出版社，2007。

现在人们知识的不完备性、预期的难题和行为的可行性范围。[1] 就教育政策来说，表现在对信息的需要上，我们永远不能够完全掌握所有的信息，政策永远建立在“不确定性”的基础上，为政策空间的伸缩和存在创造了条件。同时，教育政策主体在寻求相关信息的过程中，有时甚至会增加新的不确定性因素。人们就是在这种悖论式的政策实践中寻求政策空间的合理范围。其寻求政策空间的结局不外有三：“其一，政策空间适得其所，无需调适，这是政策参与者最愿意看到的情景，是一种理想状态；其二，政策空间已不合时宜，大量相关信息表明，在目前状况下，要取得既定的政策目标已几乎不可能，要达到其满意状态，必须对相应的政策环节进行调整。于是政策参与者调动一切手段、资源寻求相关信息，通过民主、科学的渠道来调适政策空间，于是新的适合社会发展的政策空间出现了……其三，政策空间急需拓展，相关信息也充分说明某一政策的存在危及某种社会生活，但政策主体，尤其政策制定者、执行者由于既得利益、积淀成本、政治资本、社会资源等方面的缘故，就是不调整、变更、终止某一政策……直到外部事件，尤其是突发事件的发生打破了某一政策系统中的相对平衡，政策空间的拓展、调适才得以进行”[2]。教育政策的空间就是在教育政策主体的不断的信息寻求中得到拓展或调适的。

最后，教育政策的不确定性还来自于教育政策的过程是每一个教育政策参与者的利益博弈的过程，不同力量的对比造成了不同的教育政策制定和实施，教育政策空间在此过程中不断受到挤压或拓

[1]〔美〕赫伯特·A. 西蒙著，詹正茂译：《管理行为》，87-89页，北京：机械工业出版社，2004。

[2] 张凤合：《公共政策价值取向中的政策空间》，载《南京社会科学》，2005（5）。引用时笔者对明显错误进行改动。

展。刘复兴认为，“教育利益和教育利益关系是教育领域政治活动和教育政策的基础与核心。国家制定和实施教育政策的根本目的是对不同主体的教育利益进行调整和分配”[1]。国外学者约翰·金登（John W.Kingdom）甚至把这些政策利益的参与者称之为“政策企业家（Policy entrepreneur）”，金登认为，若没有“政策企业家”参与政策过程，就没有政策的空间而言。他们之所以介入政策系统、拿捏政策空间是因为：第一就政策问题而言，他们极力强调那引人注目的问题指标，从而赋予其特定的意义；第二就政策建议来说，他们通过撰写论文、提供证言、举行听证会、接受新闻采访或接见各种人物为新政策创造良好的氛围；第三就结合来说，他们时刻准备自己中意的政策建议在适宜的时候提出或引起某一政策的关注，从而引发新的机制。[2]正是由于教育政策参与者的利益博弈，各种不同的政治企求使得教育政策过程中充满了各种不确定性，他们在这一过程中通过各式各样的方法，为教育政策的制定和实施创造了一个适合的政策空间。

教育政策效果的外溢（Spillover）性是指当某一教育政策在一个国家或地区得到一定程度上的推广应用，它就会作为一个成功的政策案例被运用到本国其他地区或其他国家和地区，从而拓展了教育政策的应用空间。为什么会出现这样的情况呢？我们认为原因有三：第一，当某一教育政策在一个地方推广后，就会“引起轰动”，最后变成倡议者的政治资源，其他地方的教育政策参与者（金登称之为“政策企业家”）就会为了赢得相同的政治资源，便纷纷在其他地区采取相似的行

---

［1］刘复兴：《教育政策的价值分析》，北京：教育科学出版社，2003。

［2］〔美〕约翰·W. 金登著，丁煌等译：《议程、备选方案与公共政策》，258页，北京：中国人民大学出版社，2004。

动以取得同样的政治资本。如中学生的研究性学习最早在法国实施取得一定的成功，后来一批教育人士在中国的上海开始推广运用，造就了一批“研究性学习专家或指导者”，很快在其他地区就出现了类似的“研究性学习专家或指导者”，同时在中小学中推广应用这一研究性学习，最后这批其他地方的倡议者又成为新的“研究性学习专家或指导者”，这就是教育政策效果的外溢性拓展了教育政策的空间。第二，这种“溢出效应”一旦在某一领域成功后，就会通过立法等方式在该政策内改变这一政策的联盟的结构，“抵制变革的联盟被击败，为确立新政策而建立和发展起来的联盟可能会被调去参加其他战斗”[1]，这样造成了教育政策主体内部的分裂和分化，形成了新的相反或相似的教育政策，从而使教育政策的结构发生了变化，也就相应地拓展了教育政策的空间。如研究性学习最后被教育主管部门接纳，成为国家对高中学生教学和学习的要求，这样原来的一批反对者就退出争议，转而致力于其他学生学习相关政策的研究和开发，使得研究性学习的教育政策在它的对立面或相似面得到发展，从面就拓展了它的政策空间。第三，对教育政策的争议也会在一定程度上加大教育政策的“溢出效应”，从而拓展这一政策本身的空间。如金登所说，“第一次成功可以产生极其强大的外溢效应。政策企业家受到鼓舞而转向下一个问题，联盟被转移，从类比和先例中获得的论点也站稳了脚跟”[2]。这就是说，某一政策也会在其他类似问题中得到应用或借鉴，从而也相应地拓展了教育政策的空间。

---

［1］〔美〕约翰·W. 金登著，丁煌等译：《议程、备选方案与公共政策》，242页，北京：中国人民大学出版社，2004。

［2］〔美〕约翰·W. 金登著，丁煌等译：《议程、备选方案与公共政策》，243-244页，北京：中国人民大学出版社，2004。

二、流动儿童教育政策空间的表现形式

对于什么是教育政策空间，我们在上文中已经有明确的界定，那么其作用形式究竟是什么，我们有必要将其明晰化。从我们对政策内涵和教育政策空间的界定来看，可以对流动儿童教育政策空间的表现形式加以列举，初步分为以下三种形式：

（一）流动儿童教育政策主体决定作为与能够作为的政策空间。也就是说，教育政策主体已经把某一问题列入了议事日程，深刻地认识到对这一问题进行政策干预的必要性，因而对这一问题做出人们所期待的政策介入，但是这一决定与在实际社会发展水平能够作为的是不一致的。由于政治、经济发展水平的限制，很多事情人们意识到对其实行干预的必要性，但在实践中是难于行得通的。从流动儿童教育问题的解决来看，国家欲以全面解决流动儿童入学问题，也有这样的决心，但是在政策执行过程中很快就发现，彻底解决这个问题并不容易。首先，以全国义务教育阶段流动儿童总人数近2000万，如果一个学生经费平均1000元，那这个数字就是200亿，这将是一个非常大的财政问题。其次，有些地方虽有能力解决流动儿童的教育问题，但它没有动力予以解决。在我们的调查研究中发现，很多地方政府官员坦言，流动儿童户口不在流入地，国家经费也没有拨给流入地，因此，他们没有义务解决这样的一个问题，存在着主观上的不愿作为。最后，有一些流动儿童从一个经济不发达的地方随父母流动到另一个经济也不发达的地方，这样流入地就更不愿意在已经非常紧张的教育经费中挤出资源解决好流动儿童的教育问题。所以直到今天，我们发现流动儿童教育问题还仍然是一个问题，这就是流动儿童教育政策发展中的空间。

（二）流动儿童教育政策主体选择作为与选择不作为的政策空间。

教育政策主体选择作为是教育政策，这是毫无疑义的；但教育政策主体选择不作为，同样是教育政策。前文我们提到了托马斯·戴伊对政策的界定，他认为公共政策就是政府所选择的作为和不作为，不作为同样是政策的一种形式。那么在政策作为和不作为之间就有一个空间，也就是什么时候选择作为和什么时候选择不作为存在一个自由的裁量空间，教育政策亦如此。比如说最早的流动儿童随父母在全国范围内流动后，中央并没有立即制定政策，这并不表明中央政府不关心这一特殊群体，而是因为早期流动儿童数量少，很多人在公立学校中借读，有的学校甚至并没有收取很多借读费，其入学并不成为一个问题，所以政府选择不作为。20世纪下半期，流动人口总数在全国已达近2亿，流动儿童近2000万，这造成了诸多问题。首先是几近200亿的经费问题；其次大量的流动儿童随父母进入城市，流入地的公立学校已经承载不了如此庞大的入学需求。因此，在这种情况下，政府选择作为。这一事例说明教育政策主体选择不作为同样是教育政策。因此在选择作为和不作为之间是存在一个教育政策空间的，对这一空间的有效利用有利于国家教育事业发展。

（三）流动儿童教育政策主体在选择何时作为、如何作为以及选择作为的范围及实施力度上的政策空间。教育政策主体从决定作为到能够作为、从选择不作为到选择作为，政策已经进入了议事日程。但在进入了议事日程后，教育政策主体在选择何时作为、如何作为以及作为的范围及实施力度上仍然有一个自由裁量的政策空间。

三、政策空间对流动儿童教育政策制定和实施的诉求

以上我们对流动儿童教育政策空间的内涵、表现形式、产生原因以及研究的必要性进行了探讨，但是理论研究的目的最根本的意义还

在于它对于实践的重要的指导作用。以下我们探讨教育政策空间在具体的问题上如何得到利用，从而理解它对于教育政策制定和实施的基本诉求。

教育政策的空间是一个已存在但并不是很清晰的概念。当人们在对某一教育政策问题进行活动时，“人们在希望政府实现的目标上的看法的确很一致，而且人们在准确地界定自己的偏好以前常常被迫行动。即便是他们能够界定自己的目标，他们通常也并不知道如何实现自己想要实现的目标”[1]。在具体的政策制定时，“它主要是由行为者的三个溪流组成的：由各种问题的指标、危机、反馈等形成的问题溪流；由各种解决政策问题的备选方案组成的政策溪流；由国民情绪、公共舆论、选举官员、政体改变、利益集团、共识建构等组成的政治溪流。一般情况下，三个溪流独自流动，只有当三者交汇时，‘政策之窗’才会开启，议程设定、政策变迁才有可能发生”[2]，也就是说，只有在“政策之窗”开启的短暂时刻，政策空间才能够得到有效的拓展。这些“溪流”在一些重要时刻汇合到一起，这种政治上的气候便导致了适合于变革的恰当时机的出现，即便是仍有许多反对力量也无济于事。我们可以以流动儿童教育政策出台这一事件为例来加以说明。流动儿童就学难、升学难这一事实一直存在，各式各样的社会呼吁也从没有停止过，教育部门也采取了不少努力，但这个问题总是得不到真正有效的解决，其中部门利益、社会竞争压力下移、对教育本身的认识等多种阻碍势

[1]〔美〕约翰·W. 金登著，丁煌等译：《议程、备选方案与公共政策》，106页，北京：中国人民大学出版社，2004。

[2]〔美〕约翰·W. 金登著，丁煌等译：《议程、备选方案与公共政策》，110页，北京：中国人民大学出版社，2004。转引自张凤合：《公共政策价值取向中的政策空间》，载《南京社会科学》，2005（5）。

力，“问题溪流”“政策溪流”和“政治溪流”一直独自流淌，偶尔其中两相汇合，但没有产生相应的“政策之窗”，政策空间没能够得到有效的拓展。直到1995年《中国教育报》记者李建平对流动儿童入学难问题报道以后，这一突发事件与这三股溪流终于汇合成一股巨大的洪流，甚至于引起了中央领导同志的深切关注。于是在1995年，原国家教委基础教育研究司义务教育处与北京市教育科学研究所开始着手调查、研究流动儿童入学问题；1996年国家教委颁发了《城镇流动人口中适龄儿童、少年就学办法（试行）》，并在流动人口较多的省份进行试点，在这一政策文件中，首次正面回应了流动儿童教育问题。

通过对流动儿童教育政策空间产生的机制分析，关于政策空间对流动儿童教育政策制定和实施的诉求有以下四点值得深思：

其一，在从事流动儿童教育政策制定和实施时，必须对教育政策的空间有着高度的敏感性。在这个过程中，部分利益集团利用教育政策空间的存在，有意识地阻碍教育改革的进程；反之，流动儿童教育政策的制定和实施时，意识到教育政策空间的存在，更有利于政策制定的科学化和可操作性。

其二，拓展流动儿童教育政策空间有很多种方式，如通过论辩、借鉴、转移、博弈等，即对政策的学习。所以必须学会有效利用各种时机，加大对教育政策的学习，不管是理论的还是实践的学习。

其三，流动儿童教育政策空间的产生既来自于对教育政策的价值选择，也来自于教育政策活动过程中的主体间的利益博弈。所以必须加大对教育政策空间的深切理解，学会在流动儿童教育政策过程中对各主体价值取向的整合，同时兼顾各教育政策主体的利益，这样才能更好地推进教育政策的制定和实施。

其四，学会有效利用教育政策空间的最佳拓展时机，更快地推动教育政策的实施，以引导流动儿童教育政策取得更广泛的成效。“政策窗敞开的时间短暂，这点有力地印证了‘趁热打铁’这一句古老俗语的真谛……”，“如果政策之窗是在没有采取任何行动的情况下关闭的，那么它就可能很长时间不会再打开”[1]。教育政策的推进是一个渐进的过程，只有在“问题溪流”“政策溪流”和“政治溪流”三流交汇之时之地，“教育政策之窗”才会开启。

[1]〔美〕约翰·W. 金登著，丁煌等译：《议程、备选方案与公共政策》，214–215页，北京：中国人民大学出版社，2004。

第三章

流动儿童教育支持的结构与现状研究

第一节　流动儿童教育支持结构与现状的研究设计

一、研究目标

本研究计划在国内外已有研究的基础上，结合中国当前政治、经济与社会发展的情况，深入探讨流动儿童教育支持的内容与结构，编制出达到统计学要求的测量量表；在此基础上，对当前我国流动儿童教育支持的现状进行实证调查研究，并分析不同状态和变量控制下，流动儿童教育支持的特点。

二、研究假设

假设1：基于前期访谈编制的教育支持量表有良好的理论构想，教育支持包括学习支持、经济支持、情感支持和交往支持四个维度；

假设2：本研究所编制的量表具有较好的信度和效度；

假设3：流动儿童获得的教育支持存在显著的性别、年龄和学校差异。

三、研究方法

（一）研究对象

本研究的流动儿童主要指跟随父母从农村进入城市生活并接受义务教育的在校小学生和初中生。

正式调查时我们主要选取的是浙江省流动儿童聚居较多的绍兴、金华、嘉兴等地打工子弟学校、民办学校、公办学校的小学五、六年级和初中一、二年级的600名流动儿童，共收回问卷561份，回收率93.5%,其中有效问卷541份,有效率90%。(样本详细构成情况见表3-1)

表3-1　　被试人口统计学变量统计表

变量	水平	人数	百分比（%）
性别	男	280	51.8%
	女	261	48.2%
年龄	9岁	12	2.2%
	10岁	22	4.1%
	11岁	47	8.7%
	12岁	77	14.2%
	13岁	112	20.7%
	14岁	130	24%
	15岁	106	19.6%
	16岁	29	5.4%
	17岁	6	1.1%
年级	三年级	16	3.0%
	四年级	33	6.1%
	五年级	106	19.6%
	六年级	126	23.3%
	七年级	169	31.2%
	八年级	71	13.1%
	九年级	20	3.7%

（续表）

变量	水平	人数	百分比（%）
个人情况	随父母一起在这边租房住	469	86.7%
	在这边的亲戚朋友家寄住	9	1.7%
	离家远而住在学校	12	2.2%
	其他情况	51	9.4%
父母情况	父亲在这边工作	39	7.2%
	母亲在这边工作	30	5.5%
	父母都在这边工作	437	80.8%
	其他情况	35	6.5%
家庭方面	很早父母就在这边打工	319	59%
	近年来才过来这边	158	29.2%
	已经在这个城市买了房子	30	5.5%
	其他	34	6.3%
学校性质	公立学校	292	54%
	民办学校	21	3.9%
	打工子弟学校	226	41.8%
	其他学校	2	0.4%
学校所在	县级市	294	54.4%
	地级市	21	3.9%
	乡镇	226	41.8%
学校规模	很小的学校	17	3.1%
	比较小的学校	185	34.2%
	中等规模学校	335	61.9%
	很大学校	4	0.7%
成绩排名	前十名	75	13.9%
	中间左右	286	52.9%
	比较落后	180	33.3%

（二）研究工具

自编的教育支持量表。在研究中，先对国内外有关教育支持的相关文献进行了调研，由于国内外教育支持的研究较少，也没有具有统计学意义的量表可用，于是我们在早期对流动儿童及相关人士访谈的基础上，编制了流动儿童教育支持量表。随后发放调查表300份，收回289份，回收率96.3%，有效问卷266份，有效率达88.7%。接着在266名被试的调查数据的基础上，采用项目反应理论，对所有题项的质量进行分析，得到一个包括四个维度（学习支持、经济支持、情感支持和交往支持）共17个题项的量表；然后在对量表进行进一步的探索性因素分析和验证性因素分析后，调整了个别题项所在的维度，并删除部分题项。最终形成一个四维度16个题项的流动儿童教育支持正式量表。

（三）研究程序

本研究按以下程序进行操作：首先进行文献调研，确定流动儿童教育支持量表的理论构想，并就流动儿童教育支持进行调查访谈，在二者的基础上编制了一个21个题项的流动儿童教育支持量表，然后进行预调查研究，在266人预调查对象的基础上，进行项目反应分析后得到一个17个题项四个维度的流动儿童教育支持量表。

其次，采用SPSS11.5和Lisrel8.53统计学软件对上述量表进行了探索性因素分析和验证性因素分析，最后形成一个修正后的正式量表，内部一致性系数0.7892，分半信度0.7325，整体上较好。

再次，对流动儿童的教育支持现状进行了描述性统计分析以及方差分析，探讨了流动儿童教育支持的现状与特点。

最后，在现在的研究结论基础上，针对我国流动儿童教育支持上存在的问题提出政策建议，以供相关决策部门参考。

第二节　流动儿童教育支持的内容与结构分析

本研究对流动儿童教育支持量表内容与结构的分析是在与部分流

动儿童及家长、教师和管理者访谈的基础上，编制了一个预调查问卷。首先进行了项目反应分析，对题项的质量进行分析，剔除量表中反应不良的题项后，得到一个新的流动儿童教育支持量表，再在这个新量表的基础上，进行探索性因素分析和验证性因素分析，最后形成了一个正式的流动儿童支持量表。

一、流动儿童教育支持量表的建立

在构建流动儿童教育支持量表前，课题组对国内外有关教育支持的理论文献进行了调研，发现流动儿童教育支持的概念内涵是很大的，有的把政策支持、法律支持、关系支持等列入教育支持之中；有的文献仅把教育支持分为学习支持、学习辅导，这些对教育支持概念的界定或是失之于宽泛，或是失之于狭窄。我们在综合考察国内外相关的文献后，认为流动儿童的教育支持既不能宽泛得离教育这个目标太远，也不能仅把学习上的事看成教育支持，因为流动儿童的教育问题是与其生活和学习环境紧密相关的，这些因素直接影响到流动儿童的教育支持状况。

在对流动儿童教育支持进行文献调研的同时，课题组对浙江省部分市县的流动儿童及其家长、教师等进行了访谈，在对录音进行整理的基础上，形成了一个流动儿童教育支持情况的访谈记录。通过访谈我们发现，流动儿童的教育支持核心是学习上的帮助、行为上的引导，但这些核心问题与流动儿童家庭的经济情况、生活和学习环境等是分不开的，因此，流动儿童的教育支持应当是一个集学习支持、经济支持、情感支持和交往支持于一体的支持组合。虽然对于流动儿童的政策支持和法律支持也非常重要，但是这些支持因为过于宏观或是过于间接，难于考察其对流动儿童教育的直接帮助。因此，在结合文献调研和社会访谈的基础上，我们编制了一个包括学习支持、经济支持、情感支持和交往支持四个维度的流动儿童教育支持初测量表。

二、初测问卷的项目反应分析

在对流动儿童教育支持进行正式测试前，我们对预调查的结果进行项目质量分析，结果如下：

表3-2　　流动儿童教育支持量表题项质量的初次分析

分量表	题号	题目	决断值（CR）	R1	R^2	P	备注
学习支持	a1	能同城市孩子一样就近上学	6.148	0.425	0.091	0.141	淘汰
	a 2	大学生或校外人士对我们进行过教学或辅导	11.425	0.580	0.244	0.000	
	a 3	老师在课后会对我进行辅导	10.427	0.572	0.233	0.000	
	a 4	不懂的问题同学会教我	9.683	0.513	0.190	0.002	
	a 5	父母亲会教我做作业	10.133	0.586	0.208	0.001	
经济支持	a 6	政府提供了经济资助、困难补助	17.119	0.677	0.438	0.000	
	a 7	得到了社会捐赠图书、学习用品或生活用品	13.939	0.692	0.479	0.000	
	a 8	得到了企业或他人捐款	10.187	0.632	0.442	0.000	
	a 9	学校免除了学费、杂费、书本费	8.186	0.429	0.094	0.128	淘汰
	a 10	学校或社会提供了奖学金或贷款	9.646	0.626	0.447	0.000	
	a 11	没钱的时候向亲戚借钱上学	8.254	0.460	0.209	0.001	
情感支持	a 12	学校会召开外来学生困难交流会	8.686	0.539	0.248	0.000	
	a 13	心情不好时我会与学校中好朋友聊	11.802	0.646	0.385	0.000	
	a 14	父母给我学习鼓励	10.039	0.572	0.297	0.000	
	a 15	有困难我会跟老师说的	14.266	0.656	0.378	0.000	
	a 16	有外面的大学生哥哥姐姐看望过我	11.818	0.557	0.224	0.000	
交往支持	a 17	在学校我有一些朋友	6.232	0.389	0.096	0.118	淘汰
	a 18	周末的时候我会找城里的同学玩	13.623	0.658	0.309	0.000	
	a 19	在这里我有一些亲戚和老乡	10.230	0.550	0.197	0.001	
	a 20	我参加过城里的一些少年活动	9.527	0.560	0.230	0.000	
	a 21	我会上网聊天，有网友	8.032	0.542	0.208	0.001	

从题项的质量测试来看，a1“能同城市孩子一样就近上学”的卡方值R^2=0.091，与总量表的相关比较低；其他两项a9“学校免除了学费、杂费、书本费”、a17“在学校我有一些朋友”的得分也都小于0.1(R^2=0.0914，0.096)，因这三个题项得分较低，且都没有达到显著性（P=0.141，0.128，0.118），与总量表相关性低，所以予以删除。

接着，我们做了第二轮项目质量分析，结果如下：

表3-3　　流动儿童教育支持量表题项质量的再次分析

分量表	题号	题目	决断值（CR）	R1	R^2	P	备注
学习支持	a 2	大学生或校外人士对我们进行过教学或辅导	12.576	0.618	0.252	0.000	
	a 3	老师在课后会对我进行辅导	11.210	0.600	0.227	0.000	
	a 4	不懂的问题同学会教我	9.288	0.540	0.184	0.003	
	a 5	父母亲会教我做作业	11.658	0.637	0.228	0.000	
经济支持	a 6	政府提供了经济资助、困难补助	18.081	0.708	0.452	0.000	
	a 7	得到了社会捐赠图书、学习用品或生活用品	18.222	0.775	0.577	0.000	
	a 8	得到了企业或他人捐款	11.610	0.681	0.483	0.000	
	a 10	学校或社会提供了奖学金或贷款	9.765	0.607	0.400	0.000	
	a 11	没钱的时候向亲戚借钱上学	10.694	0.507	0.234	0.000	
情感支持	a 12	学校会召开外来学生困难交流会	8.686	0.539	0.248	0.000	
	a 13	心情不好时我会与学校中好朋友聊	11.802	0.646	0.385	0.000	
	a 14	父母给我学习鼓励	10.039	0.572	0.297	0.000	
	a 15	有困难我会跟老师说的	14.266	0.656	0.378	0.000	
	a 16	有外面的大学生哥哥姐姐看望过我	11.818	0.557	0.224	0.000	
交往支持	a 18	周末的时候我会找城里的同学玩	15.055	0.692	0.321	0.000	
	a 19	在这里我有一些亲戚和老乡	7.658	0.505	0.106	0.086	淘汰
	a 20	我参加过城里的一些少年活动	11.229	0.629	0.290	0.000	
	a 21	我会上网聊天，有网友	9.558	0.599	0.249	0.000	

从第二轮题项的质量分析来看，a19“在这里我有一些亲戚和老乡”题项与总题项的相关性较低(R^2=0.106)，而且没有达到显著性(P=0.086)，所以把这一题项删除，最后得到一个17个题项的流动儿童教育支持量表作为正式调查的量表：

表3-4　项目分析后最终的流动儿童教育支持量表

分量表	题号	题目	决断值(CR)	R1	R^2	P
学习支持	a 2	大学生或校外人士对我们进行过教学或辅导	12.576	0.618	0.252	0.000
	a 3	老师在课后会对我进行辅导	11.210	0.600	0.227	0.000
	a 4	不懂的问题同学会教我	9.288	0.540	0.184	0.003
	a 5	父母亲会教我做作业	11.658	0.637	0.228	0.000
经济支持	a 6	政府提供了经济资助、困难补助	18.081	0.708	0.452	0.000
	a 7	得到了社会捐赠图书、学习用品或生活用品	18.222	0.775	0.577	0.000
	a 8	得到了企业或他人捐款	11.610	0.681	0.483	0.000
	a 10	学校或社会提供了奖学金或贷款	9.765	0.607	0.400	0.000
	a 11	没钱的时候向亲戚借钱上学	10.694	0.507	0.234	0.000
情感支持	a 12	学校会召开外来学生困难交流会	8.686	0.539	0.248	0.000
	a 13	心情不好时我会与学校中好朋友聊	11.802	0.646	0.385	0.000
	a 14	父母给我学习鼓励	10.039	0.572	0.297	0.000
	a 15	有困难我会跟老师说的	14.266	0.656	0.378	0.000
	a 16	有外面的大学生哥哥姐姐看望过我	11.818	0.557	0.224	0.000
交往支持	a 18	周末的时候我会找城里的同学玩	15.055	0.692	0.321	0.000
	a 20	我参加过城里的一些少年活动	11.229	0.629	0.290	0.000
	a 21	我会上网聊天，有网友	9.558	0.599	0.249	0.000

三、正式测试问卷的探索性因素分析

在对题项进行项目反应分析后，我们得到了一个17个题项的量表，以此作为正式调查的量表发放问卷给600名流动儿童。共收回问卷561

份，回收率93.5%，其中有效问卷541份，有效率90%。在此基础上进行探索性因素分析，步骤如下：

1.项目分与总分相关

用皮尔逊积差相关计算各项目与总分的相关，删除相关系数低于0.4的题项。

从表3-5的结果可以看出，A43与量表总分的相关系数是0.067(P=0.122)，未达显著，说明这个题项对量表的贡献不大，应该删除；其他题项与总分的相关均达到显著且相关系数大于0.4。

表3-5　　教育支持量表初测项目分析结果

项目	相关系数
A11	.491***
A12	.497***
A13	.427***
A14	.510***
A21	.534***
A22	.545***
A23	.497***
A24	.446***
A25	.349***
A31	.511***
A32	.425***
A33	.496***
A34	.570***
A41	.514***
A42	.458***
A43	.067

题项删除前量表的内部一致性系数为0.7575，用Spearman-Brown校正后的分半信度是0.6659；题项删除后量表的内部一致性系数达到0.7892，用Spearman-Brown校正后的分半信度达到0.7325，

题项删除后问卷的信度较好，如表3–6。

表3–6　　教育支持量表的信度

	内部一致性系数	分半信度
修正前量表	0.7575	0.6659
修正后量表	0.7892	0.7325

2. 样本的适合性检验

我们利用SPSS11.5统计软件对正式施测的541人的有效数据进行了探索性因素分析，采用主成分分析法，抽取因素时限定特征根大于1，进行最大正交旋转，样本适合性的结果如下：

表3–7　　KMO值及Bartlett′检验结果

KMO抽样适当参数		.831
Bartlett球形检验	卡方值	1575.830
	自由度	120
	显著性水平	.000

根据统计测量学的通常标准，如果KMO值小于0.5时一般不适合做因素分析，此处的KMO值为0.831，说明本研究的取样是非常适当的；从Bartlett球形检验的结果来看，χ^2的值为1575.830（自由度为120），达到了0.000水平上的显著，代表母群体的相关矩阵有共同的因素存在，表明适合对数据进行因素分析。

3. 共同因子的分析

对整体解释的变异数进行检查，我们发现提取出特征根均大于1的共同因子的解释方差总变异42.982%。于是采用Cattell所倡导的特征值图形的陡坡检验法，将提取的共同因子确定为2–3个（见表3–8）。将共同因子的数目分别限定为三个重新进行探索性因素分析，结果如下：

表3-8　　各题项解释总变异量

成分	初始值特征			平方和负荷量萃取			转轴平方和负荷量		
	总和	变异数%	累加%	总和	变异数%	累加%	总和	变异数%	累加%
1	3.997	24.857	24.857	3.977	24.857	24.857	2.917	18.231	18.231
2	1.747	10.921	35.778	1.747	10.921	35.778	2.334	14.585	32.815
3	1.153	7.205	42.982	1.153	7.205	42.982	1.627	10.167	42.982
4	.999	6.244	49.226						
5	.944	5.898	55.124						
6	.902	5.636	60.759						
7	.847	5.293	66.052						
8	.756	4.728	70.781						
9	.712	4.449	75.230						
10	.698	4.363	79.593						
11	.635	3.967	83.560						
12	.632	3.952	87.512						
13	.575	3.595	91.107						
14	.518	3.236	94.343						
15	.509	3.183	97.526						
16	.396	2.474	100.00						

萃取方法：主成分分析法

4.分析结果及其命名

通过对以上的数据整理分析，经过反复比较，我们发现，萃取三个因素时对总变的异解释率最高，达到42.982%（见表3-9），各题项在这三个因素上的负荷经转轴后形成的主成分矩阵，如表3-9。

表3-9　　转轴后因子负荷矩阵

题项	成分1	成分2	成分3
A22	.762		
A23	.743		
A21	.680	.136	
A24	.556		.145
A31	.501	.120	.276

（续表）

题项	成分1	成分2	成分3
A25	.482		.104
A11	.415	.265	.153
A13		.720	
A33		.701	.108
A34	.229	.625	.158
A32		.602	.133
A14	.164	.470	.286
A12	.362	.440	
A41		.121	.761
A42	.200		.720
A35	.315	.153	.495

因素分析后发现：A21，A22，A23，A24，A25被划分到同一组；A12，A13，A14划分到同一组；A32，A33，A34划分到同一组；A41，A42划分到同一组。这与我们的理论构想相同。

其余三项A11，A31，A35，根据因素负荷的情况进行探索，把A11归入维度一学习支持，A31、A35归入维度四交往支持，得到组合：（学习支持）A11，A12，A13，A14；（经济支持）A21，A22，A23，A24，A25；（情感支持）A32，A33，A34；（交往支持）A31，A41，A42，A35。

表3-10　流动儿童教育支持量表

分量表	题号	题目
学习支持	A11	大学生或校外人士对我们进行过教学或辅导
	A12	老师在课后会对我进行辅导
	A13	不懂的问题同学会教我
	A14	父母亲会教我做作业

（续表）

分量表	题号	题目
经济支持	A21	政府提供了经济资助、困难补助
	A22	得到了社会捐赠图书、学习用品或生活用品
	A23	得到了企业或他人捐款
	A24	学校或社会提供了奖学金或贷款
	A25	没钱的时候向亲戚借钱上学
情感支持	A31	学校会召开外来学生困难交流会
	A32	心情不好时我会与学校中好朋友聊
	A33	父母给我学习鼓励
	A34	有困难我会跟老师说的
	A35	有外面的大学生哥哥姐姐看望过我
交往支持	A41	周末的时候我会找城里的同学玩
	A 42	我参加过城里的一些少年活动
	A 43	我会上网聊天，有网友

四、验证性因素分析

以上教育支持的问卷进行了探索性因素分析，但是探索性因素分析有其不足之处。探索性因素分析是假设所有的公共因素都相关（或都无关）；所有的公共因素都直接影响所有的观测变量；特殊因素之间相互独立；所有的观测变量只受一个特殊因素的影响；公共因素和特殊因素相互独立。而验证性因素分析则可以克服探索性因素分析约束太强的缺陷，它假设所有的公共因素可以相关（也可以无关）；观测变量只受一个或几个公共因素的影响而不必受所有公共因素的影响；特殊因素之间可以相关，还可以出现不存在误差因素的观测变量；公共因素和特殊因素相互独立。

对教育支持问卷进行验证性因素分析主要是建立假设模型，并对模型进行评价。一般来说，拟合程度最高的模型是最优的模型，根据

SEM理论，对模型进行评价主要有以下指标：

（一）模型评价指标

RMSEA，近似均方根误差指标是近年来受到相当重视的一个模型适配指标，研究表明在其评价适配度时表现得比许多其他指标还要好。RMSEA的值在0-1之间，RMSEA越接近0，表示整体拟合度越好。一般认为，当RMSEA ≤ 0.05时，表示理论模式可以被接受，通常被视为良好拟合；当0.05<RMSEA ≤ 0.08时，可以视为不错的拟合；当0.08<RMSEA ≤ 0.10时，则是中度拟合；RMSEA>0.10时，表示不良拟合。

GFI，适配度指标是一种非统计的测量，其范围大小介于0-1之间，越接近1，表明模型整体拟合度越好，通常学者建议当GFI>0.90时，表示良好的拟合程度。

AGFI是调整后适配指标，目的在于利用自由度和项目个数之比率来调整GFI，其范围介于0-1之间，越接近1，表明模型整体拟合度越好，通常学者建议当GFI>0.90时，表示良好的拟合程度。

NFI规范拟合指标，是测量独立模型和设定模型之间卡方值的缩小比例。一般认为，NFI>0.90时，表明模型拟合较好。

NNFI拟合指标，避免模型复杂度的影响，一般认为，NFI>0.90时，表明模型拟合较好。

CFI比较拟合指标，目的是克服NFI在嵌套模型上所产生的缺失。CFI的值介于0-1之间，越接近1，表明模型整体拟合度越好。一般认为，CFI>0.90时，表明模型拟合较好。

IFI拟合指标，应用最小二乘估计模型时，IFI指标要比CFI指标好。IFI的值介于0-1之间，越接近1，表明模型整体拟合度越好。一般认为，

IFI>0.90时，表明模型拟合较好。

一般来说，结构方程模型理论认为，评价一个模型的拟合程度是一个比较复杂的问题，并不是一个指标就可以判断出来的。在进行模型评价时，不同拟合指标评价的侧重点是不一样的。因此，对于某个模型的好坏，不能以一个而应该以多个指标进行综合评价。统计专家一般建议最好能够同时考虑上述各类指标，其好处是同时使用以上各类指标评价模型时，对模型的可接受性比较容易得到共识的结果。因此，参照公认的标准，在本研究中同时采用以上七种指标对各种模型进行比较、评价。

（二）模型的结果评价

从下表中可以看出，把教育支持看成是四因素结构模型，其各项指标均达到理想水平。

另外，评价测量模型好坏的指标，还包括每个外源变量在潜变量上的负荷，以及误差变量的负荷。一般来说，外显变量在潜在变量上的负荷较高，而在误差上的负荷一般较低，表示模型质量好，外显变量和潜在变量的关系可靠。因素负荷量不能太低或太高，最好介于0.50–0.95之间。从教育支持四因素模型的标准化结果（图3–1）中可以看出，除了一个项目与因素的负荷是0.37，各项目与各因素的负荷在0.50–0.75，每个项目对相应潜变量的解释率较大，误差较小。教育支持结构方程模型的拟合指数结果如表3–11。

表3–11　教育支持结构方程模型的拟合指数

测量模型	DF	RMSEA	GFI	AGFI	NFI	NNFI	CFI	IFI
	98	0.055	0.94	0.92	0.91	0.93	0.94	0.94

由表可见，各项拟合指标达到理想标准，模型对数据的拟合较好，教育支持量表的四维结构模型获得了支持。结构方程模型路径图如下：

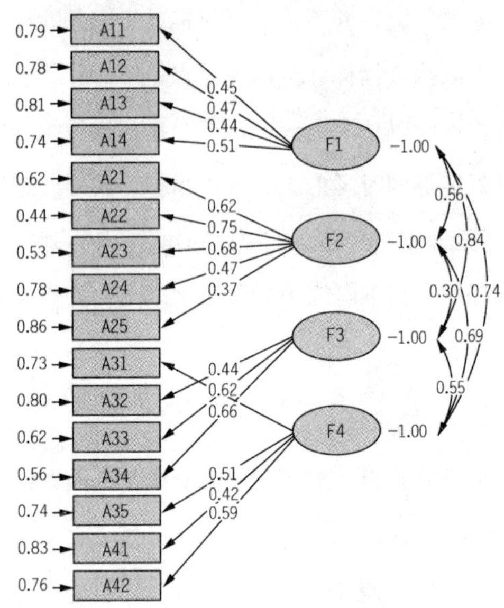

图3-1 流动儿童教育支持的四因素结构模型标准化解

第三节 流动儿童教育支持的现状与特点分析

对流动儿童教育支持及其教育发展的现状与特点进行分析，有助于发现流动儿童教育支持中存在的问题，以此作为正式调查的量表。在浙江省绍兴、海宁、金华等地发放问卷给600名流动儿童，共收回问卷561份，回收率93.5%，其中有效问卷541份，有效率90%。以下是一些调查结果以及对这些结果或现状的特征分析。

一、流动儿童教育支持与教育发展现状

通过对所有被试在教育支持和教育发展问卷上的得分进行排序发现，流动儿童的教育支持和教育发展情况存在一定的差异，教育支持总体得分平均数为2.3606，标准差为0.6077；教育发展的总体得分平均数为3.8979，标准差为0.5329。在教育支持上，获得的情感支持和学习支持要高于交往支持和经济支持（3.3648，2.8267 VS 2.0176，1.6595）。具体见表3-12。

表3-12　　流动儿童教育支持的总体情况

	教育支持	学习支持	经济支持	情感支持	交往支持	教育发展	学业状况	问题行为
总数	541	541	541	541	541	541	541	541
平均数	2.3606	2.8267	1.6595	3.3648	2.0176	3.8979	3.6113	4.1846
标准差	0.6077	0.8403	0.7483	0.9909	0.8282	0.5329	0.6347	0.6208

从上表可知，教育支持总体得分平均数为2.3606，标准差为0.6077，说明流动儿童获得的教育支持还不够，处于平均水平（M=2.5000）以下，总体上看，流动儿童获得的教育支持分布处于适度范围内(SD=0.6077)。

流动儿童获得的情感支持（M=3.3648）和学习支持（M=2.8267）比较多，而获得的交往支持（M=2.0176）和经济支持（M=1.6595）比较少。这一现象在浙江比较普遍。调查发现，流动儿童在浙江的公办学校和私立学校中，并没有明显地感觉到被歧视，学校基本上做到了一视同仁，有的学校甚至安排专项资金或人力，对学校中的流动儿童进行情感关怀和慰问。对于流动儿童的学习问题，学校中的教师或社会上的义务辅导员都没有因为流动儿童的身份而放弃对他们学习的

关心，这可能是因为所有的学生在学校中一同接受考核，教师们并不会放松对流动儿童教育管理及学习成绩的重视。从数据的分布状态来看，教育支持各个维度上的标准差（SD=0.6077到0.9909）都不大，说明流动儿童教育支持整体状态较好。

在流动儿童的教育发展问题上，学业状况平均分比较高，说明流动儿童的学业状况良好（M=3.6113）；问题行为得分比较高(M=4.1846)，其中B24，B22，B25，B27，B21是反向计分题，得分比较高说明问题行为不严重。正如在前面分析的一样，学校中基本不会因学生是流动儿童就主动降低学业成就要求，而是一视同仁；教育管理部门对流动儿童的教育不作特别要求（或高或低），其教育发展总体得分远高于平均分(3.6113＞M=2.5000)。这是一个比较理想的结果，说明在学校内部基本实现了教育公平。在问题行为方面也出现了一个比较好的结果，没有因为流动儿童的身份使得他们与非流动儿童出现显著性差别，流动儿童同样很遵守学校纪律和社会秩序。从数据的分布状态来看，教育发展各个维度上的标准差（Std.=0.6347和0.6208）都不大，说明流动儿童教育发展的整体状态较好。

通过对教育支持各题项平均分进行排序可知，情感支持主要来自父母（M=3.7043）、朋友（M=3.5952）；学习支持得分最高的是来自同学(M=3.3803)，其次是老师(M=2.8614)，父母得分(M=2.8133)与老师相差不多；交往支持得分最高的是“找城里的同学玩”，但得分仅有2.4011，且交往支持总体得分只有2.0176，说明流动儿童获得的交往支持不够；经济支持排第一位的是政府，但得分仅有1.9242，16个题项中得分最低的是“得到了社会或他人捐款”（M=1.4270）

和“学校或社会提供了奖学金或贷款”（M=1.5619），说明现金类的支持很少。

表3-13　　流动儿童教育支持题项的排序情况

序号	题号	题目	平均分	标准差
1	A33	父母给我学习鼓励	3.7043	1.3212
2	A32	心情不好时我会与学校中好朋友聊	3.5952	1.3266
3	A13	不懂的问题同学会教我	3.3803	1.2439
4	A12	老师在课后会对我辅导	2.8614	1.2799
5	A14	父母亲会教我做作业	2.8133	1.4286
6	A34	有困难我会跟老师说的	2.7948	1.3473
7	A41	周末的时候我会找城里的同学玩	2.4011	1.4452
8	A11	大学生或校外人士对我们进行过教学或辅导	2.2514	1.2633
9	A35	有外面的大学生哥哥姐姐看望过我	1.9445	1.2883
10	A31	学校会召开外来学生困难交流会	1.9445	1.1306
11	A21	政府提供了经济资助、困难补助	1.9242	1.3094
12	A42	我参加过城里的一些少年活动	1.7800	1.1633
13	A22	得到了社会捐赠图书、学习用品或生活用品	1.7209	1.1601
14	A25	没钱的时候向亲戚借钱上学	1.6636	1.0582
15	A24	学校或社会提供了奖学金或贷款	1.5619	1.0121
16	A23	得到了社会或他人捐款	1.4270	.9333

二、流动儿童教育支持的特点

为深入了解流动儿童获得教育支持的特点，需对流动儿童获得的教育支持进行进一步分析。

其一，不同性别的流动儿童获得的教育支持的特点。通过独立样本t检验对不同性别的流动儿童教育支持的情况进行分析，结果发现，男生交往支持得分显著高于女生（M=2.1250 VS M=1.9023，P=0.002）。

表3-14　性别差异的显著性检验

变量	性别	人数	平均数	标准差	t值（P）
学习支持	男	280	2.8348	.8878	.233
	女	261	2.8180	.7877	
经济支持	男	280	1.6614	.7589	.061
	女	261	1.6575	.7383	
情感支持	男	280	3.2905	1.0020	−1.810
	女	261	3.4444	.9744	
交往支持	男	280	2.1250	.8506	3.151(**)
	女	261	1.9023	.7890	

*P ＜ 0.05　**P ＜ 0.01　***P ＜ 0.001

在流动儿童的教育支持中，不同性别的流动儿童在学习支持、经济支持、情感支持上没有显著差异，但在交往支持上有比较显著的差异，这可能是因为父母及教师一般对女孩的交往有更多的安全顾虑，父母会要求女孩不要随便与他人来往。

其二，不同年龄的流动儿童获得的教育支持的特点。选12岁以下、12岁、13岁、14岁、15岁五个年龄段，以年龄为独立变量进行单因素方差分析，结果发现，不同年龄的流动儿童在学习、经济、交往支持上存在极其显著的差异，在情感支持上存在显著差异。具体见表3-15。

表3-15　不同年龄学生教育支持的方差分析

变量	学习支持	经济支持	情感支持	交往支持
F值（P）	7.412（***）	9.442（***）	2.892（*）	5.881（***）

*P ＜ 0.05　**P ＜ 0.01　***P ＜ 0.001

运用SNK法进行事后检验发现，15岁、14岁、13岁与12岁及以下的流动儿童在学习支持方面存在显著差异；15岁与14岁流动儿童在经济支持方面存在显著差异；15岁与12岁以下的流动儿童在情感支持及交往支持方面存在显著差异。

其三，不同性质学校的流动儿童获得的教育支持的特点。把民办学校、打工子弟学校及其他合并为非公办学校，与公办学校进行独立样本t检验分析，结果发现，非公办学校流动儿童的经济支持（M=1.8394 VS M= 1.5062，P=0.000）、交往支持得分（M=2.094 VS M=1.9521，P=0.046）显著高于公办学校。具体见表3–16。

表3–16　　学校性质差异的显著性检验

变量	学校性质	N	平均数	标准差	t值（P）
学习支持	公办	292	2.8142	.8295	–.374
	非公办	249	2.8414	.8542	
经济支持	公办	292	1.5062	.6774	–.5.226(***)
	非公办	249	1.8394	.7879	
情感支持	公办	292	3.4041	.9498	1.000
	非公办	249	3.3186	1.0370	
交往支持	公办	292	1.9521	.8063	–1.998(*)
	非公办	249	2.0944	.8484	

*P ＜ 0.05　**P ＜ 0.01　***P ＜ 0.001

第四节　对流动儿童教育支持结构和现状的讨论与结论

一、流动儿童教育支持量表的分析

因国内没有关于流动儿童教育支持的量表，查阅大量文献后，课题组自编了一份流动儿童教育支持量表，通过量表质量分析和试测，最后确定了一份含四个维度16个题项的量表。在余秀兰[1]城市流动儿

[1] 余秀兰：《社会弱势群体教育支持政策解读——以关于城市流动儿童教育政策为例》，载《青年研究》，2008（3）。

童所受教育支持情况的调查研究中，采用的是结构式访谈的方法，把教育支持分为三类：现金、物品、服务。关于流动儿童或农民工子女的社会支持的调查研究比较多，使用的量表都是在肖水源《社会支持评定量表》(SSRS) 基础上略加改动，如谭千保[1]、谢子龙[2]、余良[3]、李海华[4]等。

张希[5]使用的是Gerg Zimet编制，姜乾金等引入修订的《领悟社会支持量表》(PSSS)，此量表是强调个体自我理解和自我感受的社会支持量表，国内学者对其进行因素分析显示项目可分为两类：家庭内支持和家庭外支持，前者包含家庭支持，后者包括朋友支持和其他支持。李建丽[6]在学校对弱势群体家庭教育支持的研究中，对教育支持现状的考察主要围绕着家校合作的观念、家校联系的内容及频率、家长的合作愿望和责任意识等内容展开。

二、流动儿童教育支持总体状况分析

本研究中，流动儿童获得的教育支持处于平均水平以下(M=2.3606)，总体上看分布处于合理范围内 (SD=0.6077)。流动儿童获得的情感支持和学习支持较多 (M=3.3648 VS M=2.8267)，获得的交往支持和

---

[1] 谭千保：《城市流动儿童的社会支持与学校适应的关系》，载《中国健康心理学杂志》，2010(1)。

[2] 谢子龙，侯洋，徐展：《初中流动儿童社会支持与问题行为特点及其关系分析》，载《中国学校卫生》，2009(10)。

[3] 余良，赵守盈，赵福艳：《流动儿童社会支持状况及其与人格的关系》，载《贵州师范大学学报(自然科学版)》，2009(5)。

[4] 李海华，王涛，刁光涛：《农民工子女的社会支持分析》，载《中国特殊教育》，2007(3)。

[5] 张希：《流动人口子女领悟社会支持与学业求助的研究》，苏州大学2008届硕士学位论文。

[6] 李建丽：《学校对城市弱势群体家庭教育支持的研究——以天津市下岗职工子女家庭教育为例》，天津师范大学2007届硕士学位论文。

经济支持较少（M=2.0176 VS M=1.6595）。

从教育支持来源看：情感支持主要来自父母（M=3.7043）、朋友（M=3.5952）；学习支持来自同学（M=3.3803）、老师（M=2.8614）；交往支持得分最高的是“找城里的同学玩”，但得分仅有2.4011，且交往支持总体得分也只有2.0176，说明获得的交往支持不够；经济支持排第一位的是政府，但得分仅有1.9242，16个题项中得分最低的是“社会或他人捐款”“学校或社会提供了奖学金或贷款”（ M=1.4270 VS M=1.5619），说明流动儿童获得现金类的支持很少。这与以往的研究基本一致，流动儿童得到的经济支持很少，而且条件越差的学校，其学生得到捐赠的可能性越小[1]。与工具性支持相比，流动儿童获得的情感支持比较多。[2] 经济支持排在第一位的是“政府”，是与“社会”“企业”“学校”进行比较的，问卷没有涉及到“家人”。另外“政府提供经济资助”得分也高于“亲戚”，这与以往的研究不符，在罗艳萍、张小屏的研究中，经济支持主要来自于“家人、亲属”。流动儿童获得的经济支持比较少的主要原因在于政策“真空”，以及流动儿童作为城市的边缘人。[3] 国家是教育支持的主要承担者，自2007年起在农村地区实行“两免一补”政策，由于户籍制度的限制，在城市的农民工子女既不能享受城市的优质义务教育，也不能享受国家对农村义务教育的补助与支持。

---

[1] 余秀兰：《社会弱势群体教育支持政策解读——以关于城市流动儿童教育政策为例》，载《青年研究》，2008（3）。

[2] 罗艳萍，张小屏：《构建进城农民工子女的社会支持体系》，载《社会工作下半月（理论）》，2009（04）。

[3] 朱坚：《为流动人口提供教育支持的探索与思考——以S市加强农民工同住子女义务教育工作为例》，载《思想理论教育》，2008（22）。

三、流动儿童教育支持的特点分析

（一）不同性别的流动儿童教育支持差异分析

男生交往支持得分显著高于女生（M=2.1250 VS M=1.9023，P=0.002），这与以往的研究不一致。在李海华、王涛、刁光涛的研究中，女生社会支持总分显著高于男生，[1] 这可能与社会对女性的特别关注有关：外界社会可能更多关注女性[2]。在余良、赵守盈、赵福艳的研究中，女生在社会支持上的得分（同学和老师的支持、倾诉和求助方式上）显著高于男生，他们认为女生比男生更易于获取支持，也愿意主动向外界求助。[3]

与以往研究不一致的原因是以往的研究集中在社会支持方面，而我们研究的仅是社会支持的一个方面——教育支持，交往支持维度的题项设计是从外部和自身（或称被动和主动）进行，包括学校是否组织交流会、大学生的看望、学生是否找城里同学玩、参加城里的少年科技运动类活动等。在我们的研究中男生交往支持得分显著高于女生的原因，可能与这个年龄段男女生本身的性格有关，总体上男生相对活泼，女生相对安静，详细情况还有待进一步探究。

（二）不同年龄的流动儿童教育支持的差异分析

学习支持方面每个年龄段都与12岁以下有显著差异：在经济支持上，15岁与14岁流动儿童存在显著差异；15岁与12岁以下的流动儿童

[1] 李海华，王涛，刁光涛：《农民工子女的社会支持分析》，载《中国特殊教育》，2007（3）。

[2] 马惠霞，韩向明，覃晓燕：《中专生社会支持特点分析》，载《中国临床心理学杂志》，2001（04）。

[3] 余良，赵守盈，赵福艳：《流动儿童社会支持状况及其与人格的关系》，载《贵州师范大学学报（自然科学版）》，2009（5）。

在情感、交往支持方面存在显著差异。在所有维度上，年龄越小，教育支持得分越高（14岁得分低于15岁除外），原因可能是儿童年龄越大，感受到的支持会越少。

而在李海华等对农民工子女社会支持的研究中，14–16岁年龄段的农民工子女在支持总分、客观支持和主观支持上均显著高于10–13岁年龄段。[1] 这与我们的研究不一致，但他们也认为这只能说明农民工子女获得的社会支持可能是有年龄段差异的，还需进一步证实。

（三）不同类型学校的流动儿童教育支持差异分析

非公办学校流动儿童获得的经济支持（M=1.8394 VS M=1.5062，P=0.000）、交往支持（M=2.094 VS M=1.9521，P=0.046）显著高于公办学校。但是访谈的结果是公办学校的流动儿童的学习是快乐的，生活、学习没有后顾之忧；非公办学校的流动儿童则情况堪忧。这可能是因为就读于非公办学校的流动儿童一般经济状况不好，即使得到政府、社会、企业等微薄的经济资助，但仍是杯水车薪；而公办学校的流动儿童虽然没有感受到政府、社会、企业的资助，但公办学校经济基础好，颇受政府政策倾斜，而且公办学校位于城市，更容易得到社会、企业的资助，这都有利于公办学校流动儿童获得教育支持。访谈是一种主观感受，与客观事实是否相符有待于进一步证实。

以往研究探讨的多是城市流动儿童与非流动儿童获得的社会支持的差异，并没有涉及公办学校与非公办学校的流动儿童获得的教育支持是否存在差异。如谭千保的研究中，城市流动儿童的客观支持（物

[1] 李海华，王涛，刁光涛：《农民工子女的社会支持分析》，载《中国特殊教育》，2007（3）。

质上的直接帮助和社会网络）与城市非流动儿童没有差异[1]；谢子龙、侯洋、徐展的研究中，流动儿童与城市儿童在总的社会支持及其各个维度上无差异[2]。我们认为他们使用的是同一份调查问卷，其调查工具未能有效地测查出被试客观支持来源的支持程度，可能导致两类被试在此方面未显示出显著的差异。

第五节　研究结论

本研究得出了以下结论：其一，自编的流动儿童教育支持量表具有较好的信度和效度；其二，流动儿童获得的教育支持不足，而且分布不均；其三，不同性别、年龄的流动儿童获得的教育支持存在显著差异；其四，公办和非公办学校的流动儿童在经济支持维度上存在极其显著的差异，在交往支持维度存在显著差异。

---

[1] 谭千保：《城市流动儿童的社会支持与学校适应的关系》，载《中国健康心理学杂志》，2010。

[2] 谢子龙，侯洋，徐展：《初中流动儿童社会支持与问题行为特点及其关系分析》，载《中国学校卫生》，2009（10）。

第四章

流动儿童教育发展的影响因素研究

第一节　流动儿童教育发展的影响因素的研究设计

一、研究目标

以自编的支持获得量表、教育支持量表和流动儿童教育发展量表为基础，探讨我国流动儿童教育发展的影响因素的统计学特征，建构一个以国家政策、学校管理和家庭资本为自变量、以教育支持为中介变量的流动儿童教育支持影响因素模式，并进一步探讨相关因素对流动儿童教育发展的影响。

二、研究假设

假设1：国家政策对流动儿童教育发展有显著性影响；

假设2：学校管理对流动儿童教育发展有显著性影响；

假设3：家庭资本对流动儿童教育发展有显著性影响；

假设4：国家政策、学校管理和家庭资本是影响流动儿童教育发展的重要因素；

假设5：教育支持对流动儿童教育发展具有中介作用。

三、研究方法

（一）研究对象

本研究的流动儿童主要指跟随父母从农村进入城市生活并接受义务教育的在校小学生和初中生。

正式调查时主要选取的是浙江省流动儿童聚居较多的绍兴、金华、嘉兴等地的打工子弟学校、民办学校、公办学校的小学五、六年级和初中一、二年级的600名流动儿童，共收回问卷561份，回收率93.5%，其中有效问卷541份，有效率90%。

（二）研究工具

自编的教育发展量表。在研究中，先对国内外有关教育发展的相关文献进行了调研，由于国内外对教育发展的研究较少，也没有具有统计学意义的量表可用，于是我们在早期对流动儿童及相关人士访谈的基础上，编制了流动儿童教育发展量表。然后发放调查表300份，收回289份，回收率96.3%，有效问卷266份，有效率达88.7%。接着在266名被试的调查数据的基础上，采用项目反应理论，对所有题项的质量进行分析，得到一个包括两个维度（学习状况、问题行为）共14个题项的量表。最后对量表进行进一步的探索性因素分析和验证性因素分析，调整了个别题项所在的维度，最终得到一个两个维度共14个题项的流动儿童教育发展正式量表。

（三）研究程序

本研究按以下程序进行操作：首先进行文献调研，确定流动儿童教育发展量表的理论构想，并就流动儿童教育发展状况进行调查访谈，在二者的基础上编制了一个28个题项的流动儿童教育发展量表；然后进行预调查研究，在一个266人的预调查对象的基础上，进行项目反应分析后得到一个两个维度14个题项的流动儿童教育发展量表。

其次，采用SPSS11.5和Lisrel8.53统计学软件对上述量表进行了探索性因素分析和验证性因素分析，最后形成一个修正后的量表，内部一致性系数0.7312，分半信度0.6121，整体上较好。

再次，对流动儿童的教育发展现状进行了描述性统计分析以及方差分析，探讨了流动儿童教育支持的现状与特点。

最后，在现在的研究结论基础上，针对我国流动儿童教育发展存在的问题提出一些政策建议，以供相关决策部门参考。

第二节　流动儿童教育发展的内容与结构分析

本研究对流动儿童教育发展量表内容与结构的分析，建立在与部分流动儿童及家长、教师和管理者访谈的基础上，编制了一个预调查问卷。首先进行了项目反应分析，对题项的质量进行分析，剔除量表中反应不良的题项后，得到一个新的流动儿童教育发展量表，再在这个新量表的基础上进行探索性因素分析和验证性因素分析，最后形成了一个正式的流动儿童教育发展量表。

一、流动儿童教育发展量表的建立

在构建流动儿童教育发展量表前，我们对国内外有关教育发展的理论文献进行了调研，发现流动儿童教育发展的概念内涵是很大的，有的把社会行为、课堂行为、家庭表现、心理状态等划入教育发展之中；有的文献把教育发展仅分为学习情况、问题行为、道德素质、身体素质等。这些对教育发展概念的界定或是失之于宽泛，或是失之于狭窄。最后，我们在综合考察国内外相关的文献后，认为流动儿童的教育发展既不能宽泛得离教育这个目标太远，也不能仅把学业状态和学校行为等看成是教育发展，因为流动儿童的教育问题与其生活和学习环境是紧密相关的，这些因素直接影响到流动儿童的教育发展。

在对流动儿童教育发展进行文献调研的同时，我们对浙江省部分市县的流动儿童及其家长、教师等进行了访谈，在对录音进行整理的基础上，形成了一个流动儿童教育发展情况的访谈记录。通过访谈发现，流动儿童教育发展的核心是学习上的帮助和行为上的引导，因此，在结合文献调研和访谈的基础上，我们编制了一个集学习状态与问题行为于一体的流动儿童教育发展初测量表。

二、初测问卷的项目反应分析

在对流动儿童教育发展进行正式测试前，我们对预调查的结果进行项目质量分析，结果如下：

表4-1　流动儿童教育发展量表题项质量的初次分析

分量表	题号	题目	决断值（CR）	R1	R^2	P	备注
学业状态							
	b1	上学期期终考试考得比较好	9.857	0.554	0.371	0.000	
	b2*	我对自己的学习成绩不太满意	3.363	0.245	0.012	0.884	淘汰
	b3*	最近成绩下降得比较快	6.600	0.418	0.209	0.001	
	b4	我的名字出现在学校的光荣榜上	2.034	0.128	0.104	0.09	淘汰
	b5*	我将来想要上大学	1.291	0.134	0.357	0.000	淘汰
	b6	我只想早点读完书去打工	0.937	0.063	0.238	0.000	淘汰
	b7	这学期我打算让成绩更进步一些	5.146	0.322	0.158	0.010	淘汰
	b8*	只要不考得太差就可以了	6.309	0.431	0.195	0.001	

（续表）

分量表	题号	题目	决断值（CR）	R1	R^2	P	备注
	b9	我总是按时完成作业	8.012	0.533	0.361	0.000	
	b10*	我从来没制定过学习计划	7.016	0.403	0.159	0.010	
	b11	我上课从来不迟到不早退	6.269	0.408	0175	0.004	
	b12*	在家里我需要人督促才能认真学习	5.690	0.373	0.107	0.083	淘汰
	b13	每次考试我都是认真对待	7.567	0.465	0.267	0.000	
	b14*	学习好坏对我而言无所谓	3.788	0.291	0.088	0.154	淘汰
问题行为							
	b15*	有很多人的时候我很少说话	2.228	0.176	0.017	0.777	淘汰
	b16	我喜欢参加班里的文艺活动	5.472	0.347	0.139	0.023	淘汰
	b17*	我常怀疑同学背后说我的坏话	8.738	0.540	0.387	0.000	
	b18	我在班上朋友较多	6.395	0.368	0.188	0.002	淘汰
	b19	老师都很看重我	5.455	0.330	0.160	0.009	淘汰
	b20*	和老师说话时，我会很紧张	2.929	0.230	0.023	0.713	淘汰
	b21*	我经常教训那些我看不顺眼的同学	6.349	0.404	0.241	0.000	
	b22	做了错事坏事我会感觉到内疚	6.121	0.397	0.211	0.001	
	b23*	我喜欢看到弱小的同学害怕我	5.189	0.384	0.251	0.000	淘汰
	b24*	犯了错误我一般不承认，承认错误是愚蠢的行为	6.845	0.410	0.285	0.000	
	b25*	违反纪律老师问我时我一般不说实话	8.587	0.501	0.357	0.000	
	b26	把同学物品搞坏我认为自己该负责任	7.526	0.464	0.301	0.000	
	b27*	我经常不把真实成绩告诉父母	8.943	0.569	0.425	0.000	
	b28	每次考试后我都主动把试卷给父母签字	5.663	0.377	0.185	0.002	淘汰

从题项的质量测试来看，在学业状态维度中，b2“我对自己的学习成绩不太满意”的卡方值R^2=0.012，与总题项的相关比较低，而且不具统计学的显著性（P=0.884）；其他6项b4，b5，b6，b7，b12，b14题项与总题项的相关性都不足或得分较低，或是总体评价不高，因此，删除该7个题项。

在问题行为维度中，b15“有很多人的时候我很少说话”的卡方

值 R^2=0.017，与总题项的相关比较低，而且不具统计学的显著性(P=0.777)；其他6项b16，b18，b19，b20，b23，b28题项与题总项的相关性都不足或得分较低，或是总体评价不高，因此，删除这7个题项。

接着，我们在上述基础上，做了第二轮项目质量分析，结果如下：

表4-2　流动儿童教育发展量表题项质量的再次分析

分量表	题号	题目	决断值（CR）	R1	R^2	P	备注
学业状态							
	b1	上学期期终考试考得比较好	12.237	0.641	0.447	0.000	
	b3*	最近成绩下降得比较快	6.128	0.418	0.171	0.005	
	b8*	只要不考得太差就可以了	9.474	0.508	0.242	0.000	
	b9	我总是按时完成作业	11.247	0.637	0.460	0.000	
	b10*	我从来没制定过学习计划	6.570	0.439	0.155	0.011	
	b11	我上课从来不迟到不早退	10.017	0.537	0.285	0.000	
	b13	每次考试我都是认真对待	8.525	0.558	0.344	0.000	
问题行为							
	b17*	我常怀疑同学背后说我的坏话	8.443	0.555	0.330	0.000	
	b21*	我经常教训那些我看不顺眼的同学	9.515	0.548	0.335	0.000	
	b22	做了错事坏事我会感觉到内疚	9.775	0.489	0.230	0.000	
	b24*	犯了错误我一般不承认，承认错误是愚蠢的行为	7.994	0.494	0.324	0.000	
	b25*	违反纪律老师问我时我一般不说实话	10.519	0.629	0.447	0.000	
	b26	把同学物品搞坏我认为自己该负责任	10.830	0.598	0.387	0.000	
	b27*	我经常不把真实成绩告诉父母	11.754	0.669	0.483	0.000	

三、正式测试问卷的探索性因素分析

在对题项进行项目反应分析后，得到了一个14个题项的量表，我们以此作为正式调查的量表。发放问卷600份，共收回问卷561份，回收率93.5%，其中有效问卷541份，有效率90%。在此基础上我们作了探索性因素分析，步骤如下：

(一) 项目分与总分相关

用皮尔逊积差相关计算各项目与总分的相关，结果发现，各题项与总分和分量表的相关均达到显著，见表4-3。

表4-3　　教育发展量表初测项目分析结果

项目	相关系数
B11	.470***
B12	.314***
B13	.429***
B14	.566***
B15	.361***
B16	.488***
B17	.604***
B21	.330***
B22	.495***
B23	.528***
B24	.443***
B25	.545***
B26	.495***
B27	.484***

量表的内部一致性系数是0.7312，用Spearman-Brown校正后的分半信度是0.6121。如下表4-4。

表4-4　　教育发展量表的信度

	内部一致性系数	分半信度
教育发展量表	0.7312	0.6121

根据问卷的理论构想，每个分维度应该仅测量教育发展的一个方面，我们使用教育发展量表对正式测试对象（正式施测被试人口学特征见表3-1）施测后，对其进行探索性因素分析，运用主成分分析法，

做方差最大正交旋转。根据因素分析基本理论，参照以下标准对题项进行确定：第一，因素特征根要大于1；第二，符合碎石检验；第三，每个因素至少能解释30%的变异；第四，每一因素至少包括有三个项目；第五，因素载荷大于0.3。

（二）样本的适合性检验

利用SPSS11.5统计软件对正式施测样本541人的有效数据进行探索性因素分析，采用主成分分析法，抽取因素时限定特征根大于1，进行方差最大正交旋转，样本适合性的结果如表4–5：

表4–5　KMO值及Bartlett′检验结果

KMO抽样适当参数		.789
Bartlett球形检验	卡方值	999.902
	自由度	91
	显著性水平	.000

根据统计测量学的通常标准，如果KMO值小于0.5时，一般不适合做因素分析，此处的KMO值为0.789，说明本研究的取样是非常适当的；从Bartlett球形检验的结果来看，χ^2的值为999.902（自由度为91），达到了0.000水平上的显著，代表母群体的相关矩阵有共同的因素存在，表明适合对数据进行因素分析。

（三）共同因子的分析

对整体解释的变异数进行检查，发现提取出特征根均大于1的共同因子的解释方差总变异48.957%。于是采用Cattell所倡导的特征值图形的陡坡检验法，将提取的共同因子确定为2–3个（见下表）。将共同因子的数目分别限定为4个重新进行探索性因素分析，结果如下：

表4-6　　各题项解释总变异量

成分	初始值特征			平方和负荷量萃取			转轴平方和负荷量		
	总和	变异数%	累加%	总和	变异数%	累加%	总和	变异数%	累加%
1	3.216	22.973	22.973	3.216	22.973	22.973	2.306	16.473	16.473
2	1.426	10.183	33.157	1.426	10.183	33.157	2.010	14.357	30.829
3	1.179	8.419	41.576	1.179	8.419	41.576	1.272	9.088	39.917
4	1.033	7.381	48.957	1.033	7.381	48.957	1.266	9.040	48.957
5	.959	6.852	55.809						
6	.885	6.325	62.133						
7	.845	6.035	68.168						
8	.814	5.816	73.984						
9	.747	5.338	79.323						
10	.663	4.733	84.056						
11	.623	4.452	88.507						
12	.590	4.215	92.722						
13	.529	3.781	96.503						
14	.490	3.497	100.000						

萃取方法：主成分分析法

（四）分析结果及其命名

通过对以上的数据整理分析，经过反复比较发现，萃取4个因素时对总变异的解释率最高，达到48.957%（见表4-6），各题项在这四个因素上的负荷经转轴后形成的主成分矩阵，如表4-7。

表4-7　　转轴后因子负荷矩阵

题项	成分1	成分2	成分3	成分4
B23	.679	.123	.181	−.187
B17	.654	.186		.295
B16	.643		−.106	
B14	.623		.171	.385
B26	.559	.253		−.171
B25	.137	.704	.164	

（续表）

题项	成分1	成分2	成分3	成分4
B21		.621	−.261	
B24		.596	.162	
B22	.211	.561	.168	
B27	.109	.549		.287
B15			.727	.165
B13	.164	.120	.703	
B12		.129		.768
B11	.428		.122	.502

因素分析后发现，B14，B16，B17被划分到同一组，B21，B22，B24，B25，B27划分到同一组，与我们的理论构想是相同的。

其余六项B11，B12 ，B13，B15，B23，B26，我们根据因素负荷的情况进行探索，把B11，B12 ，B13，B15仍然归入维度一学业状况，B23、B26归入维度二问题行为，得到组合：（学业情况）B11，B12，B13，B14，B15，B16，B17；（问题行为）B21，B22，B23，B24，B25，B26，B27。

四、正式问卷的验证性因素分析

以上我们对教育发展量表进行了探索性因素分析，但是探索性因素分析有其不足之处。探索性因素分析是假设所有的公共因素都相关（或都无关）；所有的公共因素都直接影响所有的观测变量；特殊因素之间相互独立；所有的观测变量只受一个特殊因素的影响；公共因素和特殊因素相互独立。而验证性因素分析则可以克服探索性因素分析约束太强的缺陷，它假设所有的公共因素可以相关（也可以无关）；观测变量只受一个或几个公共因素的影响而不必受所有公共因素的影响；

特殊因素之间可以有相关，还可以出现不存在误差因素的观测变量；公共因素和特殊因素相互独立。

我们对教育发展量表进行验证性因素分析主要是建立假设模型，并对模型进行评价。一般来说，拟合程度最高的模型是最优的模型，根据SEM理论，对模型进行评价主要有以下指标：

（一）模型评价指标

RMSEA，近似均方根误差指标是近年来相当受重视的一个模型适配指标，研究表明其在评价适配度时表现得比许多其他指标还要好。RMSEA的值在0–1之间，RMSEA越接近0，表示整体拟合度越好。一般认为，当RMSEA ≤ 0.05时，表示理论模式可以被接受，通常被视为良好拟合；当0.05<RMSEA ≤ 0.08时，可以视为算是不错的拟合；当0.08<RMSEA ≤ 0.10时，则是中度拟合；RMSEA>0.10时，表示不良拟合。

GFI适配度指标是一种非统计的测量，其范围介于0–1之间，越接近1，表明模型整体拟合度较好，通常学者建议当GFI>0.90时，表示良好的拟合程度。

AGFI是调整后适配指标，目的在于利用自由度和项目个数之比率来调整GFI，其范围介于0–1之间，越接近1，表明模型整体拟合度较好，通常学者建议当AGFI>0.90时，表示良好的拟合程度。

NFI规范拟合指标，是测量独立模型和设定模型之间卡方值的缩小比例。一般认为，NFI>0.90时，表明模型拟合较好。

NNFI拟合指标，可以避免模型复杂度的影响，一般认为，NFI>0.90时，表明模型拟合较好。

CFI比较拟合指标，目的是克服NFI在嵌套模型上所产生的缺失。

CFI的值介于0–1之间，越接近1，表明模型整体拟合度越好。一般认为，CFI>0.90时，表明模型拟合较好。

IFI拟合指标，应用最小二乘估计模型时，IFI指标要比CFI指标好。IFI的值介于0–1之间，越接近1，表明模型整体拟合度越好。一般认为，IFI>0.90时，表明模型拟合较好。

一般来说，结构方程模型理论认为，评价一个模型的拟合程度是一个比较复杂的问题，并不是一个指标就可以判断出来的。在进行模型评价时，不同拟合指标评价的侧重点是不一样的。因此，对于某个模型的好坏，不能以一个而应该以多个指标进行综合评价。统计专家一般建议最好能够同时考虑上述各类指标，其好处是同时使用以上各类指标评价模型时，对模型的可接受性比较容易得到共识的结果。因此，参照公认的标准，在本研究中同时采用以上七种指标对模型进行比较、评价。

（二）模型的结果评价

从表4–8中可以看出，把教育发展看成是二因素结构模型，模型基本达到良好拟合水平。

另外，评价测量模型好坏的指标，还包括每个外显变量在潜变量上的负荷，以及误差变量的负荷。一般来说，外显变量在潜在变量上的负荷较高，而在误差上的负荷较低，表示模型质量好，外显变量和潜在变量的关系可靠。从教育发展二因素模型的标准化结果（图4–1）中可以看出，各项目与各因素的负荷在0.21–0.65之间，每个项目对相应潜变量的解释率较大，误差较小。教育发展结构方程模型的拟合指数结果如下表4–8。

表4-8　教育发展结构方程模型的拟合指数

测量模型	dF	RMSEA	GFI	AGFI	NFI	NNFI	CFI	IFI
	76	0.063	0.94	0.92	0.86	0.89	0.91	0.91

结构方程模型路径图如下图4-1。

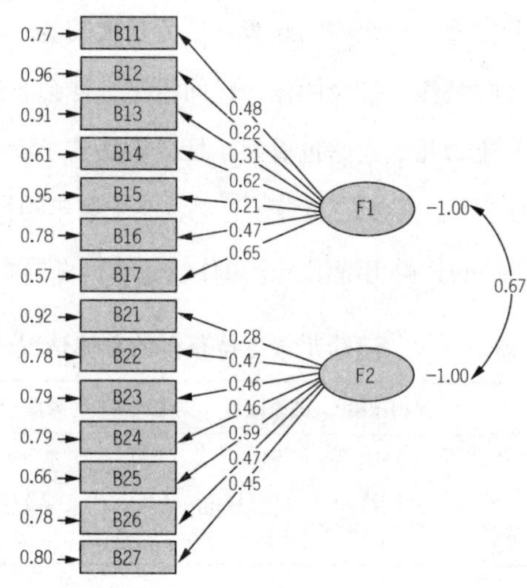

图4-1　教育发展二因素结构模型完全标准化解

由图4-1可见，各项拟合指标达到理想标准，模型对数据的拟合较好，教育发展量表的二维结构模型获得了支持。

第三节　流动儿童教育发展的现状特点分析

一、流动儿童支持获得的现状

流动儿童支持获得的总体得分（见表4-9）平均数为3.0025，标准差为0.5062，说明关于流动儿童的社会支持比较多，这可能是因为近年来，政府、社会、学校对流动儿童教育的重视达到了一个新的高度。自1995年流动儿童的教育问题被多家媒体报道以来，流动儿童的教育问题成为一个负责任的政府不能回避的问题，国家出台了一系列的政策来解决流动儿童的教育问题，地方政府及教育管理部门也出台了相应的地方法规来实施中央政府的政策。更为重要的是，流动儿童教育问题引起全社会的关注，社会团体、民间组织、社会志愿者等都伸出援助之手，加上流动儿童家庭也看到了社会解决其子女教育问题的可能性，更加积极地关注子女的教育。总之，在十余年的社会关注之下，流动儿童教育支持的获得出现了一个总体较高的可喜局面。

表4-9　流动儿童支持获得的总体情况

	支持获得	国家政策	学校管理	家庭资本
总数	541	541	541	541
平均数	3.0025	2.9073	3.4185	2.4997
标准差	0.5062	0.8021	0.7574	0.9401

就流动儿童支持获得的总体分析来看，流动儿童的支持获得分布处于一个比较适度的范围内，流动儿童获得的社会支持相对来说比较均衡（SD=0.5062）。这可能是因为重视流动儿童的教育已经成为一种社会共识，各级政府、教育管理部门等都对流动儿童教育问题加以重视，一些地方政府、教育机构也因为流动儿童专项经费的实施、财政转移支付的执行，从而有更强的政策执行动力。

通过对所有被试在支持获得问卷上各维度的得分进行排序发现，学校管理得分要高于国家政策（M=3.4185 VS M=2.9073），说明关于流动儿童的学校管理的支持要比国家的支持多，但分布不均（SD=0.7574 VS SD=0.8021）。原因在于我们的调查对象是学生，对于国家政策，流动儿童相对来说感知不太明显，或者说比较间接；而对于学校管理的支持，流动儿童是最能直接感知的，因此，学校管理上的支持得分是高于国家政策支持得分的。家庭资本平均分是2.4997，得分不高，连中间分（M=2.5000）都没有达到，说明整体情况比较严重，即流动儿童的家庭支持状况不容乐观；标准差为0.9401，说明家庭支持状况分布不均，原因在于不同家庭的经济资本、社会资本和文化资本各不一样导致了其家庭的支持状况相差较大。为深入了解流动儿童支持获得的特点，有必要对有关流动儿童的支持获得作进一步分析。

二、流动儿童支持获得的特点分析

（一）不同性别的流动儿童支持获得的差异

通过独立样本t检验对不同性别的流动儿童支持获得的情况进行分析，结果发现，不同性别的流动儿童在支持获得总体及其各维度上均没有显著差异，如表4-10。这可能是因为本研究的对象处于义务教育阶段，国家和地方对义务教育阶段的学生不分性别，都是相同的。

表4-10　　性别差异的显著性检验

变量	性别	人数	平均数	标准差	t值（P）
国家政策	男	280	2.8875	.7987	−.593
	女	261	2.9285	.8067	
学校管理	男	280	3.3807	.7687	−1.202
	女	261	3.4590	.7444	
家庭资本	男	280	2.5107	.9308	.282
	女	261	2.4879	.9515	
支持获得（总）	男	280	2.9829	.5101	−.933
	女	261	3.0235	.5021	

*P < 0.05　**P < 0.01　***P < 0.001

（二）不同年龄的流动儿童支持获得的差异

选12岁以下、12岁、13岁、14岁、15岁五个年龄段，以年龄为独立变量进行单因素方差分析。结果发现，不同年龄流动儿童的支持获得不存在显著差异，说明国家各种政策、学校管理和家庭资本等并没有因为流动儿童年龄有所变化，如表4-11。

表4-11　不同年龄学生教育政策的方差分析

变量	国家政策	学校管理	家庭环境	支持获得
F值（P）	1.778	1.551	.778	.465

我们运用SNK法进行事后检验发现，15岁与12岁的流动儿童在国家政策上存在显著差异；15岁与14岁、13岁、12岁的流动儿童在学校管理方面存在显著差异。这可能是因为15岁的流动儿童很多已经上初三，如果要升学就需要回到户籍所在地，于是很多该年龄的流动儿童需要的支持更为强烈，所以，才会出现这种与其他年龄段的流动儿童感知的显著性差别，至于更深层次的原因还需要进一步研究。

（三）不同性质学校的流动儿童支持获得的特点

把民办学校、打工子弟学校及其他合并为非公办学校，与公办学校进行独立样本t检验分析。结果发现（见表4-12），公办学校流动儿童的国家政策得分（M=3.1570 VS M=2.6145 ，P=0.000）、学校管理得分（M=3.5158 VS M=3.3044，P=0.001）和支持获得总体得分（M=3.1636 VS M=2.8135，P=0.000）极其显著高于非公办学校。这其中的原因与我们在调查访谈中了解到的一样，即在非公办学校，国家总体上经费投入不足，有的甚至很少；接受访谈的地方教育管理部门负责人表示，那些达不到国家最低办学要求的流动儿童学校或打工子弟学校是应当取缔的，所以政府根本不可能进行经费上的投入。

表4-12　　学校性质差异的显著性检验

变量	学校性质	N	平均数	标准差	t值（P）
国家政策	公办	292	3.1570	.7942	8.398（***）
	非公办	249	2.6145	.7080	
学校管理	公办	292	3.5158	.7247	3.263(**)
	非公办	249	3.3044	.7802	
家庭资本	公办	292	2.5902	.9374	2.436（*）
	非公办	249	2.3936	.9339	
支持获得（总）	公办	292	3.1636	.4848	8.533(***)
	非公办	249	2.8135	.4646	

*P < 0.05　**P < 0.01　***P < 0.001

另外，公办与非公办学校的流动儿童在学校管理方面所感知到的支持也有极其显著的差异，这也与非公办学校办学条件差、师资水平低与学校管理能力不足有直接的关系。我们在访谈中发现，的确存在一些以谋利为目的的打工子弟学校，其对流动儿童的教育关注都是表面应付式的，因此存在这种显著差异是自然的。另外，公办学校流动儿童家庭资本得分（M=2.5902 VS M=2.3936，P=0.015）显著高于非公办学校。我们在访谈调查中发现，一般来说，那些家庭社会关系较广一点的流动儿童父母总是能把孩子送到公立学校中，哪怕是差一点的公立学校也比现在的打工子弟学校要好。同理，那些文化（文化资本）相对来说高一点的父母更愿意把流动儿童送到公立学校，因为目前的私立打工子弟学校基本上都是硬件和软件最差的学校，特别是相对于公立学校而言。

其实一个家庭的经济资本、文化资本和社会资本是相互联系的，父母文化程度越高，对教育的重视程度就更高，在社会上认识的人也更多，相对于其他农民工也更能挣钱，因此经济资本更大、支持能力更强。

（四）流动儿童教育发展的现状

流动儿童教育发展及其各个维度的得分平均数、标准差如表4-13。

表4-13　　流动儿童教育发展的总体情况

	教育发展	学业状况	问题行为
总数	541	541	541
平均数	3.8979	3.6113	4.1846
标准差	0.5329	0.6347	0.6208

从表4-13来看，流动儿童总体上教育发展状况较好，且分布均匀（M=3.8979，SD=0.5329）；学业状况平均分比较高，说明流动儿童的学业状况良好；问题行为得分最高（M=4.1846，SD=0.6208），因为B21，B22，B24，B25，B27是反向计分题，所以得分比较高说明问题行为不严重。为深入了解流动儿童教育发展的特点，需对流动儿童的教育发展状况作进一步分析。

三、流动儿童教育发展特点分析

（一）不同性别的流动儿童教育发展的差异

通过独立样本t检验对不同性别的流动儿童教育发展状况进行分析，结果发现（如表4-14），女生的学业状况（M=3.7280 VS M=3.5026，P=0.000）、问题行为（M=4.2759 VS M=4.0995，P=0.001）和教育发展得分（M=4.0019 VS M= 3.8010，P=0.000）极其显著高于男生。这一结果与前面的支持获得的情况有相似性，这点还需要进一步的研究。

表4-14　　性别差异的显著性检验

变量	性别	人数	平均数	标准差	t值（P）
学业状况	男	280	3.5026	.6451	-4.190(***)
	女	261	3.7280	.6031	
问题行为	男	280	4.0995	.6556	-3.333(**)
	女	261	4.2759	.5683	
教育发展	男	280	3.8010	.5557	-4.457(***)
	女	261	4.0019	.4872	

*P < 0.05　**P < 0.01　***P < 0.001 下同

（二）不同年龄的流动儿童教育发展的差异

选12岁以下、12岁、13岁、14岁、15岁五个年龄段，以年龄为独立变量进行单因素方差分析，结果发现（如表4-15），不同年龄段的流动儿童的学业状况存在极其显著的差异（F=4.187，P=0.002），教育发展也存在显著差异（F=2.850，P=0.023）。这可能是因为不同年龄段的流动儿童学习的主动性是有差异的。年龄大一点的流动儿童可能更“懂事”一点，主动学习的动机可能更强一点，自我控制的能力也更强一点，所以不同年龄的流动儿童才会有显著性差异。当然这只是一种可能，还需要进一步的研究。教育发展也是如此，在现在以成绩衡量学生发展的情况下，学业状况的好坏是决定性的一个因素，因此，学业有显著性的差异，教育发展的状态也就很可能存在显著性差异，当然这个结论是否成立尚需进一步的研究。

表4-15　不同年龄学生教育发展的方差分析

变量	学业状况	问题行为	教育发展
F值（P）	4.187（**）	1.427	2.850（*）

我们运用LSD法进行事后检验发现，15岁与12、13岁流动儿童的教育发展存在显著差异（P=0.004 VS P=0.035），11岁与12岁的流动儿童教育发展存在显著差异（P=0.014）（除11岁以外，年龄越小得分越高，只能说明流动儿童的教育发展是有年龄差异的，有待于进一步研究）；学业状况方面，11岁、15岁与12岁、13岁的流动儿童存在显著差异（P=0.004，P=0.012 VS P=0.002，P=0.006），14岁与12岁的流动儿童存在显著差异（P=0.018）（除11岁以外，年龄越小得分越高，只能说明流动儿童学业状况是有年龄差异的，有待于进一步研究）。

（三）不同性质学校的流动儿童教育发展的差异

把民办学校、打工子弟学校及其他合并为非公办学校，与公办学校进行比较，进行独立样本t检验。结果发现（见表4-16），公办学校与非公办学校的流动儿童教育发展不存在显著差异（t=1.950，P=0.052）。对于这样一个结论，我们感觉到比较困惑，这可能只是说明公办学校与非公办学校流动儿童的教育发展一样不尽如人意。非公办学校条件差、师资弱导致流动儿童的学业状况不够理想，甚至出现较多的问题行为，但公办学校各方面条件均较好，在此就读的流动儿童与非流动儿童不存在显著差异，但至少应与这些条件不好的非公办学校有显著差异。如果进一步分析，也有一种可能，那就是随着近年来国家对流动儿童教育的重视，流动儿童学校的条件也得到较好的改善，因此虽然与公办学校存在差异，但差异可能不够显著。对此，我们还需要进一步的研究。

表4-16　　学校性质差异的显著性检验

变量	学校性质	N	平均数	标准差	t值（P）
学业状况	公办	292	3.6487	.6210	1.487
	非公办	249	3.5674	.6489	
问题行为	公办	292	4.2295	.5920	1.825
	非公办	249	4.1320	.6502	
教育发展	公办	292	3.9391	.5210	1.950
	非公办	249	3.8497	.5435	

四、流动儿童支持获得与教育发展的关系

（一）流动儿童支持获得与教育发展的相关分析

对流动儿童支持获得量表各维度进行相关分析，结果发现，国家政策与学校管理(R=0.256，P=0.000)、学校管理与家庭资本的相关极其显著（R=−0.123，P=0.004)。我们认为，学校作为国家政策执行的最基层部门，所有的管理行为措施都与政策息息相关。国家政策是地方政府和教育管理部门出台实施细则的基础，对这些实施细则的执行则是学校针对流动儿童管理的日常工作，因此，这种相关当然是相当显著的。如果没有显著性，那只能说明我国的流动儿童教育政策实施是非常糟糕的。同时，学校管理与家庭资本也是直接相关的，这一点我们在前面也分析过，那就是流动儿童的家庭资本决定了流动儿童能上什么样的学校，以及对于学校相关措施的配合也就是非常直接相关的。经济条件好、父母文化程度高、社会关系广的流动儿童家庭更关注国家和学校对流动儿童教育的管理措施，这种显著的相关性是合乎现实的。

表4-17　流动儿童支持获得与教育发展的相关分析

	支持获得	国家政策	学校管理	家庭资本	教育发展	学业状况	问题行为
支持获得	1						
国家政策	.787***	1					
学校管理	.638***	.256***	1				
家庭资本	.250***	-.076	-.123**	1			
教育发展	.228***	.071	.384***	.002	1		
学业状况	.204***	.056	.337***	.023	.857***	1	
问题行为	.180***	.067	.306***	-.017	.832***	.449***	1

对教育发展量表各维度进行相关分析，结果发现，教育发展的两个维度显著相关（R=0.449 ，P=0.000）。教育发展中，我们选取了最能表现流动儿童教育状态的两个方面，一个是学习，属于智育；一个是问题行为，属于德育。学习状况与问题行为显著相关是明显的，学习好的同学一般听老师的话，而代表学校进行教育的老师对学校的道德教育一般是肯定正面的、积极的思想和行为，作为听老师话的好学生，自然较少出现违规的问题行为。问题行为多的学生，一般也是成绩不太理想的学生，在学校得不到老师的重视，就在其他行为方面表现自己自信与自强的一面，因而这种相关也就明显了。因为在本研究中，问题行为是反向计分，所以数据的正相关实际上是一种负相关。

对流动儿童支持获得及各维度与教育发展及各维度进行相关分析，结果发现（如表4-17），支持获得与教育发展及学业状况、问题行为相关极其显著（R=0.228 ，P=0.000；R=0.204 ，P=0.000；R=0.180 ，P=0.000）；学校管理与教育发展及学业状况、问题行为相关极其显著（R=0.384，P=0.000；R=0.337，P=0.000；R=0.306，P=0.000）。流动儿童教育本身是一个政策性很强的问题，它的产生是因为当前的教育管理体制，只有改革教育体制，才能从根本上解决。它不是一个学校或流动儿童本身就能解决的问题，而是一个政策性问题。因此，流动儿童的学业状况、问题行为及教育发展总体与流动儿童支持获得密切相关。在所有的支持获得中，学校管理与流动儿童教育发展及各维度都有非常显著的相关性。原因可能是流动儿童的教育主要表现在学校管理上，因此，这种非常显著的相关性是必然的。

（二）流动儿童支持获得与教育发展的回归分析

为了进一步深入分析流动儿童教育发展的因果关系，我们进行了流动儿童教育发展的回归分析。从前面的相关分析中我们也看到，支持获得的其他两个维度（国家政策和家庭资本）与流动儿童教育发展的相关性不显著。我们在前面也作了分析，认为这与在国家政策上流动儿童直接感知不强以及流动儿童年龄较小不太理解家庭父母的能力有关，随后的回归分析也发现，这两个因素都没有进入回归方程中，只有学校管理对流动儿童教育发展有直接的因果关系（R^2 =0.116；t=8.399***）。

表4-18　教育政策相对教育发展的（stepwise）回归分析

因变量	自变量	R	R^2	调整R^2	F	Beta	t
教育发展	学校管理	.340a	.116	.114	70.539	.340	8.399(***)
学业状况	学校管理	.297a	.088	.087	52.324	.297	7.233(***)
问题行为	学校管理	.280a	.078	.077	45.809	.280	6.768(***)

*P ＜ 0.05　**P ＜ 0.01　***P ＜ 0.001

说明：a　预测变量:学校管理

从表4-18多元逐步回归分析的结果可知，只有学校管理进入了以教育发展及其各维度为因变量的回归方程，才会对流动儿童教育发展有比较大的影响。

五、流动儿童教育支持与教育发展的关系分析

（一）流动儿童教育支持与教育发展的相关分析

对流动儿童教育支持量表各维度进行相关分析，结果发现（见表4-19），教育支持各维度相关显著。对教育发展量表各维度进行相关分析发现，教育发展各维度相关显著（R=0.449，P=0.000）。教育支持量表各维度彼此相关非常显著，是因为各种教育支持是相互联系成一体的，如果获得更多的经济支持，那就可能有更好的学习条件，学习条件好的地方学习支持就较多。同理，在一个条件较好的学校或家庭中，流动儿童有更好的条件进行情感交流与交往，获得更多的情感支持与交往支持。教育发展量表各维度相关性显著我们在前面已经分析，在此不再重复。

表4-19　　流动儿童教育支持与教育发展的相关

	教育支持	学习支持	经济支持	情感支持	交往支持	教育发展	学业状况	问题行为
教育支持	1							
学习支持	.777***	1						
经济支持	.661***	.342***	1					
情感支持	.680***	.469***	.223***	1				
交往支持	.706***	.394***	.382***	.313***	1			
教育发展	.052	.108*	−.146**	238***	−.023	1		
学业状况	.134**	.169***	−.066	.237***	.049	.857***	1	
问题行为	−.041	.026	−.192***	.176***	−.088*	.832***	.449***	1

*P ＜ 0.05　**P ＜ 0.01　***P ＜ 0.001

对流动儿童教育支持及其各维度与教育发展及其各维度进行相关分析，结果发现，教育支持、学习支持与学业状况相关极其显著

(R=0.134，P=0.002；R=0.169，P=0.000)。教育支持是流动儿童所能感知到的直接支持，结果表明，当一个流动儿童获得更多的支持后，更能激发出学习的激情，因而表现出更好的学业状况，是可以理解的。同理，学习支持作为教育支持中对流动儿童学习最为重要的支持，两者之间表现出较为强烈的相关，也在情理之中。学习支持与教育发展整体相关显著（R=0.108，P=0.012）也是同一道理的。

经济支持与教育发展、问题行为呈负相关，且极其显著(R=−0.146，P=0.001；R=−0.192，P=0.000)。这一结果表明，对于流动儿童的教育支持，最重要的是经济支持。家庭经济拮据，孩子上不了教育条件好一点的公立学校，一般来说在学业方面会更差一点，这也在以往的研究中得到证明。更为重要的是，流动儿童由于家庭贫困，缺乏一些日常的零花钱，而外面吸引孩子们的诱惑太多，导致了流动儿童的一些问题行为出现，这在我们的访谈中也得到证实。

情感支持与教育发展及学业状况、问题行为相关极其显著(R=0.238，P=0.000；R=0.237，P=0.000；R=0.176，P=0.000)。这一结果表明，对于流动儿童的教育发展来说，只有真正具有爱心的教师才会对流动儿童这一特殊群体的教育发展起到积极的作用。在我们的访谈中，不少的流动儿童都谈到在学校受到过不同程度的歧视或冷漠对待，导致其学习积极性不高，这是一个重要的问题，也是我们的流动儿童教育管理中需要特别考虑的一个问题。

交往支持与问题行为呈负相关且显著（R=−0.088，P=0.040）。对于此问题，学者观点并不一致。我们在访谈中发现，流动儿童缺乏积极交往，在性格上孤僻，这样的孩子问题行为特别明显，但这一研究结果我们仍存在怀疑，还需要进一步的研究。

（二）流动儿童教育支持与教育发展的回归分析

从表4-20多元逐步回归分析的结果可知，学业状况可以由教育支持的三个因子来预测：情感支持、经济支持进入了教育发展及其各维度为因变量的所有回归方程，对流动儿童教育发展的影响比较大，其中情感支持对教育发展及学业状况、问题行为的预测作用最大；经济支持对教育发展及学业状况、问题行为有负向预测作用；学习支持对学业状况有显著正向预测作用，交往支持对问题行为的负向预测作用达到显著。

表4-20　　教育支持对教育发展的（stepwise）回归分析

因变量	自变量	R	R^2	调整R^2	F	Beta	t
教育发展	情感支持	.233 [a]	.054	.053	31.020	.285	6.747(***)
	经济支持	.311 [b]	.097	.094	28.876	−.213	−5.033(***)
学业状况	情感支持	.243[a]	.059	.057	33.846	.209	4.431(***)
	经济支持	.265[b]	.070	.067	20.306	−.145	−3.284(**)
	学习支持	.292[c1]	.085	.080	16.718	.146	2.990(**)
问题行为	经济支持	.202[a1]	.041	.039	22.909	−.215	−4.687(***)
	情感支持	.28[9]b	.084	.080	24.584	.237	5.415(***)
	交往支持	.303c[2]	.092	.087	18.060	−.102	−2.162(*)

*P < 0.05　**P < 0.01　***P < 0.001

说明：

a　预测变量：情感支持

a1　预测变量：经济支持

b　预测变量：情感支持，经济支持

c1　预测变量：情感支持，经济支持，学习支持

c2　预测变量：情感支持，经济支持，交往支持

第四节　对流动儿童教育发展影响因素的讨论与结论

一、流动儿童教育发展量表的分析

因国内没有现成的流动儿童教育发展量表可用，查阅大量文献后，我们自编了一份流动儿童教育发展量表，通过量表质量分析和试测，最后确定了一个含两个维度（学业状况和问题行为）14个题项的正式量表。

国内对流动儿童学业状况和问题行为的实证研究是不多的。蔺秀云等[1]对流动儿童学业表现的影响因素研究，是从教育期望、教育投入和学习投入角度进行分析的，有关学业表现的测量，以学生的学期月考和期中平均学业表现的标准分为指标；学业表现用总的学习成绩表示，内涵窄，涵盖面不够。田施英[2]对流动儿童回流后的学习状况研究中，采用的是深度访谈的方法，内容包括学校基本情况、上学方式、在校人际关系、所用教材、所学课程情况和学习变化情况，外延广，针对性不强。此外，还有对流动儿童单科学习成绩的调查，如郑钢[3]对进城务工人员子女英语学习状况的调查，采用的是问卷调查的方法，调查问卷由客观题和主观题组成：客观题包括在沪就读和英语学习的基本情况、英语学习兴趣、习惯、成绩、方法、上课参与度和被关注度、课堂表现及英语学习的外部环境支持；主观题主要了解他们对英语文化的了解程度以及对家长和教师的建议。

---

［1］蔺秀云，王硕，张曼云等：《流动儿童学业表现的影响因素——从教育期望、教育投入和学习投入角度分析》，载《北京师范大学学报（社会科学版）》，2009（5）。

［2］田施英：《流动儿童回流后学习状况研究》，中央民族大学2008年硕士论文。

［3］郑钢：《农村中学进城务工人员子女英语学习状况调查》，载《上海教育科研》，2009（1）。

在邹泓[1]等对流动儿童的问题行为与人格、家庭功能的关系研究中，采用的问题行为问卷是Achenbach 编制的。池丽萍[2]等修订的简缩版儿童行为量表，包括内、外化问题行为两个维度。内化问题行为包括焦虑、抑郁、退缩等，外化问题行为包括攻击、违纪、冲动等。在谢子龙等[3]对初中流动儿童社会支持与问题行为特点及其关系分析的研究中，采用的是崔丽霞等[4]编制的中学生行为自评量表，内容是学习适应不良、攻击行为、违纪、退缩、神经质、考试焦虑。然而，这些都不是针对流动儿童问题行为的量表。

二、流动儿童教育发展的特点分析

（一）不同性别的流动儿童教育发展的差异分析

在我们的研究中，流动儿童中女生的学业状况（M=3.7280 VS M=3.5026，P=0.000）、问题行为（M=4.2759 VS M=4.0995，P=0.001）和教育发展得分（M=4.0019 VS M= 3.8010，P=0.000）极其显著高于男生。这说明流动儿童中女生的学业状况和教育发展要优于男生，男生的问题行为要比女生严重（问题行为维度为反向计分）。

这与以往的研究基本一致，有研究者[5]发现男生的攻击行为显著

---

[1] 李晓巍，邹泓，金灿灿等：《流动儿童的问题行为与人格、家庭功能的关系》，载《心理发展与教育》，2008（2）。

[2] 池丽萍，辛自强：《小学儿童问题行为、同伴关系与孤独感的特点及其关系》，载《心理科学》，2003（5）。

[3] 谢子龙，侯洋，徐展：《初中流动儿童社会支持与问题行为特点及其关系分析》，载《中国学校卫生》，2009（10）。

[4] 崔丽霞，郑日昌：《中学生问题行为的问卷编制和聚类分析》，载《中国心理卫生杂志》，2005（5）。

[5] Tomada G, Schneider B H. Relational aggression, gender, and peer acceptance: Invariance across culture, stability over time, and concordance among informants. *Developmental Psychology*, 1997, 33 (4): 601- 609. 崔丽霞，雷雳：《中学生问题行为群体特征的多视角研究》，载《心理发展与教育》，2005（3）。

多于女生。李晓巍等[1]的研究发现，流动儿童中男生的外化问题行为（攻击、违纪、冲动等）显著高于女生。谢子龙等[2]的研究发现，在问题行为上，男生有更多的违纪行为，女生有更多的考试焦虑；另外，女生的问题行为有随年级上升而加剧的趋势，男生的问题行为则显得相对稳定。

（二）不同年龄的流动儿童教育发展的差异分析

在我们的研究中，不同年龄段的流动儿童学业状况差异极其显著（F=4.187，P=0.002），教育发展存在显著差异（F=2.850，P=0.023）。进一步研究发现，除11岁以外，教育发展和学业状况的得分情况是：年龄越小得分越高。当然，这只能说明流动儿童的教育发展是有年龄差异的，有待于进一步研究。而不同年龄段的流动儿童的问题行为得分差异不显著。有关儿童问题行为年龄差异的研究较少，有研究者[3]发现三年级儿童的内部问题行为多于五年级儿童。

（三）公办与非公办学校流动儿童教育发展的差异分析

我们的研究中，公办学校与非公办学校流动儿童教育发展不存在显著差异（t=1.950，P=0.052）。

这与以往的研究不一致，如蔺秀云等[4]的研究发现，公立学校的流动儿童学业表现要显著高于打工子弟学校，他们认为，由于公立学校的流动儿童所处的学校教育水平和教学设施、师资力量要优越些，

---

[1] 李晓巍，邹泓，金灿灿等：《流动儿童的问题行为与人格、家庭功能的关系》，载《心理发展与教育》，2008（2）。

[2] 谢子龙，侯洋，徐展：《初中流动儿童社会支持与问题行为特点及其关系分析》，载《中国学校卫生》，2009（10）。

[3] Crick N R, Ladd GW. Children's perceptions of their peer experiences: Attributions, loneliness, social anxiety, and social avoidance. *Developmental Psychology*, 1993, 29:224–254.

[4] 蔺秀云，王硕，张曼云等：《流动儿童学业表现的影响因素——从教育期望、教育投入和学习投入角度分析》，载《北京师范大学学报（社会科学版）》，2009（5）。

有稳定的学习条件和环境；同时每天与本地儿童接触，流动儿童深知自己与当地的儿童不同，又受家庭经济水平所限，所以更有学习的动力和目标；而打工子弟学校的流动儿童在各个变量上得分都最低，可能受家庭经济等多方面的影响，家庭教育存在很大的问题。

对于这样一个结论，我们感到比较困惑，这可能说明公办学校与非公办学校对于流动儿童的教育一样的不尽如人意，也可能是由于随着近年来国家对流动儿童教育的重视，流动儿童学校的条件也得到较好的改善，因此虽然与公办学校存在差异，但差异可能不显著。对此，我们还需要进一步的研究。

三、流动儿童支持获得与教育发展的关系分析

本研究发现，流动儿童支持获得与教育发展及其学业状况、问题行为的相关极其显著（R=0.228，P=0.000；R=0.204，P=0.000；R=0.180 P=0.000）。

以往的研究中，学校管理、家庭环境与学业成绩、问题行为的关系研究比较多，如何雪松等[1]的研究中指出，学校的安全与纪律、歧视与排斥、师生关系均显著影响流动儿童的精神健康。还有赵丹娣[2]的儿童问题行为与家庭环境及教育观念的相关研究，张珊明[3]的中学生问题行为及其与家庭环境、学校环境关系的研究，黄平等[4]的初中

[1] 何雪松，巫俏冰，黄富强等：《学校环境、社会支持与流动儿童的精神健康》，载《当代青年研究》，2008（9）。

[2] 赵丹娣：《儿童问题行为与家庭环境及教育观念的相关研究》，载《中国健康心理学杂志》，2008（4）。

[3] 张珊明：《中学生问题行为及其与家庭环境、学校环境关系的研究》，湖南师范大学2006年硕士论文。

[4] 黄平，李志榕，杨建华：《初中生家庭环境与学习成绩的相关性调查研究》，载《中国行为医学科学》，2005（2）。

生家庭环境与学习成绩的相关性调查研究，张欣等[1]的儿童行为问题与学校环境关系的研究，杨志伟等[2]的儿童行为问题、学业成绩与家庭环境的相关模型研究，等等。但在他们的研究中，学校环境多是指学校建筑、设施等，而本研究中的学校管理主要是指一些软环境（如人文关怀）；家庭环境的外延也比本研究中家庭资本的外延大得多，针对性不强。

阎广芬、蒋国河[3]的研究中指出家庭经济、文化、社会资本与子女的学业成就有很强的相关性，城乡间家庭资本存在的较大差距是导致城乡家庭子女学业成就差异的重要因素。但这并不是针对流动儿童的研究。

邓元平等[4][5]的研究指出，相对不良的流动人口家庭环境对子女的学习适应性、心理健康有不良影响。但此处的家庭环境同以上的研究一样，指的是亲密度、情感表达、文化性、娱乐性和组织性等，不同于本研究中的家庭资本。

四、流动儿童教育支持与教育发展的关系分析

本研究发现，教育支持、学习支持与学业状况相关极其显著（R=0.777，P=0.000；R=0.134，P=0.002）。这是因为当一个流动

---

［1］张欣，席薇，苗汝娟：《儿童行为问题与学校环境关系的初探》，载《中国公共卫生》，2003（5）。

［2］杨志伟，刘少文，李雪荣：《儿童行为问题、学业成绩与家庭环境的相关模型研究》，载《中国健康心理学杂志》，2000（4）。

［3］蒋国河，阎广芬：《城乡家庭资本与子女的学业成就》，载《教育科学》，2006（4）。

［4］邓远平，汤舒俊：《流动人口家庭环境对其子女学习适应性的影响》，载《西南交通大学学报（社会科学版）》，2010（5）。

［5］邓远平，林赞歌：《流动人口家庭环境特点及其对子女心理健康的影响》，载《江西农业大学学报（社会科学版）》，2010（3）。

儿童获得更多的支持后，更能激发出学习的激情，因而表现出更好的学业状况。学习支持作为教育支持中与流动儿童学习最为贴近的支持，两者之间表现出较为强烈的相关，也在情理之中。学习支持与教育发展整体相关显著（R=0.108，P=0.012）也是同一道理。

经济支持与问题行为呈负相关，相关极其显著（R=–0.192，P=0.000），这是因为由于家庭经济拮据，孩子上不了教育条件好一点的公立学校，且缺乏一些日常的零花钱，而外面吸引孩子们的诱惑又太多，导致了流动儿童的一些问题行为出现。交往支持与问题行为呈负相关且显著（R=–0.088；P=0.040），对于此问题，学者也有研究，一些流动儿童缺乏积极交往，在性格上孤僻，问题行为特别明显。

情感支持与教育发展及学业状况、问题行为相关极其显著（R=0.238，P=0.000；R=0.237，P=0.000；R=0.176，P=0.000），这也不难理解，流动儿童得到应有的情感关怀，才能积极快乐地学习和生活。这是一个重要的问题，也是流动儿童教育管理中需要特别考虑的一个问题。

以往的研究中，对教育投入与学业成绩、社会支持与问题行为的相关分析比较多。如蔺秀云等[1]在研究中指出，父母的教育投入影响流动儿童的学业表现：父母教育投入越多，流动儿童的学业表现越好。谢子龙等[2]认为，支持利用度对学习适应不良、违纪、退缩和神经质有显著的负向预测作用，主观支持对退缩和神经质有显著的负向预测作用。

[1] 蔺秀云，王硕，张曼云等：《流动儿童学业表现的影响因素——从教育期望、教育投入和学习投入角度分析》，载《北京师范大学学报（社会科学版）》，2009（5）。

[2] 谢子龙，侯洋，徐展：《初中流动儿童社会支持与问题行为特点及其关系分析》，载《中国学校卫生》，2009（10）。

五、研究结论

本研究得出以下结论：其一，自编的流动儿童教育发展量表具有较好的信度和效度；其二，不同性别的流动儿童的教育发展存在极其显著差异，不同年龄的流动儿童的教育发展存在显著差异；其三，不同类型学校的流动儿童的支持获得存在极其显著差异；其四，流动儿童教育支持与教育发展相关显著，对流动儿童教育发展的影响比较大；其中情感支持对教育发展及学业状况、问题行为的预测作用最大；其五，对流动儿童教育发展的影响因素有国家政策、学校管理和家庭资本，但最为关键的是学校管理水平。

第五章

流动儿童教育管理模式探讨

第一节　流动儿童教育管理理念的发展

一、流动儿童教育管理理念发展历程：从控制到接纳

流动儿童的教育管理，从它的产生起，国家政府对其管理的基本理念和思路并不是一成不变的。20世纪80年代，流动儿童及其在城市打工的父母被认为是城市的“盲流”，政府的政策是大力阻止其流动，因此，这些儿童在城市无法接受教育；90年代初期，在城市的流动儿童逐渐增多，因此，很多进城务工者就尝试自己创办学校，但这样的学校因为办学条件太差而不被教育管理部门认可，处于非法办学时期，流动儿童的教育仍处于无法落实的状态；90年代后期，随着跟随父母来城市的流动儿童越来越多，农民工子弟学校大量增加，而政府也没有出台相应的政策解决流动儿童入学难问题，政府处于两难境地；进入21世纪后，党和政府对于流动儿童教育问题越来越重视，有关解决流动儿童就学难的政策相继出台，管理理念也从控制走向接纳。

社会控制理念是一种非常常见的社会管理理念，它源于法国著名的社会学家涂尔干（另一说为迪尔凯姆）提出的社会失范理论。他认为当一个社会处于无政府状态时，这是一种病态现象，因为它是与社会的整个目标反向而行的，因此，一个社会如果要存在，就要消除至少是削弱人们之间的相互争斗，如果要保证个人的经济独立地位，一系列复杂的社会规范是必要的。[1] 涂尔干的思想强调一个社会保持秩序的必要性，强调社会规则的重要性，而规则、规范就表明了一种社会控制的思想。后来，美国社会学家罗斯提出了“社会控制”一词，并成为欧美社会理论研究中常用的一个基本概念。罗斯认为，一个社会的进步与发展取决于整个社会如何在社会稳定和个人自由之间取得平衡。他认为社会秩序就像纸牌搭的房屋一样容易倒塌，必须控制他们。而社会控制就是以稳定的、不受人的情感影响的关系逐渐取代无常的私人关系，其手段包括舆论、法律、行政、习俗、道德、艺术、宗教等，其中政治控制是实行社会控制的最重要手段。[2] 从中可以看出，社会控制的目的就是限制或制止人们在生活中发生的不利于社会稳定或团结的行为。有研究者对此进行了总结，认为我国流动儿童的管理主要分为三个阶段：[3]

第一阶段，前控制阶段。主要是指从20世纪90年代初到1996年，此时国家并没有一套完整的流动儿童教育政策法律法规，对于流动儿童的教育，各地政府和各公立学校、私立学校都根据本地本校实际情况处理。流动儿童或者进入公立学校，在这些学校多被视为“地方负担”、

［1］〔法〕埃米尔·涂尔干著，渠东译：《社会分工论》，14页，北京：三联书店，2000。
［2］〔美〕E. A. 罗斯，秦志勇译：《社会控制》，3–47页，北京：华夏出版社，1989。
［3］周序：《流动儿童教育政策中的社会控制理念》，载《江西教育科研》，2007（5）。

"学校负担"等，受到流入地学校教师和学生的排斥；或者是进入专门为流动儿童设立的农民工子弟学校，这些学校办学水平低，学校教育条件达不到基本要求，更有一些以挣钱为动机的私立学校，农民工子弟学校处于鱼龙混杂状态，导致农民工子弟学校因为条件太差饱受诟病，而政府对此多是一种放任自流的态度。

第二阶段，有限抵制阶段。这一阶段是自1996年到2003年，在这一时间段内，流动儿童教育政策开始出台，政府致力于对流动儿童教育加以控制，使之处于有序状态。1996年国家教委基础教育司印发的《城镇流动人口适龄儿童、少年就学办法（试行）》的文件中，规定流动儿童、少年户籍所在地的教育行政管理部门对流动儿童进行严格的管理，持流动为一种于社会无益的观念，对流动儿童进城或在其他地方入学持不赞成甚至是排斥的态度。1998年出台的《流动儿童、少年就学暂行办法》文件中，第六条规定城镇流动人口中适龄儿童、少年户籍所在地教育行政部门应建立严格的适龄儿童、少年流动管理制度。2001年6月，国务院《关于基础教育改革与发展的决定》中明确指出："要重视解决农民工子女接受义务教育的问题，以流入地政府管理为主，以全日制公办中小学为主。"这三个流动儿童早期政策对于流动儿童无学可上、高收费、乱收费、在公立学校受歧视等现象进行了管理，一定程度上保障了流动儿童受教育的权利。但是，这样一些政策受到了流入地公办学校与地方政府相当程度上的抵制。《暂行办法》第三条就明确提出"流动儿童少年常住户籍所在地人民政府应严格控制义务教育阶段适龄儿童少年外流"一样，政府此时的主要理念还是在"严格控制"；"这种抵制并非是对流动儿童教育权利漠不关心，而是担心一旦他们得到了和当地儿童一样的受教育权利和机会，就会有更多的农村孩子涌入城市就学，进城打工的农民工就会更长期地呆在城市，这样就会给城市流动人口管理带来更大困难。基于这样的考虑，流动儿童少年接受无差别义务教育的权利就只能让位于社会控制的大目标了”。[1]

第三阶段，接纳阶段。农民工为城市的繁荣做出了贡献，为流入地政府纳税，但是作为一个中国公民，他们的孩子受教育权却得不到保障，这一矛盾引发了社会的强烈关注。这一矛盾如果得不到解决，将有碍于社会的和谐发展，甚至是社会的稳定繁荣。因此从2003年起，中央政府开始对流动儿童教育问题加大重视力度，出台了一系列的相关政策。2003年1月，国务院办公厅出台了《关于进一步做好农民进城务工就业管理和服务的通知》，规定农民工子女在当地的全日制公办中小学入学，在入学条件等方面与当地学生一视同仁，不得违反国家规定乱收费，流入地政府要专门安排一部分经费，用于农民工子女就学工作，流入地政府需无条件接纳流动儿童就学。2004年初，国家财政部首次明确提出“在城市中小学就学的农民工子女，负担的学校收费项目和标准与当地学生一视同仁，不再收取借读费、择校费或要求农民工捐资助学及摊派其他费用”。这些政策出台使得流动儿童在城市的入学得到了当地政府的接纳，保障了流动儿童受教育的权利，因此这一阶段也可称之为接纳阶段。

总之，流动儿童的教育管理理念经历了从控制到接纳的过程，这个过程时间约为十年（1996年始）。十年里，流动开始出现是作为一个可能在一定程度上导致社会秩序混乱的社会现象，因此，早期的国家政策对此的管理理念就是控制，使得社会更加有序。流动儿童教育问题也在这个大背景下，被认为应当由“户口所在地政府严格控制流

---

[1] 周序：《流动儿童教育政策中的社会控制理念》，载《江西教育科研》，2007（5）。

动儿童子女在当地上学”，流动儿童的教育管理理念也被认为是控制。1996年后，随着新一轮“民工潮”的出现，大量的家庭不再像从前那样只是家庭个别成员外出打工，而是“举家外出”，流动儿童的教育问题开始凸现，因为数量庞大，而义务教育经费又是按户籍所在地拨款的，结果导致这些流动儿童的教育经费得不到落实，而流入地政府在经费得不到保障的情况下，对流动儿童是尽可能的少安置或不安置，处于一种事实上的抵制状态，这是流动儿童教育控制理念下的一种“反控制”思想，因此也可称之为抵制理念。2001年后，流动儿童的教育问题成为社会关注的热点，从民间、媒体、学者呼吁到政治家的重视，解决流动儿童教育问题成为政府决策者一个不能回避的问题，并且提上了议事日程。随着媒体宣传与政府重视，流动儿童教育问题得到社会不同阶层、不同社会团体等的关注，流动儿童管理逐步得到社会的接纳。

二、“治理与互动”：流动儿童教育管理的新思路

（一）流动儿童教育管理：社会在行动

流动儿童的教育问题在社会呼吁与政府关怀下，逐步得到了接纳和解决，越来越多的孩子在父母打工的城市里就读，这一制度安排，既有社会公民对于流动儿童教育权利的逐步认识，也有政府部门对国家政策的积极或消极执行。2004年初，中央出台有关农村问题的“一号文件”，提出各级城市政府要切实把对进城农民工的职业培训、子女教育、劳动保障及其他服务和管理经费纳入到正常的财政预算，及时解决进城务工就业农民子女入学难等问题。

在中央政府的政策推动下，各级地方政府把流动儿童的教育问题作为急需解决的问题摆上了议事日程。如厦门市开元区政府就采取多

种措施来解决这一问题：[1]

一是挖掘现有公办小学招生潜力，接收流动儿童随班就读，或扩大办学规模，增设流动儿童教学班。二是政府和有关部门在外来人口密集地区创办流动儿童学校。到目前为止，区政府投入资金上百万元开办了3所流动儿童学校，招收近2000名流动儿童入学。市关心下一代工作委员会创办了一所外来员工子弟学校，招收流动儿童700多名；三是鼓励扶持社会力量办学。区政府制定了《开元区社会力量举办简易小学的基本标准和要求》，鼓励引导社会力量办流动儿童学校。政府采用民办公助形式加以扶持，区政府划出一笔专项经费扶持民办学校，按每生300元以政府采购方式为民办小学添置设备，帮助改善办学条件，并对其办学过程、办学质量加以监控，在师资的培训、教研等方面提供帮助，还组织私立学校参与公办学校各项活动等。现经批准开办的民办小学有5所，招收流动儿童近2000人。在政府和社会各界的共同努力下，开元区共安排6225名流动儿童入学，占全区学生总数的30.3%。

不仅是厦门市开元区政府制定了政策来致力于对流动儿童教育问题进行回应，绝大多数流入地政府都根据本地人力、财力等实际情况来采取措施，解决农民工子女教育问题。如浙江省分管教育的副书记、副省长就经常到打工子女学校了解情况，对学校发展方向和办学模式提出指导意见；武汉市政府专门安排公办学校对口招收进城务工农民工子女；广州市政府则强调让流动人口子女不仅能够接受教育，还能接受高质量的教育；北京市政府则从政治的高度，要求教育等相关部门树立起公平意识、大局意识、服务意识，将流动人口子女教育问题

[1]《流动儿童教育问题引发的思考》，http://www.21gwy.com/ms/snwt/a/7274/437274.html.

纳入教育工作的全局当中，纳入当地教育事业发展规则当中。[1] 应当说在中央政策的影响下，各地政府都强化了地方政府行为，加强了综合管理。

与地方政府一样，不少的政府或非政府社会团体及其个人对流动儿童的教育问题也非常关心，并采取行动来解决这一特殊群体的教育问题。如江西九江市就开展了专门关注流动儿童的活动：[2]

企业在行动：九江市浔阳区义工联合会负责人表示，他们的宗旨是组织爱心人士以做义工的方式，向农民工家庭及子女提供力所能及的帮助，为生活困难的弱势群体，送去政府和社会的温暖与关怀；信华集团为新星小学建起了图书馆；九江供电公司“爱心基金”捐助钱物6万余元，为贫困家庭提供学习生活帮助。越来越多的企业和社会团体，都在积极加入这一公益善举中。

青年志愿者在行动：青年志愿者工作是共青团的一个优秀品牌，2009年，九江正式注册青年志愿者协会，成立志愿者分队12个，小队600个，新登记注册志愿者15000余人。志愿者中的“五老”帮扶队伍与农民工子女结成了帮扶队伍，他们像对待自己的孩子一样关爱他们，做到一周谈一次心，一个月进行一次家访，使孩子安心学习、健康成长。九江职业大学向东家教班和江西财经职业学院义务家教社的会员均是品学兼优的在校大学生，每个周末，他们采取一对一的施教方式，无偿为下岗职工及生活贫困的农民工家庭上门家教。

更有一些具有爱心的知名人士或普通人为流动儿童的教育做出自

[1] 汪明：《聚焦流动人口子女教育》，182页，北京：高等教育出版社，2007。

[2] 郭惠敏等：《关爱农民工子女教育，九江在行动》，http://www.jjxw.cn/1081/2010/03/10/381@1334532. htm.

己的一份努力，北京的张雪英就是一个典型案例：[1]

2000年：被“逼”成了校长　1998年，正是农民工大量进城的时候，张雪英从河北邯郸来到这里探亲。买菜时，她发现附近几个河北菜贩的孩子都没有学上，有的8岁了还不认字。身为农村教师的她心里十分难受。几乎是被动的，她成了给附近几户河北菜贩“看孩子的”。2000年左右，北京出现了一波进城打工的高潮，她的学生已经到了100多人。来北京一年的张雪英攒了4700元，她租了3间平房，并雇了两个老师，每月200元。再次开学的时候，学校一下子涌入了400人。这样的规模让她萌生了挂牌办学校的想法。“真是被逼的，之前可不敢说当校长。”

2004年：坚韧地生存　2001年到2004年，是她认为最艰难的几年。打工子弟学校在当时是个新事物，政策上也是空白。联防队员对此无所适从，对她说：“张老师，你的学校合情合理就是还不合法，我只能给你贴封条。”他们贴了封条，张雪英就带着学生翻窗户进去。再后来，张雪英索性把封条撕了进去上课，联防队问怎么回事，一帮孩子出来作证是“风刮的”。联防队员们只是笑笑，也不追究，再贴上新封条。就这样，再撕再贴……

每当有领导来村里检查工作，村里有人就会或有意或无意通知张雪英。张雪英就会给学生放半天假。毋庸讳言，当时各地对于大量涌入的外来务工人员子女缺乏思想准备，在思想上、政策上都应对不足。张雪英说，这是整个社会的问题，自己心里也明白怪不得他们。半年后，宣武区教委发现了这个地方并前来检查，为了给区里一个好印象，张雪英去市场买了新桌布。尽管精心准备可还是闹了笑话，由于凳子

[1] 车辉，张雪英：《一个农民工子弟学校校长的十年》，http://acftu.people.com.cn/GB/67585/12205659.html.

是旧的，一个领导刚坐下，凳子就折了。他们包里确实放着取缔通知书，但这些搞教育的人看着那么多孩子露出天真的笑脸，手捧鲜花列队迎接他们的时候，纷纷流下了眼泪，那一天，没有人忍心把取缔通知书拿出来。张雪英几年的艰辛委屈一下子释放了出来，泪水喷涌而出："我真的无所谓，关了可以，但一定得保证这些孩子有学上。"

2010年：下一个十年的希望　2004年后，政府和社会对外来务工人员的生活越来越关心，而政府也在政策上不断修正。张雪英的学校第一批拿到了合法办学的资质。社会各种组织也对其进行捐助扶持。宣武教委协调了一处教学楼供其使用，张雪英手下教师的工资也涨到了每月1200元。而宣武区工会除在为其提供部分书籍等硬件设施外，还免费给张雪英手下的老师提供培训。"工会对我们的帮助很大，精神上物质上都给予了帮扶。"

在张雪英看来，打工子弟学校迟早得退出历史舞台。"有一天，这个学校办不下去了，孩子们都顺利地进了公办学校，我也感到幸福，我自己现在干什么都行，我相信自己的生存能力。"在张雪英眼里，学生和他们的家长也都有了融入城市的愿望，维权意识不断提高。更令她感到慰藉的是，政府和全社会对外来务工人员子女教育问题越来越关注，"我也不否认有些利欲熏心的人误人子弟，这都是社会发展中必然存在的问题，只希望有人能记住我们曾经为解决这个社会问题出过力，就够了。"

张雪英只是众多为了流动儿童教育做出努力的人士之一，其实比她更有名的还有最早从事农民工子女教育的北京行知打工子弟学校创办人李素梅等，虽然不排除个别打工子弟学校举办者以牟利为目的，但即便如此，他们的行动也为流动儿童的教育问题的解决做出了贡献。

（二）流动儿童教育管理的困境：从现实到思维

虽然从中央到地方各级政府及社会团体、非政府组织等各方面的力量都动员了起来，解决流动儿童的教育问题，也取得了很大的成就，大部分的流动儿童都能在公立学校或专门为流动儿童教育服务的打工子弟学校就读，然而仍然有总量相当大的流动儿童因为各种各样的原因不能上学或不能上好学、就近上学等，流动儿童的教育问题仍然是一个任重而道远的任务。

流动儿童教育的“两为主”（以流入地政府为主，以公立学校为主）教育政策产生了很好的政策效应，据北京市教委有关数据显示，到2008年5月为止，北京市有40.5万流动儿童就读，其中26.6万人（占流动儿童总数的66%）在公办学校就读；天津市有10万流动儿童在公办学校就读，占义务教育阶段在校人数总和的14%，而且天津还每年为这些流动儿童免除学杂费1000万左右；在福建，公立的中小学接受流动儿童40余万人，占流动儿童总数的82.2%。从全国来看，到2007年为止我国在城市中小学就读的流动儿童有765万人，其中80%和77%在流入地公办学校就读，[1] 这说明我国的流动儿童“两为主”教育政策得到了较好的执行。

然而，即便对于解决流动儿童教育问题的“两为主”政策有很好的执行，流动儿童的教育问题仍然还是一个没有彻底解决好的问题。前面我们提到的中央教育科学研究所教育发展研究部课题组的报告显示，流动儿童中的在读者占全部流动儿童的90.7%，一直未上学者占6.89%，辍学者占2.45%，后两者合计显示的流动儿童失学率高达9.3%。

---

[1] 宋艳：《农民工子女教育的“两为主”政策——全面实施免费义务教育后的分析》，载《教育理论与实践》，2009（9）。

以此推算，在随父母进城的1500万农民工子女中，有近140万适龄儿童辍学或一直未上学。在统计北京市人民政府公布的数据中发现，截至2006年7月，北京市有农民工子女36.6万，在公办学校上学的只有22.8万，占62.3%，而在已获批准的打工子弟学校上学的有4.3万，占11.7%，在未获批准的打工子弟学校上学的有9.5万，占26%。也就是说，还有近37.7%、约13.8万农民工子女还没有进入公办学校就读，而是在民办的打工子弟学校，甚至是未获批准的打工子弟学校就读。[1] 就笔者课题组在浙江省最近的调查研究中发现，浙江省流动儿童平均入学率为96.7%，至少从教育机会的角度来说，还没有达到义务教育百分百入学的标准。

同时，流动儿童教育管理问题乱象丛生。有研究者发现主要存在以下几个方面的问题：一是入学机会不均等，超龄学童多。很多孩子在法定的年龄上不了学，更不能就近上学，很多公立学校不积极也不情愿接受流动儿童；流动儿童父母大多数是进城务工的农民，没有很好的社会关系或经济资本可以与学校商谈；而父母把孩子送到一个离工作或住宿很远的地方就读，是极不方便的，这样就导致一些父母在等待机会把孩子送到附近的学校上学，于是出现“超龄”学童。某调查显示9周岁和10周岁还在上小学一、二年级的学生占流动儿童总数的19.7%和4.6%，13周岁和14周岁还在小学就读的流动儿童占相应年龄流动儿童的31.5%和10%。二是农民工子弟学校办学条件差，很多学校达不到基本的办学标准。有的学校办学者追求的是利益，在办学硬件方面如教室环境、运动场地、教室安全等方面达不到基本要求；

[1] 中央教育科学研究所教育发展研究部课题组：《进城务工就业农民子女接受义务教育的政策措施研究》，载《教育研究》，2007（4）。

在软件方面，很多学校缺乏合格师资，多为不具教师资格人员在学校任教，管理方面常出现打骂学生现象等。三是乱收费现象严重。虽然早在2004年国务院就下发了《关于规范收费管理促进农民增加收入的通知》，但在现实操作中，“借读费”“赞助费”等收费项目层出不穷，某地流动儿童平均每年比所在城市当地学生多交856.4元(最多的高达27020元)，其中借读费平均多交603.3元，赞助费平均多交213.9元，管理费多交39.2元,流动儿童父母对此表示出相当的无奈,可以说是“望校兴叹”。[1]

流动儿童教育问题得不到解决，对社会的影响是巨大的。著名作家肖复兴为此撰文说：[2]

农民工子女的问题其实就是我们自己的问题。我们还把他们的问题看成是局外的事情,似乎离自己还很远,和我们并没有切实利害关系。我们忘记了中国的一句成语：唇亡齿寒。之所以这样来说，是想说明事情的严重性，应该引起我们足够的重视。我们和农民工子女教育的问题，确实是唇齿之间的关系。

由于城乡二元的社会结构，户籍制度等一系列制度与政策，使得他们又不是新一代的城市人，他们的身份认同处于一种尴尬和焦虑的位置上。我们对他们司空见惯，甚至不以为然，乃至鄙夷不屑。尽管我们享受着他们为城市建设所创造的成果，比如他们为我们建造的楼房，为我们开拓的马路，为我们搭建的立交桥，为我们建设的机场和体育馆所，为我们服务的第三产业诸如饮食家政环境卫生等等一切，

[1] 朱拥军，严俊俊：《我国流动儿童义务教育问题探讨——全纳教育视角》，载《煤炭高等教育》，2009（5）。

[2] 肖复兴：《唇亡齿寒：农民工子女教育和我们的未来》，载《群言》，2010（5）。

但我们似乎觉得这一切都是应该的，他们命中就该低人一等，就该干那些城里人不愿意干的最脏最累的活儿，就该拿比城里人少的薪金报酬，就该没有城里人的医疗报销和养老保险，甚至游览公园的优待。当然，他们的子女上学的问题，就更不会提到我们的议事日程上来。

肖复兴作为作家对社会有深刻的洞察力，他看到了农民工子女教育问题是一个“唇亡齿寒”的问题，对此不重视的后果是严重的，而且他还对此进行了分析：

这样下去，早晚会成为我们难以下咽的恶果，成为积重难返的城市之痛。因为人为的不平等，必定会有一天报复我们的城市。改革开放以来，城市化进程和经济的发展，在相当大的程度上，依赖于农民工，农民工付出了血汗代价，我们不能忘恩负义，视而不见。城市里出现的第一代和第二代农民工，在本质上还是农民，或者没有完全脱胎于农民，他们对于城市还是有隔膜的，或者说对城市还没有提出过多的要求，他们最终还是要落叶归根，回到家乡农村去的。但是，他们的孩子，特别是出生在城市里并一天天在城市里长大的孩子，和他们的父母完全不一样，他们对于农村的印象和归属感，没有他们的父母那样的强，城市生活的影响和诱惑，又会使他们不可能如他们的父母一样只是把城市当成打工的漂泊之地，他们更愿意成为城里人，这从他们的打扮、饮食和爱好，已经越发显示出他们趋光性一般向城市靠拢的天性。但是，城市并没有完全接纳他们，首当其冲的，城市户口便如一道石门，令他们无法打开真正能够通往城市的道路。他们成为中国城市中第一代边缘人，他们是无根的一代。

他们大多居住在城市的边缘，城乡结合部，比如在北京的肖村桥和西红门附近，那里已经成为了贫民窟。我曾经特意去过那里一次，看到的景象触目惊心，拥挤的房屋，发臭的小河，垃圾四散，污水横流，室外摆着的破旧台球案子，低矮屋子里壅塞着的简陋网吧，是他们的娱乐场所。这里和灯红酒绿高楼大厦林立的城区不过一箭之遥，却分明是两重天地。他们就是在这样的环境中长大，对于一箭之遥的城市，有着天然的隔膜和抵触，乃至敌视。一旦生活境遇发生了变化，或者遇到风吹草动，这里便不可能站在城市的一面，他们便会理所当然地敌视城里人，站在城里人的对立面。前不久，诺贝尔经济学奖获得者丹尼尔·麦克法登参加北京论坛时说："如果向贵国领导人提建议，我会建议他关注农民工。"他特别指出农民工的下一代教育问题尤其需要关注，因为还没有实现完全公平。他的这番话，应该引起我们足够的重视。

他不仅看到了后果的严重性，还提出了一些建议：

首先迫切需要做的，是政府必须制定关于农民工子女教育长远发展的规划，制定相关政策和法规，把这一问题纳入到国民教育的整个系统之中，让农民工子女享受和城市人的孩子同等的教育机会和待遇，不得以种种方式歧视、拒绝或变相拒绝农民工子女上学、转学和考学。同时，政府应该加大投入，解决农民工子女上学的校舍、资金和师资等问题，并实施农民工子女的助学金和奖学金制度，解决他们的实际困难。所有这些投入，实际上花费的是我们所有纳税人的税收，这里不仅有城里人的一部分，也有农民工自己的一部分。这样做，不仅是理所应该的，也是切实必须的；不仅是为了他们，也是为了我们自己。

除了像肖复兴这样的社会观察作家对这一问题的高度关注外，著名的国务院参事任玉岭针对此问题向国务院总理温家宝提出了六大建议：[1]

---

[1] 任玉岭：《搞好农民工子女教育 我向温总理提出六大建议》，载《中国经济周刊》，2009（46）。

1. 改革义务教育“以县为主”的管理体制。有些农民工输出地的县级财政收入只有几千万或一两亿元。这对几十万人口的县来说，吃饭都不够，在以县为主管理教育的情况下，造成一些学校经费严重缺乏，办学条件无法改善。因此，建议改变“以县为主”的做法改由国家兴办义务阶段的学校；或者，根据各地财政收入情况分别实行“以县为主”，“以省为主”和“以国家为主”。

2. 大力推进义务教育阶段办学的标准化。我国已经具备了推进义务教育阶段办学标准化的条件，包括学生班额、生均教室面积、生均办公条件、生均操场规模等。

3. 解决留守农民工子女寄宿就读问题。我们在河北承德看到，有些有寄宿条件的学校只能满足5公里之外的孩子，实际5公里对孩子来说已十分遥远。

4. 严禁农民工输入地公办学校对农工子女乱收费。学校乱收费屡禁不止，特别是义务教育阶段的乱收费，杜绝教育腐败。为了确保农民工在属地公办学校顺利就读，要坚决禁止乱收费，严厉打击那种要家长“自愿赞助”的腐败行为。

5. 对在农民工输入地就读民办学校的农民工子女，国家也要实行“两免一补”。国家不仅应该补学生，而且应该对专门服务农民工子女的民办学校进行支持和补贴。

6. 坚决改革高等教育在原籍报考的制度。我们是一个开放的国家，对外国人在中国上学我们可以放开，而对我们自己的子女考大学却要划地为牢。大学的资源是国家的，各地的学生应该共享。对大学的招生、报考，应该实行统招、统考、统一录取。这样做，有利于保证每一个公民的公平发展、更有利于国家的统筹发展和社会和谐。现在城乡差距在逐步加大，有的地区差距高达6倍左右，有的地区差距甚至达10倍以上。这个时候，我们还不能很好地解决为地方经济发展做出巨大贡献的农民工的子女上学问题，是不符合科学发展观的。因此，搞好农民工子女教育问题已经刻不容缓。

这是任玉岭在2009年11月13日国务院参事室成立60周年座谈会上向温家宝总理的汇报发言。作为中国最高政府机构国务院的政策智囊人士，任玉岭的一番建议让我们明白中国政策执行的艰巨性。社会有很多像作家肖复兴一样的社会观察家看到了流动儿童教育问题的重要性，也有很多像任玉岭先生这样提出针对性建议的人士，但迄今为止，流动儿童的教育问题仍然没有得到解决，这足以说明中国流动儿童问题解决的复杂性。

那问题究竟在哪里？我们在前面已经做了分析，我们从问题产生的根源分析了流动儿童教育问题的复杂性，也从政策执行角度进行了分析，我们发现，以往流动儿童教育问题的解决，大多基于一种线性思维。

什么是线性思维？确切地说它是一种线性系统思维，根据北京大学政府管理学院李习彬的观点，在管理学上线性思维主要是有两种思维方式：空间性思维和时间性思维。空间性思维就是根据局部信息来对整体情况进行判断或推断，把整体的性态或情况看成是局部状态的一个比例扩大；而时间性思维则是指根据阶段性信息来对全部过程的整体情况进行判断或推断，特别是指根据过去推测未来，将未来发展看成近期变化的一个自然延伸。[1]

[1] 李习彬，李亚：《政府管理创新与系统思维》，242页，北京大学出版社，2002。

我国流动儿童教育管理政策也存在这种管理上的线性思维。最早，国家在浙江等流动儿童聚居比较多的省市调研时发现，有的学校在吸纳流动儿童入学方面做得比较好，而这些流入地大多也是经济比较发达的地方，于是制定了“以流入地区政府管理为主，以全日制公办中小学为主，采取多种形式，依法保障流动人口子女接受义务教育的权利”的两为主政策。然而，我们在各地调查发现，这个政策也存在很大的问题：首先吸纳流动儿童比较多的学校大多因为近年来本地学生生源下降，学校面临着撤并的危险，学位相对有空余，于是这样的公立中小学便比较多地吸纳了流动儿童入学；而那些学校教学质量比较优秀、学生生源广的公立学校，特别是重点中学或实验小学（相当于小学中的重点小学）却是吸纳流动儿童就学最少的学校，这种以部分学校（局部）出现的情况代表整个公立学校情况的线性思维导致了决策者制定了以公立学校为主的流动儿童教育政策。另外，有的地方解决流动儿童就学问题做得比较好，如有的城市基本上把流动儿童就学问题在最低要求下解决了，基本上也不存在流动儿童就不了学的情况，这些地方大多经济比较发达，流动儿童数量相对不是太大。后来，一些地方的教育决策者们就提出也要像其他地方一样，做到全部解决流动儿童的入学问题，结果发现流动儿童入学问题并不如计划的那样容易得到解决，反而是流动儿童越来越多，可能是因为这一地方流动儿童教育问题的解决在一定程度上导致了更多的流动儿童父母选择来此地工作，于是形成了一个管理上的“悖论”——问题解决得越好，问题出现就更多，这种情况就是那种时间线性思维，即以一段时间内发生的情况来推断未来发展的整体情况。

总之，针对流动儿童教育问题，国家出台了许多的政策，人们也看到了流动儿童问题的重要性，一些知名专家也提出了不少好的建议，但流动儿童的教育问题仍然没有得到解决，原因是多方面的，其中一个重要原因就是问题解决方面存在一定的简单线性思维，以局部来推断整体情况，以一段时间情况来推断未来发展。

（三）流动儿童教育管理理念的超越：系统思维

流动儿童传统管理理念主要是基于控制的管理理念，在这种理念下，从中央到地方各部门都在致力于控制好流动儿童的流出、流入、入学与退学等活动，这不仅可以从早期中央政策规定要“严格控制流动儿童外出入学”等类似的规定中得到证明，还可以从以一个地方或一段时间内流动儿童的状态来决定整体或未来流动儿童的发展这种线性思维方式中得到证明。我们认为，对于流动儿童的管理理念，要从简单的类似主控制这样的线性思维，向基于治理与互动的管理理念——即非线性思维或者说是系统思维转变，向整体性思维与总体性思维转变。

非线性思维的方式特征是发散思维，包括逆向思维、多视角思维、否定性思维等，因为世界本质上是非线性的，不确定的，其相信事物发展既可能是平稳的、有顺序的，也可能是突变的、跳跃性的，更多的是一种不确定状态。李习彬教授认为这种非线性思维本质上是一种系统思维，包括整体性思维。这种思维方式认为国家作为一个由政府组织管理的社会系统整体，只要能对其所有的组成部分尽可能的充分加以整合，就能够实现整体功能最大化，实现政府的目标；同时也包括总体性思维，这种思维方式认为社会系统是以人为主体，其功能发挥和实现依赖于成员个体积极性、主动性和创造性的发挥，在不同的情况之下，个体需求的满足在一定程度上依赖于整体功能和整体利益的实现。但是由于人的需求的广泛性、无限性和动态变化，系统整体功能总是有限的，不可能满足一切个体的需求，总会存在独立于系统整体功能和利益的个人或团体的特殊需求和利益，因此，非完全整合现象的存在不仅是必然的，也是必要的，对系统来说也是有益的。就流动儿童管理来说，有一些是政府政策可以做到的，有一些是政策“心有余而力不足”的，有一些甚至是根本做不到的，比如说在一个经济发达的地区要求地方财政保障流动儿童学校经费的补贴，而在经济欠发达地区也有流动儿童，那么这些地方的流动儿童经费就难以得到保障。在社会系统的管理当中，除了考虑系统整体的功能和利益之外，还要正视所有部分均有其特别利益和独立的功能，且这些利益和功能是自然存在的，社会系统因而不仅具有整体功能也有总体功能，这就是总体性思维方式。[1]

系统思维不仅包括整体性思维和总体性思维，这两种思维主要是处理系统内部与部分之间的关系，也包括基于系统与外部其他系统与环境之间关系的另一种思维方式——共赢思维，这种思维主要是针对整体性思维的局限性而产生的。共赢思维是指在处理双边或多边关系时，不仅要求实现相互交往的各方都获得好处，而且要求不以牺牲其他方面的利益为代价。在流动儿童的管理中，既考虑到流入地地方政府的利益，也考虑流出地地方政府的利益；既考虑流动儿童的利益，也考虑承担流动儿童教育服务的教育管理部门、学校和教师的利益，不以牺牲任何一方利益为代价。[2]

总之，基于系统思维的流动儿童教育管理理念，是以考虑到国家整体与地方局部、地方政府、学校、教师和流动儿童本身等多方利益

---

[1] 李习彬，李亚：《政府管理创新与系统思维》，263-265页，北京大学出版社，2002。

[2] 李习彬，李亚：《政府管理创新与系统思维》，279-280页，北京大学出版社，2002。

为基础的管理理念。

1. 治理与流动儿童的管理

流动儿童教育管理的传统一直以来是基于控制的理念，实事求是地说，也的确取得了一些有效的成果。但是，这种控制的理念并不能完全解决好流动儿童的教育管理问题，因此迫切需要进行管理理念的思维转向。

治理作为一种新的管理理念，它是在传统控制理念基础上发展起来的。它源于拉丁文和古希腊语“governance”一词，原意为控制、引导和操纵。20世纪90年代以来，西方的政治学者和政治社会学家对治理概念做出了新的阐释，如治理理论的创始者英国学者罗西瑙（J.N.Rosenau）认为治理是一种管理机制，是一种由共同目标支持的活动，这些管理活动的主体未必一定是政府，也不完全依靠国家强制力量来实现。[1] 另一位治理理论研究专家罗茨（R.Rhodes）认为，治理是一种新的社会管理方式，他列举了六种关于治理的不同定义：作为最小国家的管理活动的治理，作为公司管理的治理，作为新公共管理的治理，作为善治的治理，作为社会－控制论体系的治理和作为组织网络的治理。这些治理的基本特征是：组织间的相互依存；相互交换资源以及协商共同目的的需要导致的网络成员之间的持续互动；游戏式的互动以信任为基础，由网络参与者协商和同意的游戏规则来调节；保持相当程度的相对于国家的自主性。[2] 得到学术界普遍认可的关于治理的一种观点是全球治理委员会在1995年发表的题为《我们的

[1]〔英〕罗西瑙：《没有政府统治的治理》，伦敦：剑桥大学出版社，1995；转引自俞可平：《治理与善治》，2页，北京：社会科学文献出版社，2000。

[2] 罗茨：《新的治理》，载《政治学研究》，1996（154），转引自俞可平：《治理与善治》，86-97页，北京：社会科学文献出版社，2000。

全球伙伴关系》报告中提出的观点，认为治理是各种公共的或私人的个人和机构管理其事务的诸多方式的总和，它是相互冲突或不同的利益之间得以调和和采取联合行动的持续过程，既包括具有强制性的正式制度和规则，也包括各种人们同意或认为符合其利益的非正式的制度安排。总之，治理不仅是一套规则和一种活动，也是一个过程；治理过程的基础不是控制，而是协调；治理既涉及公共部门也涉及私人部门，不是一种制度，而是持续的互动。[1] 对于治理的含义，中国学者俞可平认为，治理是指在一个既定的范围内运用权威维持秩序，满足公众需要；治理的目的是在各种不同的制度关系中运用权力去引导、控制和规范公民的各种活动，从而最大限度地增进公共利益。[2]

治理从思维方式上来说是一种整体性思维和总体式思维。治理意味着政府不是唯一的权力中心，是各种公共的和私人的个人与机构管理其共同事务诸多方式的总和，这与整体性思维认为国家作为一个由政府组织管理的社会系统整体，只要能对其所有的组成部分尽可能充分地加以整合，就能够实现整体功能最大，才能实现政府的目标的思想是一致的；治理也是一种总体性思维，它认为治理是使得各种不同利益得以调和，是一种不同利益主体之间的持续互动的过程的观点，与总体性思维——社会系统是以人为主体，其功能发挥和实现依赖于成员个体积极性、主动性和创造性的发挥，在不同的情况之下，个体需求的满足在一定程度上依赖于整体功能和整体利益的实现——是一致的。因此，治理从其根本上来说是一种非线性思维，是一种整体性

[1] Kooiman.Social-Political governance,p258.转引自俞可平：《治理与善治》，92页，北京：社会科学文献出版社，2000。

[2] 俞可平：《治理与善治》，4-5页，北京：社会科学文献出版社，2000。

和总体性思维。

从治理的理念来看流动儿童的教育问题，流动儿童教育管理具有以下特征：

其一，流动儿童教育管理的权力主体应当是多元的，而且不同的权力主体之间是相对独立又相互依存的。就目前流动儿童的教育管理来看，主要是“以公立学校和流入地政府为主”的“两为主”政策。同时，流动儿童教育供应主体有政府与私人等。然而，从治理的角度来看流动儿童教育管理，它应当有更多的教育管理主体，除了流入地政府与流入地公立学校外，还应当包括流入地的社会个人与团体，以及一些社会非政府志愿组织、流动儿童家长协会等多种主体。除此之外还应包括流出地的政府、团体与个人等相关主体。这些提供教育服务的主体都应当是独立的法人主体，在管理权力体制方面是独立的。同时，因为社会是一个整体，而对于流动儿童的教育目标又都具有一致性，因此，这些不同的教育管理主体之间的关系应当是一种相互依存和相互支持的合作关系。

其二，流动儿童教育管理权力的运行向度不是单向的，而是双向互动的。传统的流动儿童教育管理理念是控制，各级政府与教育管理部门权力目标是致力于流动儿童教育管理秩序的稳定，因此，这就不可避免地需要运用行政权力自上而下地实施控制，只有具有权力和权威的主体才可能对下级和被管理部门进行控制。但是，在治理的理念下，流动儿童的教育管理主体是多元的，且在管理权力上是相对独立的。因此，这就决定了流动儿童管理主体之间的权力运行不是单向度的，而是需要相互沟通、相互支持的，这种权力是双向互动的。

其三，流动儿童教育管理权力主体之间互动方式是协商和谈判。

流动儿童的教育管理主体都是独立的主体，有自己独立的利益关系，因此，这就决定了不同流动儿童教育管理主体的目标的独特性；但是这些不同的权力主体之间是相互依存的，任何一个权力主体的运行都离不开其他主体的支持与合作，而且从国家整体和总体来看都是致力于流动儿童教育服务，因此，他们的目标又具有一致性。这种既有独特利益又有共同利益的目标决定了这些权力主体之间更多的是需要相互合作和支持，因此，这些权力主体之间的互动方式是协商和谈判。

其四，流动儿童教育管理是一种建立在共识基础上的集体行动。流动儿童教育管理主体是多元的，他们之间的权力运行模式是双向互动的，运行方式是协商和谈判，这就决定了流动儿童教育管理从国家和政府的视角来看，是一种集体行动。同时，协商和谈判的运行方式也使得任何一个主体的行动都关乎于其他主体的行动，其独特的目标实现也依赖于其他主体目标的实现程度，需要建立在各主体之间的共识基础之上，因此，流动儿童教育管理是一种建立在共识基础上的集体行动。

总之，从治理理念来看流动儿童的管理，开拓了管理的新思维，这种管理与其说是一种管理，还不如说是一种多主体之间的共同合作，从社会和政府的角度来看，是一种集体行动，因此，从这个意义上来说，是一种“共同管理”。

2．对话与流动儿童的管理

以上我们探讨了治理作为一种理念对流动儿童教育管理带来的思维革命，治理就其本质来说，是一种整体性和总体性的思维方式，也是一种双向互动式的思维方式，所以，从这个意义上来说，也是一种对话式的思维方式。

对话是近年来作为一种政治管理理念进入中国的，在政治学领域中以“协商民主”“对话民主”等词出现，其本质是一种主体间的平等参与社会管理，是一种对社会权利的分享。在教育发展过程中，最早有西方的苏格拉底“产婆术”教学法开创的教育对话的思维，到近代，英国著名的思想家戴维·伯姆则对对话理论进行了最为详尽的思考。在世界上影响巨大的管理学家彼得·圣吉(Peter Senge)的名著《第五项修炼》中关于对话作为一种管理思维的理念也基本上都来自于伯姆。[1]

伯姆认为，对话本身有着另外一种不同的精髓，它追求的结果是一赢俱赢。在对话中不是试图去说服对方，强求对方接受你的观点，而是通过对话来发现参与者身上可能出现的错误，从而使每个人都从中受益。对话本质上是一种集体思维，不同的对话参与者集体分享观点与智慧，最后形成的力量就像“激光”。普通的“光”发散无序，向各个方向传播，光线之间互不同步，因此难以聚合。而激光能产生极其密集的聚合光束，且光线都指向同一方向，因而能聚集能量，做到普通光线做不到的事。伯姆认为一般性思维就像普通的光那样缺乏聚合力，不同的观念相互冲突，互有消长。但是对话则像激光那样，以高度的凝聚力来形成共识（共同思维），就会产生无穷的力量。对话是一个普遍的过程，它可以被分享，从而达到人人心领神会。

伯姆甚至认为，在对话中并不一定需要做出什么决定，更为重要的是一个人是否认同这个群体，是否关注于对话的过程，在这个过程中，对话持续的长时间导致了新的变化出现。对话的关键在于参与，搁置

[1] 王松涛在戴维·伯姆的《论对话》一书的译丛总序中指出，彼得·圣吉（Peter Senge）在其名著《第五项修炼》中提出“深度汇谈”是一种重要的管理理念和管理方式，“深度汇谈”的译法似比较晦涩，给对话蒙上了一层神秘色彩。

己见，关注参与者思维的本体感受，使参与者看到自己思维的结果。对话也是一种集体参与与分享，形成共识，而在共享的过程当中，每个个体都保持着相当大的自由，这种思想分享在某种意义上构成了文化，成为管理参与者的一种行为理念或惯习，从而潜移默化地影响了工作行为。[1]

对话作为一种思维或理念与非线性思维中的另一种思维方式——共赢思维是一致的。对话思维致力于参与与分享，追求结果上的“一赢俱赢”，强调参与的多边关系，强调接触，减少分歧，形成思维上的共识。这与共赢思维在处理双边或多边关系时，不仅要求实现相互交往的各方都获得好处，而且要求不以牺牲其他方面的利益为代价的理念是一致的，所以就其本质来说，对话是一种共赢思维。

从对话的理念来看流动儿童的教育问题，流动儿童教育管理具有以下特征：

其一，流动儿童教育管理者角色转换。最重要的是流动儿童教育管理各级各类权力主体需要率先作出改变——从角色转换开始。在对话的理念下，管理者不再是一个话语的“权力独白者”，而是一个“权力分享者”，管理者不再以命令、指示和要求等话语呈现，而是以探讨、沟通和协商为话语指南。管理者更多的是一个信息的传播者、情感的联络者和机构的发言者角色。各级各类流动儿童教育管理者对待同级、教师和流动儿童都需要作出这一角色的变化。

其二，流动儿童教育管理机构重组。我国的流动儿童管理机构与

[1]〔英〕戴维·伯姆著，〔英〕李·尼科编，王松涛译：《论对话》，5-39页，北京：教育科学出版社，2004。

体系非常复杂，并且缺乏有效的沟通与合作。从流入地看，流动儿童的教育管理涉及各级各类地方政府、地方教育管理部门、地方公立学校和私立学校以及关心流动儿童工作的各类非政府组织、共青团、社会志愿者和企事业单位等，在流动儿童的流出地也同样存在这样一些机构，因此需要做出的一处重要改变是成立类似于“关心下一代工作委员会”、“流动儿童教育工作委员会”之类的权力整合机构来处理各级各类不同的流动儿童管理机构的沟通与协商。

其三，流动儿童教育管理任务整合。传统的各级各类流动儿童管理机构也有不同的任务，如流动儿童流入地对儿童的入学制度安排任务、流出地对流动儿童信息汇总报告任务等，但这些任务大都是各自为政，信息不能共享，这样就造成了流动儿童教育管理中信息不畅。例如同样一个流动儿童，国家和政府因为信息不对称拨出了双份的教育经费，而流入地政府或学校只领取了一份本来属于流动儿童接受学校的教育经费等情况。在对话的理念下，各级各类流动儿童管理机构和权力主体就任务分配进行对话和协商，能保持信息的有效畅通，使得流动儿童教育管理各级各类任务不重叠，使得社会资源得到有效配置。

其四，流动儿童管理技术革新。传统的流动儿童管理仍然实行的是“分而治之”，以流动儿童的户籍身份作为管理的基础，而这种属地身份与流动儿童“流动”这一属性存在着天然的矛盾，造成了信息不准确和不完整。因此，在当今这个现代信息科学日益发达的时代，需要改变传统的管理技术，比如实行流动儿童信息电子化，建立起流动儿童电子学籍和流动儿童心理辅导网等。

第二节　流动儿童教育管理体制反思

一、流动儿童教育问题是一个体制问题[1]

流动儿童教育问题得到了自上而下各级政府、组织和个体的关注，也有很好的政策出台，但是在中国仍然没有得到很好的解决，这不仅说明这一问题的复杂性，更说明这一问题的特殊性，根据国内同行及我们的相关调查，我们的判断是：流动儿童的教育问题是一个体制问题。

对于什么是体制问题，北京大学政府管理学院李习彬有较为深刻的认识。他首先界定了体制的概念，体制一般指的是管理体制，是人为社会组织或社区中人们之间权力关系格局，关系到人们能够“做什么”的权力。而体制问题指的是由于体制上的缺陷造成的问题，这类问题的形成不能由参与者的个人素质（品德、知识和能力等）进行解释，而是参与者们在体制框架的约束下，在相互联系、相互作用和互动中，几乎是所有人都表现出异于单独存在时的行为所导致。体制问题有五个基本特征：(1) 普遍性、全局性。例如在全国范围内存在的统计数字造假等，体制问题是一个在全国各地不同程度上都普通存在的问题。(2) 身不由己。体制常常使身在其中的人们感到身不由己，对现在发生的问题无能为力，不得不做出违背个人意愿的事。如1958年的“大跃进”时期的浮夸风，所有干部群众都身不由己地跟随浮夸。(3) 必然性。例如中国王朝更替，所有的王朝都有一个建立、兴盛、衰败、

[1] 在教育管理学中，教育主体与教育管理主体在某种意义上具有内在一致性，这是因为教育者和教育管理者在泛概念上是指同一概念，本研究中教育主体与教育管理主体、教育体制与教育管理体制是一个等同的概念。因为本研究是一个教育管理学课题，笔者本人也是教育管理学术背景，所以更喜欢运用教育管理主体这个概念。

最终灭亡的历程，是一系列的必然性因果事件结成的链条，从横向看是不同事件和因果链条相互关联而形成的网络，其中每一个事件都由其内在机制和外部环境促成。(4) 恶性循环。例如免除农业税前的农民负担问题，虽然从中央到地方政府三令五申地下达各种减轻农民负担的规定，但仍然造成很多地方农民群体集体上访，这又加重了地方政府的负担，结果负担越来越多地加在农民身上。(5) 错误重犯。正是由于身不由己的必然性机制，造成发生过的错误事件总是一而再、再而三地发生，悲剧的当事者主观上希望避免但仍然不由自主地重演。例如机构精简总是伴随着“膨胀－精简－再膨胀”的循环，这些问题都是体制问题的一个不好表现。

体制问题的实质是若干重大制度综合作用的结果，李习彬曾与一个县委书记就统计数字造假问题有过一次谈话：

李：“上次统计数字失实已是人所共知的事实，且人人都知道其危害并深恶痛绝，你作为新任的县里‘一把手’，能否从你开始不虚报？”

书记：“我的前任已升任市委副书记，仍是我的顶头上司，我一下子把数字降下来，不是在说我的前任弄虚作假？别的县年年都增长，而我们县以前也是这样，而换上我一下子降下来，是不是表明我无能力、不称职？市里向省里上报的数字由各县数字汇总而来，我们县一下子降了这么多，还能保证全市的增长计划吗？要知道这正是省里对市委书记、市长的主要考核指标！”

这则对话道出了体制问题的实质，可以看出统计数据这一专业性的工作涉及诸多的制度性问题：计划经济体制，各级政府都将国民经济增长速度作为首要任务，增长指标中央制定，然后逐级分解；干部考核制度，主要由上级考核，且经济增长率是对各级领导的首要考核目标，考核依据是下级自己报的数据；干部任用制度，主要由领导说了算。李习彬总结说，干部考核制度和任用制度纠结在一起，形成“报喜得喜，报忧得忧”，与计划经济体制结合在一起就是“上级压下级，层层加码，马到成功；下级骗上级，层层加水，水到渠成”。[1] 从这一案例可以看出，一些体制问题的形成，事实上是许多相互作用、相互依赖、相互制约的制度综合作用的结果，个人在其中无能为力。

流动儿童教育问题也是一个体制问题。首先，流动儿童的教育问题具有普遍性。不管是流动儿童较多的广东、浙江、上海、北京等地方，还是流动儿童相对少一点的南昌、武汉、昆明等地方；不论是经济较为发达的沿海省份，还是经济相对不够发达的内陆省份，流动儿童教育问题完全解决好的地方都还没有出现。以上海市的数据为例，2007–2009年上海全日制公办和民办中学外来流动人口子女总数为216 000人，占外来流动人口子女总人数的57.1%，[2] 就是说还有近一半流动儿童不能上学。另据华南师范大学葛新斌的实地调查显示，“在非户籍人口较为密集的东部沿海地区，流入地政府大都没能落实（好相关政策）”[3]。从本课题组的调查来看，也是如此，包括广东在内的许多经济发达地区，流动儿童的教育问题仍然是一个问题。即使是在一些相对来说解决较好的地区如宁波、绍兴等地，如果从公民受教育权的角度来看，还是达不到问题解决这一目标。仍有相当数量的流动儿童不能像城市儿童一样享受就近入学、或是进公立学校就读；一些民

---

[1] 李习彬，李亚：《政府管理创新与系统思维》，6–13页，北京大学出版社，2002。

[2] 张玉婷：《流动人口子女义务教育问题及其解决——兼论“两个为主”的教育政策》，载《基础教育》，2009（11）。

[3] 葛新斌：《“两个为主政策”：演进、问题与对策》，载《教育理论与实践》，2007（8）。

工子弟学校仍然存在设施简陋、师资不合格、安全有隐患等问题。

其次，流动儿童的教育问题具有反复性。在调查过程中我们发现，不少地方政府对于流动儿童的教育问题也是很重视的。例如在浙江一个县级市，我们访谈了一位退休教育局长，他说1998年他所在的县城学龄期的流动儿童大约不到3000人，当时他作为主管教育工作的局长，也曾下决心全面安置流动儿童。他领导下的教育局在其他工作部门的配合下，到2000年底，流动儿童几乎百分之百地安置在公立中小学中。然而，让他意想不到的是，在随后的几年中，这一县城的流动儿童达到近2万人，当地的公立中小学如果不增加的话，最多只能安排1万名流动儿童入学，结果新的流动儿童入学难的问题出现了。流动儿童教育问题不是动员和资源调动就能解决的问题，而是一个体制问题。

再次，流动儿童教育问题具有必然性。流动儿童教育问题具有必然性，其原因在于当前流动儿童学籍管理制度和经费拨款制度。流动儿童的升学总是以其学籍所在地来组织和安排的，而流动儿童最大的特征就是跟随父母工作而流动。而大多数流动儿童的父母因为文化程度低、就业技能差等原因，工作相当不稳定，因而不得不经常各地流动，而跟随父母流动入学使得学籍管理难上加难，造成流动儿童入学和升学困难。同时，当前我国的教育经费拨付制度也是以学生学籍所在地为依据的，国家的教育经费通过各省市学生人数总量进行拨付，因而那些在外地的流动儿童不太可能把户籍所在地的教育经费揣在身上到处流动，目前也没有这样的支付凭证。[1] 因此，流动儿童入学难具有必然性。

---

[1] 在中国，一些地方已经探索使用“教育券”作为是国家教育经费拨付凭证，以方便学生择校，此举在浙江长兴县已经试点，但有争议，而且支付也仅限于长兴县内。

最后，流动儿童教育问题有其复杂性。流动儿童教育问题并不是在教育管理体系和部门之内可以解决的，与流动儿童教育问题存在最直接关系的部门有教育部，直接负责流动儿童的教育管理问题；公安部，负责流动儿童身份与流动关系；财政部，负责流动儿童经费拨付的问题；劳动保障部，直接负责流动儿童相关权利保障；国务院，对流动儿童教育负有全面领导责任，除此之外，间接相关的部门更多。如2003年曾统一发布《关于进一步做好进城务工就业农民工子女义务教育工作的意见》的就有教育部、中央编办、公安部、发展改革委员会、财政部和劳动保障部，再加上各地政府或社会团体、个人等，流动儿童的教育问题复杂性就可见一斑了。

总而言之，流动儿童教育问题有其普遍性、反复性、必然性和复杂性，不是一个局部性、暂时性的问题，而是一个体制问题。

二、流动儿童教育问题对管理体制的挑战

流动儿童的教育问题产生的原因是多方面的，牵涉到多个部门，是一个非常复杂的问题。对于这些问题的具体原因，我们在前文也已分析，现在我们思考的是：流动儿童教育问题对当前我国的教育管理体制有什么样的挑战。要回答这一问题需从流动儿童教育问题的产生背景说起。流动儿童研究专家韩嘉玲把流动儿童问题的产生背景归结为以下四个方面：[1]

第一，由于工业化、城市化的快速发展，加剧了农村剩余劳动力向城市和工业兴起地区的流动，从而派生出随父母流动的子女（流动

[1] 韩嘉玲：《流动儿童教育与我国的教育体制改革》，载《北京社会科学》，2007（4），98–102页。

儿童）教育问题。

从1978年后中国实行改革开放，中国的工业化进入了一个发展的高峰期。到20世纪70年代末，中国就从一个以农业产值为主的国家转变成了一个以工业产值为主的国家。广大农民参与工业化过程，农村乡镇企业产值和就业人数已经占据国家工业总产值（35.8%）和就业人口总数(51.9%)的“半壁江山”。[1] 另一个引发人口流动的因素是中国城市化快速发展，1980年我国提出了“控制大城市规模、合理发展中等城市、积极发展小城市”的城市化建设方针，1983–1986年全国建制镇每年增加1608个，1987–1991年每年增加2084个，到1992年底，我国建制镇有14 539个，1994年有16 210个。[2] 到2010年我国城市化水平将达到45%，全国有2亿左右的农业人口转化为非农业城镇人口。[3] 两股时代洪流汇成人口流动的大河，根据2000年第五次人口普查资料显示，我国流动人口已经超过1亿（102 297 890）人。其中，0–14岁流动儿童共达1410万（14 096 842人），占全部流动人口的13.78%，跨省流动儿童339万（3 393 386人），6–14岁适龄儿童880万（8 782 333人）。2003年我国农村流动人口已达到1.139 亿，比2002年增长了8.8%，增加了1000万农村流动人口。流动人口规模与数量不断扩大。[4] 随着时间的推移，在城市的农民工已经出现第二代、甚至是第三代，新、老两代农民工子女的教育问题，成为社会和谐发展过程中一个重大的、不能忽视的社会问题。

---

［1］江小涓：《世纪之交的工业结构升级》，16页，上海：远东出版社，1996。

［2］乔军山：《中国城市化基本现状》，载《1996年社会蓝皮书》，北京：中国社会科学出版社，1996。

［3］陈为邦：《关于我国城市发展的几点思考》，载《内部文稿》，1997（20），转引自汪明：《聚焦流动人口子女教育》，30页，北京：高等教育出版社，2007。

［4］据2003年国家统计局农调总队对全国31个省（市、区）抽样调查结果。

第二，由于中国长期的城乡二元体制所形成的城乡分割、区域封闭的户籍管理制度，使得流动儿童教育权利受到严重的制约和束缚。

我国的户籍制度是在计划经济模式下发展起来的，与新中国刚成立时的政治经济文化相适应，对于维护社会稳定、控制人口流动和协调社会各种资源的配置起过积极的作用。但在改革开放以后，“户籍制度限制人口流动的功能不断弱化，农民虽然可以‘自由’进入城市，但是户籍制度依然对农民的身份、就业、教育、生活水平等起到钳制作用。由于我国的户籍制度联系着一定的社会福利与权益，因此造成没有流入地户口的人口无法享受与城市人口相同的机会与权利。例如职业准入、子女就学等方面对非户籍人口还有一定的限制”，“现行义务教育体制是与陈旧的户籍制度相适应的，是以城乡分割、区域封闭为基本特征的，因此，没有城市户口的流动儿童的义务教育问题就凸现出来”，“流动人口子女上学难问题是户籍制度影响的结果，没有现居住地户籍或离开户籍所在地的适龄儿童在流入地（现居住地）很难得到同等的受教育机会”。[1]

第三，“地方负责、分级管理”的义务教育管理体制使得流动儿童难于享受公平的教育机会。

流动儿童大多处于义务教育阶段，而义务教育的财政实行的是“地方负责、分级管理”的体制，在这种体制下，地方政府负责义务教育的经费筹措。1994年后我国实行分税制改革，财政收入重心上移，义务教育经费短缺和不平衡的问题更加严重。2001年5月29日，国务院颁发《关于基础教育改革与发展的决定》指出，农村义务教育管理体

[1] 韩嘉玲：《流动儿童教育与我国的教育体制改革》，载《北京社会科学》，2007（4）。

制是以在国务院领导下，由“地方政府负责、分级管理、以县为主”的体制，规定县级政府对本地义务教育负主要责任，要求省、地(市)、县等地方各级人民政府承担相应责任，中央政府给予必要的支持。但是即便如此，也没有改变义务教育经费地方负责的现状，这样的结果便是流动儿童因为没有流入地的户口而无法享受流入地的经费补贴，这些流动儿童如果要上学的话，就得交纳一笔不菲的“借读费”“捐资办学费”等，高额的费用把本来家庭收入就不高的流动儿童排斥在公立学校门外，使得他们享受不到平等的教育机会。

第四，面对日益扩大的人口社会大流动的社会格局，现行的教育体制没有做出相应的改变，相关的政策法规滞后。

20世纪80年代，我国的农村流动人口跨地区流动并不多，据估计，80年代初期外出打工农民不足200万人。但进入90年代以后，农村劳动力跨区流动日趋活跃，规模越来越大。据国家统计局农调总队对全国300多个县、6万多农户和15万农村劳动力的抽样调查显示，全国农村剩余劳动力转移到第二、三产业的人数占农村劳动力总数的0.6%。2000年全国第五次人口普查数据显示，我国各种形式的流动人口总量为1.44亿，2003年我国农村流动人口已达1.139亿。[1] 其中约有5%为义务教育阶段的适龄儿童、少年。如广东省居住半年以上的人口有1200多万，其中接受义务教育的适龄儿童、少年达64万人。北京常住流动人口308万左右，其中接受义务教育的适龄儿童、少年达15万人。上海市流动人口约为387万，其中接受义务教育的适龄儿童、少年达22万人。[2] 流动人口派生的这部分儿童、少年就是流动、留守儿

[1] 据2003年国家统计局农调总队对全国31个省（市、区）抽样调查结果。

[2] 汪明：《聚焦流动人口子女教育》，55–57页，北京：高等教育出版社，2007。

童，但目前的政策法规是滞后于这种社会大流动的。1998年我国对待打工人员的子女教育问题的政策是以流入地为主、公立学校为主的政策，造成上千万的留守儿童，这一问题至今没有相关政策或法规来解决。流动儿童问题也一样，20世纪90年代初期一些大城市就出现了农民工子弟学校，这些都说明我国面对急剧变化的人口大流动的社会格局，没有及时采取应对措施。在1995年以前，我国没有专门针对流动人口子女教育的法规或文件，可见相关部门对这次社会变迁所造成的流动儿童问题的认识是远远落后于现实的。

流动儿童教育问题产生的社会背景，是教育体制、人口管理制度、财政制度等多方面相互综合作用的结果。流动儿童教育问题对当前社会体制特别是教育管理体制提出了严峻的挑战：[1]

其一，挑战“属地管理”的义务教育管理体制，要采取以常住人口身份管理取代户籍身份管理的教育管理体制。传统的流动人口管理制度是把流动视为暂时的、偶然的生活方式，流动人口终将回归所在属地。但从世界经济发展史来看，作为流动人口子女的流动儿童是城市的新生代，他们也像所有的城市儿童一样，是未来城市的主人，他们的发展和成长与城市的发展息息相关。因此，各级政府要打破现在的属地管理的思维，要建立起以常住人口、现居住人口的户籍制度为依据的管理体制。在基础教育方面，要将流动儿童就学纳入到城市公办学校的招生计划中，采取常住人口管理取代属地管理的教育体制，将流动儿童教育问题纳入“普九”工作的评估、监测及规划中。

其二，挑战“地方负责、分级管理”的义务教育财政体制，要建

[1] 韩嘉玲：《流动儿童教育与我国的教育体制改革》，载《北京社会科学》，2007（4）。

立起“国家负责、省级统筹”的财政投入机制，确保流动儿童教育经费的投入。当前我国的“以县为主”的义务教育财政体制,导致了城乡、地区之间义务教育资源配置的不均衡。特别是在东西部经济发展的巨大差异的情况下，地方负责的教育经费制度导致了对外来流动儿童资金投入的动机不足。要建立起国家负责的制度，包括流动儿童在内的所有儿童都应当平等地享受义务教育的权利和资源，不应在这方面存在差别，因为教育公平是最基本的公平。国家负责的制度有利于流动儿童的跨省流动，以流动儿童作为经费拨款基数有利于地方教育管理部门接受流动儿童积极性的提高。另外，以省为单位实行统筹，有利于建立起更大的教育经费平衡，也有利于国家的教育经费的转移支付，减少中间环节，更有效地利用资源。

其三，挑战传统的学校管理体制，要建立起以学生为中心的学校管理体制。在传统的学校管理体制下，很多学校也被要求完成一定数量的“接受任务”指标，把接受流动儿童当作学校的额外的负担，因此有些公立学校对这些流动儿童“区别对待”,另外专设“流动儿童班”、“外来人口班”或“农民工子女班”，给这些孩子幼小的心灵贴上被歧视的标签。流动儿童常年随父母工作的变化而不断流动，他们中很多的学生可能在学年中间就离开原来就读的学校进入另一所学校，甚至是连续转学，这对我国现行的以学年为单位的学籍管理办法提出了挑战。如针对打工子弟学校，要建立起一种新型的学籍管理制度。

其四，挑战目前学校与社区的关系，密切加强学校、教师与学生家庭和生活环境的联系。传统学校与社区脱离，对社区的资源挖掘不够，甚至社区没有参与其中。在制定课堂与学校的管理办法时，也可能完全不考虑社区、学生及家长的需求。没有建立符合学生情况的课堂与学校管理体制。新的流动儿童不断增多的现状要求学校加强与社区、学生家庭等的联系，密切学校、教师与学生家庭和生活环境的联系，实施一种新的社会、学校、家庭三位一体的学校管理体制。

其五，挑战以升学为目的的教育目标及教学体制，探索平等及符合流动儿童需求的教育。我国传统的教育体制是应试教育体制，以升学为教育目标，素质教育无法得到真正的实施。常年随父母流动的儿童因来自不同的省份，以前用过的教材、教辅资料等都不相同。另外他们过去的生活经历等也会对他们的学习和教育产生影响，如果以流入地的教育目标作为标准，是极为不利的。因此，流动儿童教育对现有的教学体制提出了挑战，要求建立起“平等且符合他们特殊需求的教育”，学校必须以他们原有的生活经历为基础，针对各自的特殊需求，对他们进行教育，探索满足他们特殊需求的素质教育之路。

其六，挑战农村以义务教育为主体的现状，建立起城市特别是大城市承担流动儿童教育责任的管理体制。社会最大的不公平是教育的不公平，而当前农村义务教育是中国义务教育的主体，城乡的教育差距不能扭转城乡发展不均衡及性别不平等，反而会加剧这种情况。“城市的总体教学条件比流出地农村的条件高，无论在学校环境与教学质量、老师及同学关系等方面，都较流出地（老家）条件好，甚至连条件简陋的打工子弟学校一般也比他们的老家要好”[1]，因此，让更多的农民工子女来城市上学，不仅有利于缩小城乡差距，还有利于城乡交流，培养有活力的新兴力量与未来城市的建设者，为全国输送一批有现代化视野的人才。城市应当承担更多的流动儿童教育责任，建立起以城

[1] 韩嘉玲：《流动儿童教育与我国的教育体制改革》，载《北京社会科学》，2007（4）。

市为主的流动儿童教育管理体制。

三、流动儿童教育管理体制设计基础

流动儿童的教育问题不是一个普通问题，也不是一个局部可能解决的问题，而是一个体制问题，究其根本是因为管理体制上的缺陷而造成的。流动儿童问题对教育管理体制提出了挑战，要求在户籍、财政、学校等各种管理制度上发生变化，并从一种整体和总体的视角来进行体制改革。在进行流动儿童教育管理体制设计前，需要明白三个问题：流动儿童教育管理体制改革的目标是什么？这一体制设计是基于什么样的人性假设？同时它又是基于什么样的理论基础？

（一）流动儿童教育管理体制改革的目标

从上面流动儿童教育问题对教育管理体制的挑战来看，流动儿童教育管理体制改革在未来的一段时间内要达成以下目标："能上学、上好学、好上学"。

流动儿童可以在任何一个居住地就近上学，不会因为户籍、年龄、学位等各种因素而影响其入学。流动儿童虽然是一个外来的个体，但作为一个中华人民共和国公民，无论身处何方都是为国家作贡献，同时他也是一个城市未来的建设者，因此他有权利像当地的孩子一样能上学，能上附近的公立学校（除非流动儿童个人自愿选择上私立学校，否则没有任何人能剥夺他就近上学的权利），这是任何一个流入地政府义不容辞的教育责任，这就是"能上学"的基本目标。

流动儿童能和居住地身边的当地儿童一样，至少能和他们上一样的学校，不会因为流动儿童家庭经济、关系和父母文化背景等因素而被迫去一些教育质量差的学校。流动儿童作为国家的一个小公民，他也能像身边的当地孩子一样，所有的义务教育经费都是由国家承担，国家实行的全国免费义务教育经费中本身就包括所有的义务教育阶段的学龄儿童，当然也应包括这些流动儿童。在某种意义上可以说这就是基于平等的“上好学”的目标。[1]

流动儿童最终达到“好上学”的教育目标。流动儿童在很多公立学校中受到学生、教师和城市学生家长的歧视，很多城市学生家长都不愿让自己的孩子在流动儿童人数多的班级上学，一些学校管理者甚至在学校和年级中专门开设一些“流动儿童班”“民工子女班”等，由于这些孩子来自不同的地方，学习基础相对较差，因此，这些班级成了“差班”的代名词，流动儿童在公立学校受到的歧视可见一斑。而民工子弟学校因为办学条件差、师资力量弱等因素成为“差校”的代名词。可见，让流动儿童从“能上学”到“上好学”固然重要，但最终要基于流动儿童本身需要，达到“好上学”（乐于上学）这一目标，这不是对流动儿童的额外优惠，而是平等理念下的公民应有的权利。

从流动儿童教育管理体制改革的目标来看，这些目标是一个社会改革与进步的过程。由于流入地政府官员思想认识、当地经济发展水平以及国家政策的力度等存在差异，这一个过程不是一年半载就能实现的，甚至在不同的地方实现的时间也可能各不相同。但是，从一个国家社会发展和进步的角度来说，这些目标是必须实现的，这是一个负责任的政府应尽的义务，也是宪法规定任何一个中国公民应享受的

[1] “上好学”目标是一个过程，作为国家责任的，流动儿童义务教育，前期工作应当是保障流动儿童都能上学，其次是保障流动儿童都能就近上学，最后应当是像身边的城市儿童一样就近上公立学校，至于择校，在西方很多经济发达的国家里，都不是国家的责任，而可以选择的学校多数是私立学校，公立学校不承担满足民众择校需要的义务。最后一步才是学校的责任和义务，让流动儿童在学校乐于上学（当然是不能歧视流动儿童，这是基本要求），从这个意义上来说，流动儿童的教育目标是一个过程。

基本权利。

（二）流动儿童教育管理体制设计的人性与社会假设

管理学或经济学研究中，都有一个对人性的基本假设，如经济学的假设人是理性人，追求个人利益最大化，因为只有如此才能对人的经济行为进行研究，虽然这个假设并不能说明所有的人都是理性人，甚至人也不总是理性的，在生活中我们也看过很多乐于助人甚至是感性化的人，但这并不妨碍经济学的研究，因为只要人的绝大多数行为是理性的，那就可以说明经济学的结论是有说服力的。

北京大学政府管理学院李习彬曾对产生我国政治生活中的体制问题的基本假设进行过研究，他认为中国体制问题的产生主要是基于四个基本假设：第一，一元化利益格局。即只是看到并过分强调全国人民的根本利益、长远利益的一面，没有看到局部的和个体均有其特殊的需求和利益。于是在这种一元化利益格局思想的指导下，片面强调全国一盘棋，形成了将社会所有的资源统一管理的单一公有或集体所有的形式。第二，理想化人格。认为人总是在两个极端，要么是大公无私，要么就是自私自利。我们的干部群众或广大党员都有无私助人的好品格，而我们的阶级敌人则完全相反。这是阶级分析的观点，是把人们在特定时期（革命战争年代）和特定情景下（如重大自然灾害或重大事件造成危及人民生命财产的关键时刻）表现出来的高尚精神，视为日常生活中的一种常态的、永恒的现象，以此来制定政策。第三，无限理性观。认为人类，特别是无产阶级、共产党员，已经掌握了人类发展的基本规律，能全面、准确地预测全国或地方发生的情况，认为只要根据“从群众中来到群众中去”的群众路线，就能保证决策的科学性。第四，社会系统机器说。它“将极端复杂的社会系统类比为一部大机器，将整个社会系统的管理包括政府管理视为机器操纵，各级干部和广大人民群众就像机器上的齿轮和螺丝钉”。[1]

社会是复杂的，不同的社会团体、个体都有不同的利益诉求，因此，任何社会都是一个多元化的利益社会；同时，人都有人性的弱点与光辉之处，在特定时刻可能表现得比较高尚，而在某些时候则可能表现得更为自利，这是大多数人的正常特点。另外，人在大多数时候是理性的，但不排除在特别时候是感性的。其实，世界著名的管理学家、唯一的管理学诺贝尔奖获得者赫伯特·西蒙就证明了人是只有有限理性的，不可能预测所有可能发生的事情。

基于以上认识，我们认为流动儿童教育管理体制设计必须基于以下假设：

其一，流动儿童教育管理主体具有不同的利益取向。我们认为，流动儿童教育牵涉到多个利益主体，从上到下来看，有国家政府、地方政府、各级教育管理部门、公私立学校、校长、教师、城市学生及其家长、流动儿童及其家长、社区组织及其人员以及其他流动儿童研究者、政策制定者等各类利益相关者。这些不同的主体利益取向是不一样的。作为国家主体利益代表的国务院，是站在国家发展、民族进步的高度来看待流动儿童教育问题的，流动儿童在城市受教育关乎到一个国家新一代公民的素质，关系到国家未来的长治久安；而作为地方利益代表的地方政府，所关注的是地方财政资源是否有利于本地发展，关心本地方或本城市未来的城市建设与流动儿童在城市成长与发展的关系；作为公立学校，一方面希望通过接受流动儿童赢得更多的

[1] 李习彬，李亚：《政府管理创新与系统思维》，30-32页，北京大学出版社，2002。

国家教育经费，另一方面也希望向社会表明对国家和政府的支持，对社会发展的贡献；而作为流入地的学生家长则认为一个流动儿童过多的学校，意味着学校的教学质量会下降，流动儿童可能带有的不良生活、学习习惯等可能会影响到自己的孩子；而流动儿童及其家长则希望能上得起学、上好学及公平地享受作为一个中国公民的受教育权。不同的利益取向，决定了不同的思维方式及其行为表现。各利益相关者不可能在国家利益下放弃自己的利益，完全服从于国家利益。

其二，流动儿童教育管理主体具有复杂的人格特征。流动儿童教育主体的多样性表现在他们具有不同的人格特征，同时，从个体层面来说，流动儿童管理主体在不同的时期也有不同的人格特征表现。我们认为，面对自我利益时，每一相关利益主体大都是从自我的立场出发来观察思考问题，以自我利益最大化为行动价值取向。但也不排除在国家要求一些相关利益主体做出牺牲时所表现出来的大公无私的行为。比如说各地方政府有本地方利益，但可能在国家要求地方政府做出贡献为国家分忧时，一些地方政府会表现出自我牺牲精神。从个体层面来说，某一流动儿童利益主体多数时候是理性的，是遵循自我利益最大化来行动的。但是在特定时候，也有为他人或社会做出自我奉献的行为。比如说一些流入地学生家长在社区或地方政府做了一定的宣传后，就主动认一个外地来的流动儿童作为“亲戚”，让其与自己的孩子来往，并让流动儿童在其家生活一段时间，促进流动儿童的城市融合。再比如一些社会志愿者以牺牲自己的时间、金钱、物质等资源的方式去关心流动儿童的成长。由于流动儿童管理主体在不同条件下具有不同的人格特征表现，因此，不管是从团体还是个体来说，流动儿童管理主体具有复杂的人格特征是一个更能接受的社会假设。

其三，流动儿童的教育管理主体理性是有限的。人类漫长的进化史证明了人是理性的动物，虽然不排除人在某种特定时候感情战胜了理性，从而产生更多的冲动式的决策或决定，然而另一方面，经济学家和管理学家的研究表明，人的理性是有限的。诺贝尔奖得主、管理学家西蒙在研究个体决策时发现，任何个体的决策都不可能预测所有可能发生的结果，所以，决策是从所有可能思考到的可供选择的方案中进行选择，因此，决策就是有限理性选择的结果。流动儿童教育管理主体也同样避免不了人类本身的缺陷。当他们在进行有关自身利益的决策时，他们同样也不可能预见到所有的结果，他们会在所能预测到的结果中选择相对而言最有利于自身利益最大化的结果，因此，他们的理性也是有限的。

其四，当前的社会是一个开放的主体复杂的适应系统。自1978年我国实行改革开放以来，社会逐渐从一个封闭式的系统变成一个开放式的系统。后来，邓小平提出实施社会主义的市场经济，这是一个有更多自由选择的经济模式。因此，大家的思维方式发生了巨大的变化，人们更加注重自我的价值，强调适应社会但保留自我。人们在作为一个国家公民的同时，还是一个具有独特价值的自我。不再强调做一个“螺丝钉”，而是在为国家和他人服务的同时，也强调自我成长的独特性。社会日益成为一个开放的社会系统，又因为这个系统是由无数个独特自我构成，因此，这个系统又是一个彼此相互适应的复杂的系统。

当我们对人性和社会的假设更接近于生活现象时，这样的假设才是一个更为正确的研究起点。

（三）流动儿童教育管理体制设计的理论基础

流动儿童教育管理的体制设计从目标出发，基于对人性与社会的正确假设，还需要具有理论上的正当性，只有这样的体制或制度设计，才是可接受的。

流动儿童教育管理体制设计的理论基础是系统整合原理。系统整合原理又称系统整体性原理。所谓整合，是指由于各部分结合而生成具有特定功能的有机整体的过程，或是指结合成一个有机整体之后部分之间的相互关联状态。一般情况下，系统的整体功能不等于所有子系统功能的总和，当系统整体和子系统都具有某种功能时，整体功能可能并不等于系统同类功能之和，这一特性称为非线性；系统可能出现所有子系统都不具有的新功能，这被称为系统整体形态的涌现；系统作为整体可能不具有子系统的功能，这一现象称为非完全整合。[1] 最常见的现象就是“三个和尚没水喝”，或用数学语言来描述就是“1+1＞2”“1+1＜2”或“1+1=2”这三种现象。

李习彬在对系统整合原理的认识的基础上提出了社会三元整合理论。这一理论认为[2]，任何社会系统都是通过三种基本（元）整合方式（或称整合行为）及其组合进行组织整合，这三种基本整合方式分别是集中控制行为、规范行为与子系统控制自主行为。集中控制行为是指系统管理者（个人或集团）做出决策并组织实施的行为；规范行为是指一定社会系统（组织或群体）中，人们普遍接受并受其约束的行为准则或规定的行为表现，包括那些重复性事务和非重复性事务的行为表现；而子系统自主行为是指子系统根据自身及环境的具体情况作出决策，产生组织实施的行为，或是依照自身的规范而发生的行为。

三元整合理论认为每一层次的系统组织整合均含有这三种基本整

[1] 李习彬，李亚：《政府管理创新与系统思维》，78–80页，北京大学出版社，2002。
[2] 李习彬，李亚：《政府管理创新与系统思维》，90–100页，北京大学出版社，2002。

合方式，上一层次子系统行为可以分解为下一层次系统的三元整合行为；不同层次的系统整合行为之间是一种相互嵌套，同一层次系统行为的相互作用与组合，才使得社会成为一个有机整体，因而能在复杂的环境中表现出适应性、创造性和自主学习、组织功能。

作为三元整合理论的基础与重要内容，规范行为理论研究规范和规范行为存在的形态、作用、遵循机制及演化规律。这一理论认为，人作为社会系统主体主要有两种行为：规范行为和决策行为。规范行为适用于重复性事务，其内容有预先规定性和相对稳定性；决策行为适用于非重复性事务，一般只具有一次性使用价值。这两种行为是相互依存、密切联系的。组织中任何一个决策都以大量的规范为基础和前提，决策行为离不开规范行为；而规范行为也离不开决策行为，任何规范的制定、形成、执行、修定或废止，都必然包含着行为主体的决策。

规范行为是任何一个社会系统形成的前提，并维系着系统的继续运转。由于规范提供了一个相对稳定、可预测、可期待的工作环境，使得组织成员在完成任务中，可以大大减少需要传输、获取和加工处理的信息量，减少了工作中的决策和指挥、协调行为，减少了组织系统的盲目性、随意性和由于情境因素和情感因素影响而导致的非理性行为，因而有利于引导组织目标的实现，降低运行成本、提高工作效率，并有利于系统管理者把时间和精力集中于新问题的研究和决策上，从而为系统的开拓发展创造了条件。规范行为理论认为，从严格遵循到强制遵循的强制性规范，到特定环境下人们需要遵循的普通规范，再到倡导和鼓励遵循的高尚道德规范，形成一个连续性谱系（如表4-1）。

表4-1　规范行为的谱系

分类	规范行为		
规范类	强制性规范	普通规范	倡导性规范
规范例	刑法	管理工作规范	服务承诺
规范化活动	法治建设	管理业务规范建设	道德建议
在中国传统社会治理结构中的定位	法治	礼治	德治
理论方法	法学理论	规范行为理论	有关德育理论
行为的文明程度	低	中	高

*根据李习彬提出的规范谱系整理成表，见李习彬，李亚《政府管理创新与系统思维》，97页，北京大学出版社，2002。

任何一个社会系统的规范体系都是一个整体，这三类规范相互区别且紧密联系。它们之间相互交融，甚至是难于区别的；并在不同的社会制度与文化传统中表现出不同的形式，主要由社会系统的民主与法制建设水平决定。因此，一个社会的管理，就是要如何对这三类规范进行建设，使它们相互配合、相辅相成，处理好规范行为、集中控制行为及子系统（包含个体）自主行为的关系，这是三元整合理论要解决好的问题。

第三节　流动儿童教育管理模式探讨

流动儿童的教育管理从其本质来说，与普通儿童的教育管理应无重大差别。但是，由于在中国当前的社会二元体制下，流动儿童因为流动造成了接受教育方面特别的困难，例如由于户籍制度所形成的入学问题、由于财政制度引发的教育经费问题和由于家庭住宿引发的就近上学问题等，都使得流动儿童的教育管理有其特殊性。因此，基于中国当前的社会现实和经济发展以及流动儿童本身所具有的特殊性，有必要深入探讨流动儿童的教育管理模式。

在笔者看来，教育管理的模式、体制和机制是“三位一体”的。体制从体系和制度来保证某一管理行为的进行，主要是由机构设置、权力划分和责任分担等内容所构成，是属于静止的一面；而机制则是从动态的角度来分析制度与机构、权力的有效性运作，最终形成一套成文的、自动执行和自动监控的制度，以保障管理行为的日常运作；而模式就是体制和机制相互耦合、相互作用所形成的一套整体行动方案，或者说是一种行为方式。因此，探讨流动儿童教育管理模式事实上就是要探讨其管理体制和机制两大部分。

一、流动儿童教育管理体制建构

在孙绵涛看来，“教育体制是教育机构与教育规范的结合体或统一体。各级各类教育机构与相应的教育规范相结合，就形成了不同层级和不同类型的教育体制。教育机构与教育规范之所以必须结合而且有可能结合，不仅是因为教育机构只有与教育规范相结合才能得到社会环境的认同和支持，而且教育机构的目的和功能主要是由教育规范来限定的，教育机构建立的过程也是教育规范形成的过程”[1]。这一解释较好地把握了教育机构与教育规范之间的关系。因此，流动儿童教育管理体制，就是流动儿童管理的机构设置与制度条文所形成的一个体系。

（一）国家为主的流动儿童教育管理体系设计

对于流动儿童的教育管理，国务院发布的《关于基础教育改革与发展的决定》中明确提出了“以流入地政府为主、以公办学校为主”的“两

[1] 孙绵涛：《教育体制理论的新诠释》，载《教育研究》，2004（12）。

为主”政策；在2003年教育部、中央编办、公安部等六部委联合颁发的《关于进一步做好进城务工就业农民子女教育工作的意见》中则进一步提出“各级政府部门特别是教育行政部门和全日制公办中小学要建立完善保障进城务工就业农民子女接受义务教育的工作制度与机制”。但是，时至今日，虽然流动儿童教育管理的相关制度陆续在全国各地实施，然而并没有建立起一个完整规范的体系和制度，更没有一个得到全国一致公认的、有效的流动儿童教育管理体制。

流动儿童教育因其独特性需要一套与之成长发展相适应的教育管理体制。对于流动儿童来说，他们的成长格外不易：首先，他们多是离开家乡来到一个陌生的地方，在心理上有更多的孤独和陌生感；其次，他们在流入地学校中总是遇到这样或那样的排斥，其幼小的心灵感觉到了被歧视；再者，父母因为文化低、缺乏技术等而收入很低，造成他们在教育上面临的经济困难更为明显，而且由于父母工作较忙使得流动儿童与父母很少沟通；最后，因为离老家远，他们在成长伙伴等方面没有很好的生活环境。总之，流动儿童的教育需要更多方面的管理到位。

1．流动儿童教育的国家办学体系

由于现行的体制障碍，相关政策难于有效执行，因此，有必要对已有的体制进行改造，实行流程再造，以便于更好地实施流动儿童管理。

首先，要建立起由全国人大教育委员会领导，由教育部、财政部、公安部、妇联等职能部门及流动儿童研究专家、流动儿童父母代表、知名企业家等共同组成的国家流动儿童教育工作委员会，负责对包括流动儿童、流浪儿童、留守儿童在内的各种社会弱势群体的教育进行决策。同时，地方各级政府也依次成立相应的地方弱势群体教育委员会，和中央保持一致，以便让流动儿童教育体系中所有的利益相关者参与其中，有利于各类主体进行对话，更好地决策，提高决策质量；同时有利于各个相关执行部门的合作与治理，从而更有利于政策的实施。流动儿童教育工作委员会只在国家和省级政府层面设立。

其次，要建立继续以教育部为领导、各级地方教育管理机关和公立学校为实施主体的教育管理体系。现有的教育管理体制在对政策的实施方面有很大的优势，2001年出台的“以流入地政府为主、以公办学校为主”的“两为主”政策也正是在已有的管理网络上提出的。这一体制在教育统筹、实施、业务管理等各方面都积累了丰富的经验，因此，体制改革不能抛弃已有体制中的精华，组织机构仍保持教育部一套教育管理系统不变。

再次，在教育部已有相关职能部门基础上，成立国家流动儿童教育管理中心。其主要职能是全国流动儿童人口统计、经费跟踪、省际间协调以及流动儿童学校的委托管理等。这一中心的成立既是对社会流动儿童人数急增所产生的特别教育需求的回应，也是为更好地服务于流动儿童教育。我们在研究中看到，对全国流动儿童数据进行精确统计，有利于从全国范围内统筹流动儿童经费，有利于流入地和流出地政府对国家流动儿童义务教育经费的转移支付，更好地实施中央出台的“两为主”政策。另外，成立国家流动儿童教育管理中心，可以对当前“两为主”政策之外的私立打工子弟学校进行有效管理。当前全国各地打工子弟学校办学条件不足、师资不合格等问题复杂，如何管理这些打工子弟学校，进行经费支持和师资培训、管理监督等，都需要有一个全国性的专门管理机构来实施。成立国家流动儿童教育管理中心则有利于对打工子弟学校进行更为有力的领导和监管。同时，这一机构也具有相应的政策协调等功能。流动儿童教育管理中心也只在国家和省级政府层面设立。

最后，以国家教育发展研究中心为领导，以大学相关研究机构的流动儿童研究专家、教育实践工作者等为成员，成立流动儿童教育政策研究机构，承担相应的决策咨询职能。当前流动儿童的管理，因为其特殊性而使得问题解决更加困难。同时，由于中国国土面积广大，各地情况千差万别，因此，难以用一个统一的、简单的政策在全国范围内实施，因此，复杂问题需要特别研究。以国家教育发展研究中心为领导，利用其所处位置的特殊性，更有利于流动儿童教育问题的高瞻远瞩。一个好的政策不是“拍脑袋”拍出来的，需要专业政策分析人员严谨而科学的分析，才能提高决策和实施的质量。当前流动儿童研究呈现出一派欣欣向荣的局面，社会学、经济学、人口学、政策学和教育学等都从不同的学科角度进行了分析，也取得了很好的成绩，有些研究结果的确也影响到了中央的决策。但是深入分析发现，这种学科角度的研究不可避免地存在“盲人摸象、各执一端”的现象；同时由于研究者大多是理论背景丰富，缺乏教育管理的实践经验，很多研究结果的政策可行性很低，因此，从总体情况来看，流动儿童研究仍存在很多缺陷。因此，从多学科的理论和实践背景出发，以政策有效实施为研究目标，组建系统的、全面的政策研究分析机构，有利于提高我国流动儿童教育政策研究水平，从而能更好地为流动儿童教育管理决策提供咨询和信息反馈。流动儿童教育政策研究机构只在国家和省级政府层面设立。

总之，基于治理和对话理念，在对各相关管理机构进行重组和整合，对角色进行重新定位的情况下，我们提出建立流动儿童教育管理的决策、执行、协调和咨询机构，有利于流动儿童教育管理更好地实施。

2. 流动儿童教育的地方兴学体系

对于流动儿童来说，国家应承担起教育义务和管理责任。因为流动儿童教育本身就是国家义务教育的一部分，国家有责任、有义务甚至可以说也有能力解决好流动儿童的教育问题。

作为地方负责的流动儿童教育问题，在“两为主”的政策下已经得到了很好的界定。但是，中国的经济发展不均衡等国情决定了流动儿童教育问题的特殊性。从目前流动儿童的教育管理体制来看，“两为主”政策还是不能彻底解决流动儿童的教育问题，因此，政府办学有其重要作用。但流动儿童的特殊性决定了流动儿童教育还需要得到地方政府之外的社会组织的支持，在当前的背景下，这种支持有两类：一类是界于行政与民间中间地带的教育支持系统，如妇联、团委、工会等“准行政”机构组织；一类是以民间组织团体或个人为主的教育支持系统。本研究把前一类称为地方兴学体系，后一类为社会助学体系。

之所以称为地方兴学体系，是因为这是与国家办学体系和社会助学体系相对而言的，更是因为其主体是界于行政机构与非政府机构（NGO）组织之间的组织团体，以妇联和共青团为主的这类团体具有一定的行政资源，但其作为方式更接近于非政府机构民间志愿方式，因此其不能作为一个办学的主体，但也不是社会自愿帮扶行为，而是一种配合政府的行为，在流动儿童的教育问题解决中，起到扩大支持的作用，所以定位于“兴学”。

在兴学体系中，以现在的各级地方政府中的关心下一代工作委员会为领导，成立由妇联、共青团、工会、退休协会等共同参与决策和管理的流动儿童教育联合工作委员会。该组织是一个非常设机构，当流动儿童教育问题解决之后，即其历史使命完成之后，就自动解散；人员组成也是由各部门的抽调人员组成，工作关系保持不变。其功能主要是配合流动儿童教育政策的宣传与实施，协调各参与部门的行动，其原来对流动儿童的各种教育支持等仍在原来的组织中进行。

流动儿童教育联合工作委员会主要是一个行动协调机构，在省、市、区（县）三级设立，工作性质和功能相同。这样一个机构设立后，有助于流动儿童教育政策的实施，有助于各部门联合行动，也有助于资源的有效使用。目前这些像妇联、共青团等“准行政机构”组织了很多流动儿童教育支持行动，如大连团市委、市青基会（市希望办）、市教育局近期联合启动“共享阳光”——农民工子女教育就业希望工程援助行动，免费为150名来大连的农民工子女提供“中专学历+职业技能+推荐就业”的一门式教育就业援助。[1] 又如团中央、全国学联共同举办的2010年全国大中专学生志愿者暑期“三下乡”社会实践活动，组建了4000余支关爱农民工子女服务团，到农民工子弟学校、农民工聚居地、留守的农民工子女集中的村镇学校开展学业辅导、亲情陪伴、感受城市、自护教育、文体活动、爱心捐赠等专项服务，并与农民工子弟学校和农民工子女集中的街道、社区结成了长期定点服务的对子。[2] 这样一些组织行动起到了在地方流动儿童教育问题解决中扩大与支持政府行为的作用。

3．流动儿童教育社会助学体系

流动儿童在国家教育行政机构责任实施和妇联、共青团等这样的

[1] 人民网：《大连启动农民工子女教育援助行动》，http://politics.people.com.cn/GB/14562/12059510.html.

[2] 刘玉蕾：《大中专学生志愿者暑期三下乡社会实践活动启动》，http://news.sohu.com/20100706/n273321837.shtml.

"准行政"机构的教育支持下，多数问题能得到解决。然而，流动儿童人数之多、不同地区、家庭和个体问题之复杂，使得许多微观而具体的问题还需要得到社会各类非政府组织及志愿者个人的帮助，才能更好地解决，因此，我们把这种非政府组织和社会志愿者的教育支持力量称之为社会助学体系。社会助学体系主要可分为三部分：

第一，以社区居委会为基础，动员社区内关心公益事业的居民，成立流动儿童社区教育服务中心，主要职能是对社区内流动儿童的登记、统计、物资发放、流动儿童家庭联系、社区内流动儿童活动组织提供支持等。因为流动儿童日常生活在社区，社区对于流动儿童家庭更便于联系，因此，社区成立这样的服务中心是非常有必要的，它是流动儿童社会助学体系中最为重要的一部分。如北京海淀香山街道社区青少年宫，是全国首家社区青少年宫。这座青少年宫位于香山东麓，是由香山街道社区服务中心改建而成，上下共两层，设有科普、文体、信息、阅读和百科讲堂五个教学中心。它主要面向社区里的流动儿童，寒暑假期间，孩子们可以到这儿来参加各种各样的"兴趣班"。[1]

第二，以非政府机构为基础，以大学志愿者及社会志愿者为主要成员，成立流动儿童教育志愿服务中心。这样的机构由政府机构组织，志愿者免费服务。对于政府来说，不增加经费负担；对于志愿者来说，有一个他们为社会义务服务的途径；对于流动儿童来说，有一群关注他们的人，这是一个"三赢"策略。在关注流动儿童的非政府组织中，北师大的"农民之子"组织是比较有影响力的，从 1999 年 12 月至今，"农民之子"的足迹遍及十几个省、自治区、直辖市，他们关注农村教育、

[1] 王海燕：《全国首个社区青少年宫落户香山：千余流动儿童暑假免费上课外"兴趣班"》，载《北京日报》，2010年7月29日。

流动儿童等问题，始终为促进消除城乡差距，推动社会公平进步而努力。[1]

第三，以各地慈善会为基础，以地方企业和基金会为骨干力量，成立流动儿童教育关爱委员会，主要是对流动儿童进行物资上的帮助，以促进流动儿童更好地接受教育。对于流动儿童教育问题，教育教学上的帮助是间接的，心理上的帮助也是间接的，而经济上的帮助则是最直接的。对于绝大多数儿童来说，都存在着家庭经济比较困难、学习条件艰苦等物质上的困境，而作为回报社会的一种慈善行为，企业和基金会关注这些社会弱势群体的教育公平，是对社会公平最重要的支持。由于企业和基金会对于流动儿童的教育支持主要体现为经济支持，而这些支持又主要表现为一些经费或物资，因此，需要一个有管理经验的机构来组织，而各地慈善机构是一个比较好的选择。如2008年5月9日，中国儿童少年基金会和安利（中国）日用品有限公司共同推出的一项关注流动儿童的大型公益项目——“阳光计划”在北京市昌平区北七镇东三旗村智泉学校正式启动。全国妇联副主席、书记处第一书记黄晴宜，全国妇联副主席、书记处书记莫文秀，儿基会副理事长程淑琴、秘书长宋立英等相关领导，美国安利公司执行副总裁、安利（中国）日用品有限公司董事长郑李锦芬以及“阳光计划”专家顾问团成员代表、知名学者纪连海等社会知名人士参加了启动仪式。“阳光计划”通过对“打工子弟学校捐建图书馆、邀请社会学者及文化名人提供课外辅导讲座以及发动社会志愿者为打工子弟学校提供各种志愿帮扶等行动，以帮助流动儿童改善教育和成长环境，融入城市社会，促进儿童少年的身心健康成长”。[2]

---

［1］赵正元：《“农民之子”：用青春点燃希望之火》，载《中国教育报》，2006年6月4日。

［2］贾晶晶：《安利启动流动儿童素质教育援助项目》，载《中国企业报》，2008年5月16日。

对于这三部分社会助学体系，本着关爱和支持的核心理念，根据各地社会背景，可以在全社会各个地区、社区成立，主要是在省、市（区）、县、镇（居）四级设立，以自愿为原则，以活动常态化为目标，力避当前活动表面性、表现性和临时性的特征，为流动儿童教育创造一个更好的社会环境和氛围。

（二）流动儿童教育的制度保障

流动儿童教育体系的设计是为了更好地实施流动儿童教育，而流动儿童教育体系的建立主要是机构的设立与权力和责任的划分。我们认为，流动儿童有以下问题需要有一套基本的制度来保障：

1．流动儿童教育权利制度

对于流动儿童来说，教育问题得到解决首先需要国家立法来保障其教育权利的实现，如《义务教育法》中需要有关于如何解决流动儿童教育问题的条文，或是出台专门的《流动儿童教育保障条例》等法律层面的文件；其次，需要相关的流动儿童教育各部门联合出台政策条例，如在流动儿童教育历程中最为知名的是2003年9月由教育部、中央编办、公安部、发展改革委员会、财政部和劳动保障部联合颁发的《关于进一步做好进城务工就业农民工子女教育工作的意见》这一政策文件；最后，各级地方政府（包括流入地和流出地政府）要为流动儿童这一特殊的群体制定适应他们的教育政策实施条例，如浙江宁波市2004年8月23日根据中央六部委联合颁发的《关于进一步做好进城务工就业农民工子女教育工作的意见》这一政策文件和本地经济与教育发展的实际情况，制定了《关于切实做好进城务工就业农民工子女教育工作的实施意见》，这是更为具体的流动儿童教育保障制度，是实施层面的制度保障。总之，必须对流动儿童教育的法律、政策、规章和条例等从上到下、从宏观指导到微观的具体操作形成制度保障体系。

2．流动儿童学籍管理制度

从理论上来说，国家建立了相应的流动儿童教育保障制度后，流动儿童的教育就不是一个问题。但是，现实告诉我们，解决流动儿童教育问题远不是制定一些政府规章制度那么简单，而是需要各部门和单位的配合，因此，还必须有更为具体的制度保障。

其中，最为基本的就是如何保障流动儿童在全国任何一个流入地不因为流动而失去入学的机会。这一制度必须解决流动儿童在流入地和流出地的登记问题、入学问题；必须解决好流动儿童因为父母亲工作变化带来的经常性转学问题；必须解决流动儿童在流入地小学毕业或初中毕业甚至是高中毕业生升学报考的问题。因此，要建立起流动儿童登记、入学、转学、升学的一个学籍管理制度体系。

3．流动儿童教育经费制度

经费对于任何一个问题的解决都是至关重要的。造成流动儿童教育问题的根本原因就在于当前义务教育体制中的经费拨付制度的缺陷。流动儿童教育经费是根据其户籍所在地拨款的，因此，流动儿童在流入地无法得到教育经费，学校作为一个利益主体也就会缺乏接受流动儿童入学的动力。因此，要解决好流动儿童问题，必须解决好流动儿童的教育经费问题，其关键是把流动儿童教育经费以户籍所在地为根据的拨款方式改为基于其学习所在地的拨款方式。另外，流动儿童的家庭经济状况都有一定程度上的困难，这也是产生流动儿童教育问题的一个重要原因，所以，新的教育经费制度必须解决好流动儿童学习补助、生活补助以及不能就近入学的流动儿童的交通补助等问题。要建立起根据流动儿童教育学习所在地的新经费拨款制度、补助制度以及针对打工子弟学校的专项经费补助制度，使之成为一个制度体系。

4．流动儿童教育教学制度

其实，没有必要为流动儿童设计一套专门的教育教学制度，但是，由于中国流动儿童问题总是伴随着家庭经济困难、家长文化教育程度偏低及由于身份导致的城市歧视等诸多问题，一个简单的问题就复杂化了。所以，必须在流动儿童教育日常管理中加入一些特别要求，才能更好地实施流动儿童的教育。

首先，对于公立学校负责流动儿童教育的教师必须实行上岗培训，使得这些教师对于流动儿童的教育意义、流动儿童的心理特点等有更加充分和正确的认识，使得他们能更好地、更正确地实施流动儿童教育。其次，对于专门接受流动儿童的打工子弟学校，必须在教学指导、教师培训、学校管理等多方面进行培训和指导，使得流动儿童在这些学校一样能得到优质和适合的教育。再次，对于流动儿童家长来说，他们是流动儿童教育最为关键的人，然而他们因为文化程度、工作性质等多方面原因，很难把家长这一角色做好，如工作太忙没有时间和孩子交流与沟通，文化层次太低容易教育粗暴，经济困难使他们难于满足孩子的学习需求，因此，学校和教育管理部门要对流动儿童家长进行培训，帮助他们更好地实施流动儿童的家庭教育。最后，对于学校管理来说，需要有一套更具人性化日常规范的教学管理制度。流动儿童因为家庭和流动等原因，在自我约束、纪律考勤、行为习惯等方面并不一样，这对学校日常管理和课堂教育方面提出了新的要求，因此，有必要在学校的日常教育教学制度方面对这些流动儿童给以特别关怀。总之，需要为流动儿童教育的更好实施制订或修订学校日常的教育教学制度。

5．流动儿童教育监督制度

所有的政策实施，都需要有一个相应的反馈和监督机制，才能保证相应的政策能够实施到位，因此，流动儿童教育体制的建构，必须建立起一套相应的监督制度。

首先，要建立起全国流动儿童信息统计监测制度。流动儿童教育问题本身产生于全国流入地与流出地信息不能对接，难以实施以学生为本位的教育经费拨付制度和转移支付制度，因此，需要对全国流动儿童甚至是一省之内的流动儿童进行经常制度化的信息统计与反馈。其次，要对全国各地方政府流动儿童教育实施进行评估，并以此作为地方政府的一个政绩考核依据，只有这样才能在动机上促使地方政府积极执行和实施流动儿童教育政策。最后，必须对打工子弟学校和公立学校中的流动儿童教育教学质量进行督导，以此保障流动儿童教育的质量。

总之，必须改变流动儿童教育权利漠视的状态，建立起流动儿童教育权利保障制度；改变以户籍为基础的学籍管理制度，建立以学生身份为基础的学籍管理制度；改变以地方负责的教育经费制度，建立起以国家为主、分类负责的经费拨付制度；改革对流动儿童教育被动安排的制度，建立起对流动儿童义务教育国家监督制度；改革现在的流动儿童教育学校管理体制，建立起学校、家庭和社区联合管理制度。

二、流动儿童教育管理机制探索

一般来说，机制和体制并不是一回事。根据《现代汉语词典》的解释，机制是“机器的构造和工作原理”，后来机制的含义被陆续引入不同的领域，产生了各类不同的机制，如生物机制、社会机制，进入教育领域就有教育机制。根据孙绵涛对机制与教育机制的观点，他认为机制“可以定义为事物或现象各部分之间的一种相互关系及其运行方式”。因此，要研究机制，首先要看清事物或现象是由哪几部分组成，它们之间存在什么样的关系。机制是客观存在的，但并不是普遍存在的，认识机制不能以事物或现象本身为依据，而应当以事物或现象各部分之间的内在联系或联系方式为依据。[1]

在探讨机制问题时，不能不探讨机制与体制、制度之间的关系。正如前面所说，教育管理的体制和机制并不是一回事，虽然它们之间有千丝万缕的关系。相对于体制中机构体系与制度相对静态的一面，教育管理机制更多地强调动态的、互动的一面。根据孙绵涛的观点，制度是一种符号的表现形式，机制是事物或现象各部分的内部联系或联系方式，并通过这种符号表现出来，也就是说机制可以用制度的形式加以表达或加以规定。[2] 所以，在这个意义上，机制其实就是一种以制度化形式固定下来的运行方式或互动方式，是一种理性的、形成习惯性的制度。也就是说，制度是机制的表现方式，而机制则是一种稳定性的、习惯性的制度。

根据前面的分析，我们认为机制主要是实现体制功能的一种经常性、习惯性的制度或行动方式。对于流动儿童而言，他们的教育问题解决并不只是让他们入学而已，还需要解决其学校外教育问题。因此，我们认为必须建立起包括流动儿童学校教育机制、流动儿童家庭教育机制和流动儿童自我教育机制“三位一体”的教育机制，才能解决好流动儿童的教育问题。其原因有二：一是因为流动儿童与其他非流动

---

[1] 孙绵涛：《教育管理学》，285页，北京：人民教育出版社，2006。

[2] 孙绵涛：《教育管理学》，291-292页，北京:人民教育出版社，2006。

儿童相比，家庭教育问题特别突出，父母大多文化程度偏低，对教育的重视程度不够，主观上有忽视流动儿童教育的可能；同时，流动儿童父母大多从事劳动强度大、工作时间长甚至是经常加班的工作，这在客观上造成了流动儿童父母难以保证与孩子有足够的沟通时间。二是因为流动儿童在城市里，由于现行的体制等多方面的原因，得不到学校的接纳，大多只能在专门为农民工子女设立的打工子弟学校就读，这些学校条件差、设施不足、教师质量达不到要求，导致他们的成绩较差，缺乏信心，自我教育存在问题；即使有的城市公立学校接纳了他们，由于个人的流动背景、教材不同、城市同学或教师的排斥以及方言等多方面的原因，他们在学校受到歧视，因而需要在自我心理认识等方面进行自我教育。教育是一个系统工程，是多种合力的结果，流动儿童在家庭和自我问题上比较突出，所以其教育管理的机制不能只以学校为主，也不能忽视像现在的城市学生家庭和自我教育存在的问题，我们需要对流动儿童的家庭教育和自我教育更加重视，把它摆到与学校教育同等重要甚至是更加重要的地位上来，只有这样，才能对解决流动儿童的教育问题起到真正有力的作用。

需要说明的是，在本研究中，流动儿童的教育管理机制与教育管理体制的内涵并不一样，流动儿童的教育管理体制认为教育不仅限定于学校、家庭和自我，而是放到一个更大的社会系统工程之内，把教育、经济与社会结合起来，对流动儿童进行治理，从机构设立到制度重建。而在本研究当中，流动儿童的教育管理机制相对体制来说，系统范畴更小，只关乎学校、家庭和自我；从教育的概念来说，是一个狭义上的教育，只是站在教育的立场上思考教育问题，不从政治、经济和社会等广义的角度来谈流动儿童的教育，不利于流动儿童教育问题解决。

(一）流动儿童学校教育机制

由于流动儿童的经费管理、学籍身份、流动背景等多方面的原因，造成了一些学校特别是公立学校对流动儿童区别对待，甚至是歧视对待。因此，需要在学校层面建立重要的教育机制，解决好流动儿童能上学、上好学和好上学的问题。我们认为，应主要在以下方面做出努力：

第一，在流动儿童的学籍管理上，实行流动儿童电子学籍管理制度。流动儿童因为“流动”的背景，在学籍管理上需要更多的关注。流动儿童存在入学时间有早有晚、中途可能转学或休学、毕业生面临升学等诸多问题，这些问题决定了流动儿童的学籍管理需要国家进行义务教育学生学籍管理制度的改革，实行学生电子学籍制度，建立起全国义务教育电子注册全国联网，这将有利于流动儿童的经费拨付、转学升学等各种教育管理的更好实施，解决好流动儿童的进与出问题。

第二，在流动儿童的日常管理上，实行流动儿童教师培训制度。由于家庭、经济等各方面的原因，流动儿童在学校日常生活中，易受到程度不一的歧视等伤害，对流动儿童在教育上的特别关怀有助于改善这种状况。因此，需要对与流动儿童教育相关的教师、教辅或管理人员实行专项培训制度，从流动儿童教育管理对于国家和谐建设的意义、对于流动儿童个人成长与社会发展关系等多方面提高认识，更好地服务于流动儿童的教育。

第三，在流动儿童的学校管理上，创设关心流动儿童、共建和谐学校的校园文化与管理制度。在不少的公立学校中，流动儿童仍然在相当程度上受到不公正对待，有的来自于教师，因为流动儿童的学习基础差影响到班级的评比，最终影响到了教师的各种利益，导致不少班主任不愿意接受流动儿童，任课教师不愿意教育流动儿童；有的来自于城市学生及其家长，其认为与流动儿童相处较多会导致自己或自己的孩子沾染上更多的不良习惯，因此，需要从学校管理层面上，重视对流动儿童的教育，避免将流动儿童作为一种不良的影响，要创造一种生生平等、师生互爱的和谐团结的校园文化。比如有的学校举行了关爱流动儿童“我与流动儿童手拉手”等作文评比活动。

第四，在流动儿童的课堂管理上，创设一套关爱流动儿童的课堂管理制度。流动儿童由于其生活背景、家庭因素等方面的原因，在个人生活习惯、纪律出勤、学业评价等方面，与城市的普通学生相比有一定的差距。从关爱流动儿童的动机出发，不是一味地强调宽松，相反，要致力于营造一个帮助流动儿童形成良好的学习态度、学习习惯，提高学习业绩的课堂氛围，制订专门针对流动儿童进步的课堂管理制度。在与其他城市普通学生相同管理的基础上，对流动儿童的学习习惯、学习评价实行“因材施教”的特别关爱。

（二）流动儿童的家庭教育机制

正如我们在前文所说，对于流动儿童而言，他们与城市普通学生并没有什么本质区别，而是生活背景与流入地的当地儿童有较大的差别，尤其是其家庭背景。流动儿童的父母多是进城务工人员，谋生技能低、经济收入差，而且他们的工作多是城市人不愿意做的“脏、苦、累”活，工作时间长，导致他们很少有时间与孩子们交流，在孩子最需要的时候得不到父母的良好家庭关爱和教育，会进一步影响到孩子的教育学习和成长，因此，需要特别重视流动儿童的家庭教育机制。我们认为，作为一种制度性的机制建设，应重视和加强建设以下几个方面：

其一，以地方妇联为发起人，联合学校、工厂、社区等多种机构，成立流动儿童家庭教育指导中心，举行各种流动儿童家教指导活动，提升流动儿童父母的家庭教育水平。地方妇联作为一个官方或半官方组织，在联合社会各界关心流动儿童的社会机构或人士方面具有天然的优势。学校作为一个具有师资和场所的地方，为流动儿童的家庭教育活动的开展提供良好的空间和人员；而工厂作为流动儿童父母聚集的地方，在组织和登记流动儿童父母教育、提供流动儿童父母接受教育的时间和空间方面都有很大的优势；社区像工厂一样，利用其在流动儿童居住地联系方便等优势，对于组织流动儿童父母家庭教育也有联系上的优势。这些机构和关注流动儿童成长的各界人士，为流动儿童父母家庭教育方面提供指导，能有效地帮助流动儿童父母提升教育水平，从而更好地服务于流动儿童的教育和成长。

其二，以流动儿童所在的学校为中心，成立专门的流动儿童家庭学校，开发流动儿童家校联系手册，加强与流动儿童父母的联系，也是提升流动儿童家庭教育的一个重要机制。流动儿童所在学校，作为与流动儿童利益最直接的关系人，在流动儿童父母家庭教育上具有很大的优势。学校可利用家长会、家长学校、家校联系手册，通报孩子在学习和成长上的问题，对不同的流动儿童成长问题提出有针对性的家庭教育建议，这将直接有效地提升流动儿童家庭教育水平。

其三，以非政府组织为组织者，以社会志愿者为主要力量，发动社会各界参与对那些父母文化水平低、单亲家庭、残疾家庭等因为各种原因不能对孩子进行有效家庭教育的流动儿童家庭实行代理家长制，帮助这些流动儿童得到良好的家庭教育。如有些地方组织了关爱流动儿童“一对一”帮扶活动，对家庭特别困难的流动儿童进行认养活动，做“义父母”，将其定时或不定时接到家中与自己的孩子结为伙伴，加强其在城市中的融合，为孩子从另一个渠道提供良好的家庭教育。有的地方直接把流动儿童寄养在学校教师家中，方便流动儿童直接的学习和教育；甚至有个别人士把身边的流动儿童组织起来，做他们的“共同家长”，关心和帮助他们成长，也不失为一种良好的家庭教育。

（三）流动儿童的自我教育机制

对于流动儿童来说，自我教育是非常重要的。我们曾经访谈过一个流动儿童，他的在校成绩不好，当问他有什么办法能提高学习成绩，他说：“只有我自己想努力才行，否则的话就是上帝来了都不行。”孩子的话一语道出了自我教育的重要性。从哲学的观点来说，外因只是条件，内因才是事情发生变化的关键；从教育学的规律来说，如何激励学生自主学习，是优秀教师的一个最重要品质。在我们看来，流动儿童的自我教育至少可在以下几个方面开展：

其一，流动儿童的法律自我教育。流动儿童因为家庭和所处的社会环境等多方面的原因，出现不少的行为偏差，常表现为叛逆行为、异常情感行为、异常行为习惯、违法行为等。针对流动儿童这样一些偏差行为，可以组织专门的流动儿童法律教育活动，帮助流动儿童认识到自我行为与社会的关系。这样的活动可以由学校、社区、妇联等多种部门组织，可以是定期或不定期的法律教育活动。2008年4月，厦门市湖里区的金尚社区、通社区和兴隆社区的调查发现，社区存在流动人口子女行为偏差问题主要表现在叛逆行为和异常行为习惯上，具体表现为厌学、逃学、网瘾等；针对这些情况，社区组织从个人、群体和社区三个层面进行实践，就是一种很好的流动儿童法律教育机制。[1]

其二，流动儿童的心理自我教育。据《深圳商报》报道，深圳市

[1] 巨东红，文国清，邓玮：《社区“纠偏”——流动人口子女的“心灵鸡汤”》，载《厦门日报》，2009年9月13日。

妇女儿童心理咨询中心对全市1500名流动儿童的心理健康状况进行抽样问卷调查发现，相当多的流动儿童存在自卑、孤僻、人际关系不良等心理问题，因此建议全社会应对他们给予更多关注和关怀。[1] 流动儿童从熟悉的家乡来到一个陌生的城市，熟悉的亲朋好友同学都不在一起，这种陌生的环境对流动儿童心理产生巨大冲击，从而引发心理上的问题，如果这些心理问题得不到解决，就会影响流动儿童的成长。在美国，一个外来儿童到一个新的学校上学，班主任都要指定几个同学做他的新伙伴。因此需要针对流动儿童心理的困惑，帮助他们正确认识自我、家庭与社会变化，并学习如何克服这些心理问题。

其三，流动儿童的日常自我教育。流动儿童来到城市，很多日常生活习惯都面临着巨大的变化，孩子们在城市里上学需要过马路，面临交通事故危险；农村的那种熟悉的亲切自然的礼仪关系同城市也并不一样；城市中针对流动儿童的犯罪，流动儿童被拐卖、走失等事件也时常见诸报道。城市农村在衣食住行各个方面相差很大，面对一种全新的生活，需要学校、家庭和社会有针对性地组织相关的教育活动，帮助流动儿童自我更好地适应城市生活。

---

[1] 李薇：《三成流动儿童感觉受到歧视》，载《深圳商报》，2009年11月20日。

第六章

流动儿童教育的社会支持系统建构

第一节 流动儿童教育的社会支持：一个分析框架

流动儿童教育问题自从产生以来，就得到社会广泛的关注。很多正义人士对流动儿童在教育方面所受到的不公正待遇深表同情，并为之奔走和呼吁。1995年记者李建平在《中国青年报》发表的《“流动的孩子”哪儿上学》系列报告中，提出了“流动人口子女的教育问题，是关系到普及九年义务教育、提高全民族文化素质的大问题”，使得对流动儿童教育问题的关注到了一个新的高度，从媒体、民间人士或学者到政府官员到最高领导，都对流动儿童教育问题进行研究和思考，寻找可行的解决方案。全国人民代表大会、国务院、教育部及其他部委出台了流动儿童教育问题的政策文件，流动儿童的教育问题得到了一定程度的解决。

然而，流动儿童教育问题并没有得到真正的解决，流动儿童仍然存在入学难、就近上学难的问题，更谈不上上好学、好上学这样一种优质的教育，因此，流动儿童的教育问题仍然需要得到社会的支持。

如何更好地推动流动儿童教育的社会支持，建构一个良好的社会支持系统，仍然是一个值得我们深思的问题。

对于流动儿童教育的社会支持，我们认为，可以以流动儿童教育的社会支持主体、对象、内容、模式组成一个分析框架，来建构中国的流动儿童教育的社会支持系统。

一、社会支持主体

对于流动儿童教育问题的解决来说，其社会主体是多元的，其中最重要的是以政府为首的正式支持主体。首先，流动儿童教育的最大支持主体是国家，即中央及地方各级政府。流动儿童教育问题的产生也源于当前教育体制问题，因此，能在体制上解决流动儿童教育问题的最大主体非政府莫属。政府出台各种政策或规章制度，来保障流动儿童教育的权利，是流动儿童教育的决策支持主体。其次，流动儿童教育的社会支持主体是以教育部为首的各级教育管理部门。作为中央或地方政策执行部门，以教育部为首的各级教育行政管理部门是流动儿童教育支持的第二主体，承担着解决流动儿童教育制度问题的重任，对流动儿童教育的入学、升学、转学、退学或休学等制定规章制度，是最具权威的政策宏观执行支持主体。最后，以学校为主的各类教育机构，是流动儿童教育支持政策的微观实施主体。

对流动儿童的教育责任，国家一直没有忽视。1982年12月颁发的《中华人民共和国宪法》第四十六条规定，中华人民共和国公民有受教育的权利和义务，国家培养青年、少年、儿童在品德、智力、体质等方面全面发展，宪法规定了国家对于儿童负有培养和支持其发展的责任；1986年4月颁发的《中华人民共和国义务教育法》第四条规定国家依法保障适龄儿童、少年接受义务教育的权利，第一次明确表达国家对于儿童教育的支持责任。1995年3月颁发的《中华人民共和国教育法》第十八条规定，各级人民政府采取各种措施保障儿童、少年就学，再一次明确所有儿童的教育责任。1998年3月颁发的《流动儿童少年就学暂行办法》第四条规定，流入地人民政府应为流动儿童、少年创造条件，提供接受义务教育的机会，流入地教育行政部门应具体承担流动儿童少年接受义务教育的管理职责，这是国家政府第一次明确规定政府对于流动儿童教育的责任；2001年5月国务院颁发的《中国儿童发展纲要（2001—2010)》总目标中的策略措施中规定，政府要完善流动人口中儿童就学制度，(各地方政府）要根据国家推进城镇化的要求，做好教育规划，满足农村适龄儿童向城镇转移后的就学需要，再一次强调了各级政府对于流动儿童教育的责任。2001年后，国家出台了一系列的有关流动儿童教育的政策文件，如国务院《关于基础教育改革与发展的决定》《以“三个代表”重要思想为指导，坚持“两个为主”做好进城务工就业农民工子女接受义务教育工作》、国务院办公厅《关于做好农民进城务工就业管理和服务工作的通知》等，政府对于流动儿童教育支持的责任更加具体化。

流动儿童教育问题的解决，需要各教育行政管理部门根据中央政策制定相应的制度，而针对这些制度承担进一步的具体操作层面上的工作责任的就是教学实施机构，在当前的中国，主要是公立学校、打工子弟学校（私立学校或者说是公助民办学校）、流动儿童教育活动中心等类似机构，这些机构对流动儿童的教育支持是直接的、操作层面的，从与流动儿童的联系上来看，是最直接的流动儿童教育支持主体。1986年4月颁发的《中华人民共和国义务教育法》第四条规定学校要依法保障适龄儿童、少年接受义务教育的权利，第一次明确表达学校对于儿童教育的支持责任；1991年颁发的《中华人民共和国未成年人保护法》第五条规定，学校应当教育和帮助未成年人运用法律手段，维护自己的合法权益。1998年3月颁发的《流动儿童少年就学暂行办法》第七条规定，流动儿童、少年入学，以在流入地全日制公办中小学借读为主，也可入民办学校、全日制公办中小学附属教学班（组）以及专门招收流动儿童少年的简易学校接受义务教育；第十三条规定凡招收流动儿童少年就学的学校、简易学校和全日制公办中小学附属班（组），均不得以营利为目的，不得违反国家有关规定乱收费、高收费，对家庭经济困难的学生应酌情减免费用；2002年8月，教育部副部长王湛的《以"三个代表"重要思想为指导，坚持"两个为主"做好进城务工就业农民工子女接受义务教育工作》的讲话，则第一次肯定了以公立学校为主、以私立或民办学校为辅的流动儿童学校教育支持责任。

除了以上对流动儿童教育支持的正式机构或组织外，还有一些支持来自于半官方组织、民间组织（NGO）、社会志愿者、企业或基金会等。按教育支持的力度来说，这些非正式支持主体又可分为三类。第一类是准官方组织，主要包括妇联、工会、共青团、退休管委会等，这些机构或组织从属于政府，是正式的国家机构，有稳定的经费来源，具有一定的资源运筹能力。但是，它们在性质上缺乏正式支持系统中所具有的强制的、决定性的政策实施能力，因此，它们属于非正式支持系统中的一类。这类支持主体具有组织能力强、联系面广等优点，对于流动儿童教育在相当程度上起到推动作用。第二类是以社区或慈善机构为首的半官方组织，这些组织承担着国家一般不直接强制实施的社会任务，主要配合政府推行各种政策。如发动群众义捐募助、访问关怀等。在流动儿童教育支持上，主要是发动社区内或慈善机构所在地的居民对流动儿童提供各类帮助和支持。第三类是以非政府组织为首的民间组织，这些组织通过组织各类社会志愿者、大学生等提供流动儿童教育帮助，如帮助流动儿童学习、心理关怀、物质支持等直接或间接的教育支持。1986年4月颁发的《中华人民共和国义务教育法》第四条规定，社会依法保障适龄儿童、少年接受义务教育的权利，首次明确表达社会对于儿童教育的支持责任。1991年颁发的《中华人民共和国未成年人保护法》第五条规定，社会部门或个体有教育和帮助未成年人的责任。2002年8月，教育部副部长王湛的《以“三个代表”重要思想为指导，坚持“两个为主”做好进城务工就业农民工子女接受义务教育工作》的讲话也明确要求各相关部门相互配合，齐抓共管。如有的地方建立了解决农民工子女入学的议事协调制度或联席会议制度；还明确了要发挥社区综合管理作用，动员全社会关心和支持进城务工就业农民子女接受义务教育工作；强调要建立城市的区（县）、街道办事处、社区委员会三级管理网络；2003年10月颁发的国务院办公厅转发教育部等部门《关于进一步做好进城务工就业农民子女义务教育工作的意见》中提出，要积极鼓励机关团体、企事业单位和公民个人捐款、捐物，资助家庭困难的进城务工就业农民工子女就学。总之，社会各界对流动儿童教育支持的良好氛围基本形成。

流动儿童教育的社会支持除了包括以政府组织为首的官方支持、以妇联等为首的准官方组织支持、以社区等为首的半官方组织支持以及民间组织的非官方支持外，还包括流动儿童自我的教育支持。流动儿童通过政府、社区或民间组织等多种渠道，提升自我的教育认识，增强良好的学习适应能力、心理平衡能力、社会交往能力，成为一个有力的自我支持系统。

二、社会支持对象

根据流动儿童教育支持体系，流动儿童教育分为自我教育、学校教育和家庭教育三部分，那么，我们据此把流动儿童教育的社会支持对象划分为流动儿童本身（流动儿童自我教育）、流动儿童专门学校[1]（打工子弟学校，流动儿童学校教育）和流动儿童家庭（流动儿童家庭教育）三部分。

（一）流动儿童

流动儿童在本研究中主要是指跟随父母进城务工的农民工子女中处于义务教育阶段的儿童。流动儿童这种特殊的身份以及社会流动环境、社会体制改革落后等背景，导致了流动儿童在教育上处于弱势或劣势。我们在前文中也说过，导致流动儿童处于教育弱势的原因有三：一是当前的教育管理体制存在问题，以户籍身份为依据的教育经费拨款制度，导致了流动儿童流入地政府和教育管理部门缺乏接纳和安置流动儿童的动力，存在各种程度上的流动儿童入学难、升学难等现象；二是流动儿童父母多是进城农民工，在文化、技能等方面水平较低，导致家庭收入少，因此，很多的流动儿童因交不起“赞助费”而辍学；三是流动儿童因为父母经济条件较差，缺乏一个良好的学习和生活环境，很多流动儿童放学后没有可以做作业的地方，没有可以交流的朋友，他们幼小的心灵承受了很多寂寞和孤独。

---

[1] 教育流动儿童教育当前在中国实行“以公立学校为主”的原则，大部分的流动儿童在公立学校就读，但是有相当大一部分流动儿童就读于各种设施、师资和管理条件均不合格的民办打工子弟学校，这显然是悖于教育公平理念的，因此，国家必须对打工子弟学校进行经济等多方面的社会支持，而流动儿童就读的公办学校本身已经在物质、师资、管理等各方面由国家承担了全部的办学条件。

（二）流动儿童专门学校

流动儿童的专门学校分为两类。一类是公办学校，是当前大多数流动儿童就读的地方。公办学校在招收流动儿童后，并没有得到相应的教育经费拨付，有的地方采取政府补助的方式，但这种补助的流动儿童生均经费并不能与当地的生均经费相比。在上海，一些流动儿童的经费补助不及当地学生，因此，公立学校存在着招收流动儿童越多，损失越大的怪圈，导致动力缺乏。因此，公办学校如何提供支持是管理者和决策者不能不思考的问题。二是打工子弟学校。打工子弟学校办学条件差，一些打工子弟学校由于学校房屋租金、教师工资等社会增长过快，入不敷出，招不到合格的教师。目前我们所调查的很多打工子弟学校的师资状况很不理想，多是一些刚毕业的师范生、退休教师、公办学校下岗分流教师等。这种师资，维持基本的日常教学已属不易，何谈全面有效地开展流动儿童教育？更谈不上流动儿童的教育质量保障。同时，我们在调查中发现一部分民办打工子弟学校办学者动机不纯，有的打着帮助流动儿童的招牌，行谋取办学利益之实，在管理上存在严重的问题；有的学校对于流动儿童存在只收费不教育的现象，相当于一个“大年级的托儿所”的功能，只是为流动儿童父母看孩子罢了。打工子弟学校存在诸多问题，很多专家并不看好打工子弟学校，甚至认为国家应当对打工子弟学校实行取缔政策，由政府切实承担起流动儿童的教育责任。同为中国社会公民和纳税人的孩子、未来社会发展的公民，政府的教育责任是责无旁贷的，因此，流动儿童学校特别是打工子弟学校应当是当前社会支持的一个重要对象。

（三）流动儿童家庭

流动儿童的教育问题不是流动儿童本身的问题，而是一个以家庭为起点的教育问题。我们在前面已经说过，流动儿童教育问题产生的原因，除了国家教育管理体制落后于社会发展外，一个重要的原因就是流动儿童家庭。流动儿童父母大多文化、技能水平较低，这带来的问题不仅仅是流动儿童家庭经济对教育的影响，更重要的是父母文化素质对流动儿童家庭教育带来的问题。工作忙，导致父母亲子交流时间很少；文化水平低，导致父母对家庭教育重视程度不足，缺乏教育方法，等等，这些问题已经严重影响了流动儿童在家庭教育中的健康发展，并进一步影响到了流动儿童的学校教育和成长。在我们的流动儿童教育调查中发现：73%的流动儿童父母没有时间与孩子进行沟通；82%的父母不知道如何教育孩子；56%的父母对于孩子教育的重要性认识不足。因此，流动儿童的家庭作为其教育的一个重要方面，也应当是社会支持的一个重要对象。

三、社会支持内容

流动儿童教育的社会支持的内容是以流动儿童的教育成长需求为基础的。不同的流动儿童个体需求并不一样，但有一些是共同的，主要包括权利与机会、经济与物质、情感与交往、帮助与服务等。

（一）权利与机会

根据罗尔斯的观点，每一个人都有平等的权利去拥有与别人类似的自由权并存在最广泛的基本自由权，对社会和经济不平等的安排能使这种不平等不但可以合理地基本符合每一个人的利益，而且与所有人开放的地位和职务联系在一起，这就是著名的正义二原则：平等自由原则和差异原则。对于流动儿童来说，所有的支持首先是权利的保障和机会的均等。《中华人民共和国宪法》第二章第四十六条规定，中华人民共和国公民有受教育的权利和义务，其中第四十五条特别强调国家和社会要帮助盲、聋、哑等弱势群体的教育与生活。除此之外，《中华人民共和国义务教育法》第四条规定，国家、社会、学校和家庭依法保障适龄儿童、少年接受义务教育的权利；第十条规定国家对接受义务教育的学生免收学费，国家要设立助学金，帮助贫困生就学；第十二条规定实施义务教育所需事业费和基本建设投资，由国务院和地方各级人民政府负责筹措，给予保证；而且国家对经济困难地区实施义务教育经费予以补助，鼓励各种社会力量以及个人自愿助学。

对于流动儿童，国家也在不断地出台一些专门针对性的教育政策，如1996年原国家教委颁发了《城镇流动人口中适龄儿童少年就学办法(试行)》，规定城镇流动人口中适龄儿童、少年的入学可向流入地住所附近的中小学进行申请；1998年原国家教委、公安部联合颁发了《流动儿童少年就学暂行办法》，规定流入地人民政府应为流动儿童、少年创造条件，提供接受义务教育的机会；而流动儿童少年父母或监护人应当按流入地人民政府规定送子女或其他被监护人上学，接受并完成规定年限义务教育。2001年，国务院印发了《关于基础教育改革与发展的决定》，在第二条第十二款中指出“要重视解决流动人口子女接受义务教育问题，以流入地区政府管理为主，以全日制公办中小学为主，采取多种形式，依法保障流动人口子女接受义务教育的权利”。2003年9月19日，全国农村教育工作会议在北京召开，国务院总理温家宝在会议上指出了农村教育工作的重要性，其中特别指出一定要让进城务工农民的子女有书读、有学上，和城里孩子同在一片蓝天下共同成长进步。

流动儿童作为社会公民的一部分，他们的教育权利受宪法保障。

任何一个负责任的政府都不应该以任何理由为借口，忽视这一特殊群体的教育权利。同时，流动儿童作为社会弱势群体的一部分，更需要国家在政策上予以照顾。具体而言，这些权利表现为入学权、升学权、转学权、平等受教育权等。这些权利又最终转化为教育机会的公平，即能在中华人民共和国任何地方入学、像城市学生一样能够就近上学、义务教育阶段能直接升学等，这些权利和机会是平等的，不因为流动儿童家庭经济、文化等各种条件差异而不同，是最基本的、平等的教育权利和教育机会。

（二）经济与物质

马克思主义哲学认为，经济基础决定上层建筑。流动儿童教育问题从宏观来说，是一个国家在经济基础上的问题，这个问题表现为两种情况：一种是经济不发达，不足以支持所有适龄儿童完成义务教育；另一种是经济总量能够支持义务教育的实现，但由于体制和机制的原因，经济结构不合理，导致了这种经济基础不足以支持上层建筑的实现。从这个意义上来说，流动儿童教育问题是一个因中国经济结构引发的教育投资不足而导致的流动儿童教育难以实现的问题。从微观来说，一个家庭经济总量不足也会引发家庭教育投资不足。对于流动儿童来说，他们的父母因为文化、技能等原因，总体上家庭收入不高，难以支付流动儿童教育所产生的一些额外负担，如赞助费、建设费、交通费等。

国家对于流动儿童的教育经济支持是很重视的。2003年1月15日，国务院办公厅颁发的《关于做好农民进城务工就业管理和服务工作的通知》第六条规定：“要保障农民工子女接受义务教育的权利。流入地政府应采取多种形式，接收农民工子女在当地的全日制公办中小学入学，在入学条件等方面与当地学生一视同仁，不得违反国家规定乱收费，对家庭经济困难的学生要酌情减免费用。要加强对社会力量兴办的农民工子女简易学校的扶持，将其纳入当地教育发展规划和体系，统一管理。流入地政府要专门安排一部分经费，用于农民工子女就学、工作。流出地政府要配合流入地政府安置农民工子女入学，对返回原籍就学的，当地学校应当无条件接收，不得违规收费。”2003年9月30日，经国务院同意，国务院办公厅转发了教育部、中央编办、公安部、发展改革委员会、财政部、劳动保障部《关于进一步做好进城务工就业农民子女义务教育工作的意见》，指出要建立进城务工就业农民子女接受义务教育的经费筹措保障机制，流入地政府财政部门要对接收进城务工就业农民子女较多的学校给予补助，城市教育费附加中要安排一部分经费，用于进城务工就业农民子女义务教育工作；采取措施，切实减轻进城务工就业农民子女教育费用负担。流入地政府要制定进城务工就业农民子女接受义务教育的收费标准，减免有关费用，做到收费与当地学生一视同仁。要根据学生家长务工就业不稳定、住所不固定的特点，制定分期收取费用的办法。通过设立助学金、减免费用、免费提供教科书等方式，帮助家庭经济困难的进城务工就业农民子女就学。2005年12月，国务院颁发了《关于深化农村义务教育经费保障机制改革的通知》，确定全部免除农村义务教育阶段学生学杂费，对贫困家庭学生免费提供教科书并补助寄宿生生活费，其中进城务工农民子女在城市义务教育阶段学校就读的，与所在城市义务教育阶段学生享受同等政策。

在具体的流动儿童经济与物质支持上，主要表现在以下几个方面：政府对流动儿童本人、家庭或学校提供经济资助、困难补助；社会捐赠图书、学习用品或生活用品等；企业或个人捐款；学校对流动儿童免除学费、杂费、书本费等；学校或社会提供奖学金或贷款。

（三）情感与交往

流动儿童的教育问题不仅是一个学校教育问题，也不仅仅是一个家庭教育问题，更是一个自我教育的问题。根据唯物主义辩证法观点。外因是条件，内因才是根本。流动儿童的教育与成长，学校和家庭教育固然很重要，但更为重要的是流动儿童个体本身。因此，对于流动儿童而言，其教育成长过程中，情感与交往是非常重要的。但是，当前我国流动儿童调查研究表明，绝大多数流动儿童在情感和交往方面存在心理问题，他们现在或曾经因为流动儿童的身份遭受过心理伤害，据北京流动儿童教育问题调查发现，18.9%的孩子认为“北京人不尊重人”，75.7%的流动儿童在日常生活中感到被嘲笑和讽刺，原因是因为“我是外地人”“知识太少”“我家太穷”等。[1] 也有相关研究表明，与本地儿童相比，流动儿童在学校适应性较差，在对218名流动儿童交往调查中发现，11%的流动儿童在城市中从来没主动和同学交往过，42.2%的同学偶尔会与同学交往；有34.4%的流动儿童在大街上遇到教师时很少打招呼或只是偶尔打过一两次招呼，35.8%的流动儿童会因自己的家庭背景不好而感觉到丢人或脸上无光。[2] 可见，流动儿童的心理健康和社会化存在着较大的问题。

妇联、共青团、工会等各种组织及社会志愿者，都在进行各种社会关爱活动。如团中央举办的“共青团关爱农民工子女志愿服务行动”，

---

［1］雷有光：《都市“小村民”眼中的大世界——城市流动人口子女社会认知的调查研究》，载《教育科学研究》，2004（6）。

［2］刘成斌：《留守与流动——农民工子女的教育选择》，75-80页，上海交通大学出版社，2008。

组织青年志愿者与农民工子女结对子，重点开展“牵手看城市”、学业辅导等活动，并在四个县(区)各建一个“志愿服务e+1 家园”，通过网络视频终端和亲情电话帮助农民工子女与父母每周进行两到三次交流；在少数民族聚集的都匀市、龙里县、贵定县重点建设“志愿者微笑小屋——农民工子女活动基地”，同时开展感受城市、自护教育、爱心捐助等活动。[1] 清华大学20名青年志愿者与流动儿童互动游戏，并和20名农民工子女进行了“一对一”结对，建起了“一对一”的通辽籍青年志愿者帮扶通辽籍农民工子女网络，并将开展亲情陪护、作业辅导、爱心助学、结对帮扶、心理关爱等各种形式的关爱行动。[2]

从具体的形式来看，在情感方面的支持活动有学校不定期召开流动儿童学生困难交流会，流动儿童可与学校中好朋友交流；流动儿童父母给予学习生活上的鼓励和支持；教师和同学对流动儿童的关怀和帮助;一些社会志愿者如大学生对流动儿童的关怀与关爱等。在交往上，主要表现在一些流动儿童的交往行为上，如在学校中有一些朋友，特别是与当地学生成为好朋友；周末的时候流动儿童会去找同学或朋友一起玩；在一个陌生的城市里，有一些老乡或亲戚；能够参加城里举行的一些少年活动；进行网络聊天，交网友等。

(四）帮助与服务

对于流动儿童而言，权利与平等的保障、经济与物质的提供、情感与交往的支持是非常重要的，它决定了流动儿童的教育能否开展起来。但是，仅有这些还不够，流动儿童直接面临的教育问题就是学习

---

[1] 路强:《“共青团关爱农民工子女志愿服务行动”启动国际合作》，载《人民政协报》，2010年8月3日。

[2] 卢显宏:《京通两地团组织为农民工子女送温暖》，载《通辽日报》，2010年6月4日。

困难，因此，如何帮助流动儿童在学习、生活等多方面得到提高，是一个更为紧迫的问题。

对于这种弱势群体的帮助与服务活动，政府很早就予以了关注。1995年5月，共青团中央等部门联合颁发了《关于开展“手拉手”互助活动的意见》，鼓励开展儿童之间的“手拉手”互助活动，让富裕与贫困地区之间、城市与农村之间、正常儿童与残疾儿童之间以及不同民族之间的儿童们互助互学。[1] 流动儿童教育问题产生以来，政府出台了许多新的措施以帮助和服务于流动儿童的教育。同年，原国家教委基础教育研究司义务教育处与北京市教育科学研究所在流动儿童问题被纳入当年议事日程的背景下，着手调查、研究流动儿童入学问题。1996年原国家教委颁发了《城镇流动人口中适龄儿童少年就学办法（试行）》，对城镇流动人口中适龄儿童、少年申请入学问题进行了规定。2003年9月30日，经国务院同意，国务院办公厅转发了教育部、中央编办、公安部、发展改革委员会、财政部、劳动保障部的《关于进一步做好进城务工就业农民子女义务教育工作的意见》，提出要帮助家庭经济困难的进城务工就业农民子女就学。

帮助与服务流动儿童的具体形式是多样的，在学业帮助方面，如有大学生或校外人士对流动儿童进行教学或辅导，老师在课后对流动儿童进行辅导，父母在家里辅导流动儿童做作业，同学之间相互帮助等。在教育服务方面，有教育管理部门对流动儿童入学升学的服务、社区对流动儿童的登记、教育心理活动开展等多种活动，如2004年9月1日，大连市有关部门利用积极筹措到的30万元资金，在全市正式启动了“希望工程——寻找滨城失学农民工子女”公益活动，选择符合资

[1] 何东昌：《中华人民共和国重要教育文献》，3811–3814页，海口：海南出版社，1998。

助条件的失学农民工子女，给予每人每学年600元人民币的助学金，用于书本费和学杂费等，节余部分交给学生本人，补助生活费用。[1] 江苏泰州市妇联招募“社会妈妈”，开展“社会妈妈”关爱留守、流动儿童结对帮扶活动，“社会妈妈”的职责主要为与结对儿童联系，“指导儿童给父母写信或通话，与班主任交流，和监护人沟通，看望流动儿童，陪儿童过节等形式，掌握结对儿童的家庭背景、思想表现、学业成绩、日常行为，帮助孩子解决学习、思想、身体及生活上遇到的困难”[2]。

四、社会支持方式

流动儿童教育的社会支持方式是研究社会支持系统一个不可缺少的部分。我国对社会弱势群体支持采取了多种方式，如中央教育管理体制中规定的各类教育举办的经费、条件、程序等。余秀兰总结了我国对弱势群体进行教育支持的三种方式：一是纳入国家正规教育体制中的弱势群体的教育，国家采取“地方负责、分级管理”的办法，地方成为弱势群体教育的责任者；二是中央财政专项补助，直接把各种教育补助或支持用于个体的补助；三是民办私立的教育机构，虽然以营利为目的，但也在某种程度上弥补了政府力量的不足，满足了某些教育弱势群体的教育需求。[3] 从当前我国流动儿童教育支持的方式来看，主要分为以下四种方式：

（一）国家承担

流动儿童的社会支持方式最为重要的就是国家承担起相应的社会

---

[1] 阎月君，吕东浩：《大连市启动“寻找滨城失学农民工子女”活动》，载《人民政协报》，2004年8月20日。

[2] 陈羚：《市妇联招募千名“社会妈妈”》，载《泰州日报》，2007年7月7日。

[3] 余秀兰：《社会弱势群体的教育支持》，70页，北京：中国劳动社会保障出版社，2007。

责任。按照现代国家理论，不同的国家体制实际承担着对于公民教育不同的社会责任。在美国等很多国家，学校教育的责任重担由各州政府承担;在社会主义国家里，学校教育通常由政府承担，如中国、朝鲜、越南等均是国家负责全部公民的学校教育。中国自1978年改革开放以后，开始出现民办教育（私立学校等）等各种教育机构，学校教育的责任呈现出新的变化，很多经济条件好的家庭选择上私立学校，这样义务教育的部分国家责任被一些私立学校承担了。

但是，流动儿童的教育特别是义务教育问题是一个社会问题，原因主要是以学生户籍身份为基础的拨款制度导致流动儿童难于进入流入地的公立学校，而私立学校则因比较高的收费把流动儿童挡在门外，因此,国家对公民教育权的实现责无旁贷。从国家具体的承担方式上看，主要是政府出台流动儿童就学升学的相关政策规章，建立起基于流动儿童个体身份的教育经费拨款制度，对所有流动儿童进入公立学校进行安置，或创办新的公立学校或机构来解决流动儿童的教育问题。

（二）政府补助

国家政府除了承担起办学责任这种方式外，还可以用另外一种方式即通过各种补助来承担起社会支持的重任。其理论来自于现代政府治理理论或新公共管理理论，这种理论认为：政府的能力是有限的，有些事情政府是永远管不好的，有的事情民间比政府管理得更好，可以委托给民间管理，政府监督即可；有些完全不属于政府的事，政府没有责任和义务来管理。这种“小政府、大社会”的理念受到现代国家治理者的欢迎。

中国国情特殊，流动儿童数量巨大，2000年第五次全国人口普查流动儿童人数达1980万人，占全国流动人口的19.3%，其中6–14岁义务教育阶段的流动儿童占流动儿童总数的43.8%，[1] 由于东西部、流出地与流动地生均教育经费相差很大，对流入地政府来说，接受流动儿童越多，其教育经费开支就越大，因此产生了行政不作为的动机，结果使得流动儿童教育问题的解决更困难。因此，地方政府除了承担起安排流动儿童就学的责任外，还必须对接收流动儿童的地方政府、公立或私立学校（包括打工子女学校）进行必要的补助，如政策支持、减税补助、经济补助和实物补助等。这种方式当前在中国一些地方得到了不同程度的实施。在我们对浙江省的调查中发现，不少打工子弟学校得到了政府的经费支持。国家也多次出台相关文件，对流动儿童学习给予补助，如减免杂费、免费发放教科书和学习用品，有的地方还对流动儿童发放困难金、奖学金等学习费用补助，这些都是作为一种社会支持方式的政府补助。

（三）社会协助

流动儿童教育涉及多方面问题。首先，流动儿童教育问题是一个体制性问题，根本原因是城乡二元对立的户籍制度管理体制，因此，在政府系统内需要教育部、公安部、财政部等多个部门协助解决。其次，流动儿童教育问题也不是政府内部各部门协商就能解决的，一些介于政府组织和非政府组织之间的社会组织（本研究中称之为准行政组织）在流动儿童教育问题的解决中作用巨大，这是因为流动儿童教育问题总是与流动儿童家庭的经济问题、心理情感问题、社会交往问题等纠结在一起。一些地方由政府牵头，以妇联、共青团、社区为首，经常组织一些流动儿童的社会支持活动，来解决与流动儿童教育问题密切

[1] 汪明：《聚焦流动人口子女教育》，1页，北京：高等教育出版社，2007。

相关的一些问题。

（四）民间援助

流动儿童家庭的经济资本、文化资本和社会资本都比较少，导致这一群体在教育经费、父母教育方式和对孩子教育重视程度、学习空间等方面都存在许多问题，严重影响到流动儿童的正常学习。民间援助主要来自于非政府组织或企业慈善基金会等。而民间的援助方式是多种多样的，如公司或基金会为流动儿童捐款捐物等提供物质支持，又如情感陪护、学习辅导等支持。

第二节　流动儿童教育的社会支持的理论与政策

流动儿童教育的社会支持实践基础，主要来自于两个方面：一个是理论方面，社会支持理论作为一种社会发展的重要理论，为社会弱势群体的教育支持提供了理论依据和实践指导；另一个方面来自于各国对于弱势群体的政策支持，在政策的支持下，来自于官方或民间的各种组织或个人的社会支持行为才得以发生。因此，要对流动儿童教育的社会支持系统进行分析，必须对流动儿童的理论基础和国外政策进行分析和借鉴。

一、流动儿童教育的社会支持理论基础

社会支持作为一种社会行为，自有人类社会就存在。但作为一个专业术语则是在20世纪70年代提出的。在精神病学、社会学和医学等学科中，出现了大量身心健康与社会支持关系的研究。研究发现，社会支持对于精神病的预防与治疗有积极的作用。当时的研究者们主要是从功能和操作上来研究社会支持这一概念：从功能上讲社会支持是

个体通过从其拥有的社会关系中所获得的精神和物质上的支持，从操作上讲是指个体所获得的社会关系总体测量情况。[1]

将社会支持看成是一种宽泛的关系整体、不考虑人与人关系的性质与深度，这种社会支持的定义是有缺陷的。后来的研究者对于社会支持进一步的研究分析发现，不同性质的社会关系提供的社会支持并不一样，如索茨（Thoits）认为社会支持指的是“家庭成员、朋友、同事、亲属或邻居等为个体所提供的帮助，包括情感帮助、实际帮助和信息帮助”等，考伯将社会支持划分为情感支持、网络支持、满足自我尊重的支持、物质性支持、工具性支持和抚育性支持等；韦尔曼将社会支持划分为感情支持、小宗服务、大宗服务、经济支持、陪伴支持等；库恩将社会支持分为归属性支持、满足自尊的支持、物质性支持和赞成性支持四种；巴勒内尔（Barreea）则把社会支持划分为六种：物质帮助的支持、行为支持、亲密的互动、指导、反馈及正面的社会互动。[2]

国内对于社会支持的研究近年来发展迅速，社会支持研究更具本土特色。如张建明认为社会支持主要是指各种社会形态对社会生活有困难者所提供的无偿救助和服务；陈成文认为社会支持是一定社会网络运用一定的物质和精神手段对社会弱者进行无偿帮助的一种选择性社会行为；社会学者蔡禾等认为社会支持就是社会支援，是人们在社会中所得到的、来自于他人的各种帮助；张文宏、阮丹青则认为社会支持指人们从社会中所得到的、来自他人的各种帮助，他们把各种帮助都视为社会支持，不管是有偿的还是无偿的，但不包括服务。但也

[1] 胡湘明：《论中国青年心理健康的社会支持系统》，载《青年探索》，1996（5）。

[2] 转引自王桢：《单亲家庭幼儿的社会支持系统分析——对兰州市26所幼儿园的实证研究》，西北师范大学2004届硕士学位论文。

有学者并不赞成这种看法，如丘海雄等研究者们认为，社会支持应当有更为丰富的内涵，既涉及家庭内外的供养与维系，也涉及各种正式与非正式的支援与帮助。社会支持不仅仅是一种单向的关怀或帮助，它在多数情形下是一种社会交换。这种观点突破了传统关于社会支持单向度支持的观点，认为社会支持更多是一种双向行为，甚至可以是一种交换行为。贺寨平则从社会网络的视角出发，指出了个人的社会支持网就是指个人能借以获得各种资源支持(如金钱、情感、友谊等)的社会网络，通过社会支持网络的帮助，人们解决日常生活中的问题和危机，并维持日常生活的正常运行。[1] 这一观点打破了社会支持只是一个单向度的帮助或服务的观点，也突破了把社会支持作为一种双向的交换行为的观点，而是把社会支持看成是一种支持网络，或者说是一种支持系统，这有利于人们更好地理解社会支持的内涵与外延。虽然不同的学者对于社会支持概念的界定各不一样，但总结起来主要包括物质支持、经济支持、情感支持、交往支持。这些主要是从个体支持的角度来看的，如果从组织角度来说，也包括对权利和机会的政策支持等；如果是特殊群体还应有特别的支持，如对于流动儿童可能还应包括学习方面的支持等。

社会支持是如何作用于支持对象的，即社会支持的作用机制，是社会支持理论的一个重要组成部分。一般来说有两种主要模式。一种是主效果模式（the Main–effect Model），这种模式认为社会支持对个体身心具有普通性的增益作用，除了在特别情况下具有保健作用，在日常生活中也具有维持个体良好的情绪体验与身心健康的作用。这

[1] 周林刚，冯建华：《社会支持理论——一个文献的回顾》，载《广西师范学院学报（哲学社会科学版）》，2005（3）。

种假设得到了一些实证研究结果的证明。另一种是缓冲器模式(the Buffeting Model)，这种模式认为，社会支持在应激条件与个体的身心健康等方面产生联系，因此它具有保持个体身心健康、消除或缓解压力的作用。这种假设也在实证研究中得到证实，如布朗对妇女亲密的社会关系与健康的相关研究中发现，亲密的社会关系有助于减轻女性面对突发事件对其身心的严重影响。[1]

对于社会支持主体及其责任方面的研究，主要存在三种观点：

第一种观点认为社会支持的主要责任在于政府或个人，即政府责任论或个人责任论。这种观点对于贫困、失业等困难的解释并不一样，导致对责任的划分也不一样。个人责任论认为个体困难或弱势主要是由个人原因形成的，因为个人的能力、上进心、动机等各不一样，导致对社会资源的获得上也不一样，因而在竞争中处于劣势；国家责任论则相反，认为困难群体的形成并不完全是由个人造成的，更多的是由社会造成的。社会变化、分配与再分配机制等使得一部分群体得不到平等的竞争机会而边缘化，因此，由于政府政策只有利于少数强者，而另一部分群体不得不成为弱势群体，政府要对此负责，这种观点在20世纪后成为一种主流的观点。

第二种观点认为，政府是社会支持的主体，演着社会资源分配者的角色。在计划经济体制下，政府是社会资源分配的决定者；在市场经济体制下，政府对资源的分配作用不如从前，但也十分重要。社会变得越来越重要，因此，来自社会的支持应当成为社会支持的主要部分。政府的责任主要在于培养弱势群体的竞争精神和竞争能力，以保持社

[1] 李铣：《弱势群体社会支持系统研究》，四川大学2004届硕士学位论文。

会体系良好运转。

第三种观点认为，市场化取向的改革使得很多“单位人”变成了“社区人”，社区成为人们生活、经济等多方面的共同体。社区成为人们聚集在一定地域内而形成的生活共同体，对于沟通人与人之间的关系、凝聚社区内成员的情感，具有不可代替的作用。因此，对于社会支持的责任而言，社区因为生活环境等优势，适合承担社会支持责任。社区支持可以分担政府责任、缓解社会矛盾、维护社会稳定。[1]

从困难群体的形成原因来看，政府应当承担起社会支持的主要责任；从困难群体改善来看，政府支持、市场操作的各种市场主体应当成为社会支持主体；从社会支持的有效性来看，社区应当成为社会支持的主体。因此，社会支持责任主体应当是多元的，并应当充分发挥其主动性。

二、流动儿童教育的社会支持研究的现状

目前国内对于流动儿童的社会支持的研究并不完善。有研究者对此进行了总结[2]，发现对社会支持不同的界定导致了对流动儿童社会支持内容的不同。从研究视角上看，主要有四种。一是从社会化的角度研究流动儿童的成长环境支持。从影响流动儿童自我概念形成的社会环境（包括社会舆论、生活场域）等改善出发，提供相应支持，完成流动儿童的理想社会化。二是从社会整合与社会控制的角度研究流动儿童的城市融入支持。在户籍、教育、保障、医疗等制度上，由于

---

[1] 李铣，宣讯，唐代盛：《弱势群体社会支持的理论整合与建构》，载《中共四川省委党校学报》，2004（4）。

[2] 李晚莲：《关于流动儿童社会支持问题的研究综述——基于社会学的视角》，载《兰州学刊》，2009（3）。

控制和排斥，使得流动儿童在城市融入中出现了问题，甚至成为了“制度的孤儿”。三是从社会分层与社会网络的角度来研究如何提高流动儿童社会地位的社会支持。由于流动儿童的父母经济条件低下，他们在社会资本的拥有量方面处于劣势，居无定所、安全无保障，同时缺乏教育机会和教育资源，因此他们是游走在城市夹缝中的群体，是被城市边缘化了的弱势群体。四是从社会制度与社会结构的角度来分析流动儿童的制度政策支持。研究者认为制度与政策漏洞问题是流动儿童权益受损的根本原因，因此改革户籍制度，完善流动儿童管理制度是解决流动儿童问题的根本，制度和政策的变革与创新是流动儿童社会支持的重中之重。在研究方法上，主要为定性和定量研究。定性研究有基于一个流动儿童进行的个案研究，分析其学习困难的非智力因素，提出要加强家庭环境、社会援助和标签效应。也有基于某地的实地观察和文本分析，或政策文本分析等。定量研究利用分层抽样对学生和家长进行调查，如国务院儿童办公室在2003年对中国九城市流动儿童状况进行的调查研究等。

相对来说，对流动儿童教育的支持方面的研究起步晚，真正意义上的社会支持研究也是近几年才出现的，但研究成果较多。从目前已有的研究来看，主要涉及以下几个方面：

（一）关注流动儿童教育权利的制度保障与政策支持

王文元等提出对于进城务工人员子女的就学困难，首先要保障他们接受义务教育的权利，而且这是一个复杂的系统工程，需通过方方面面的努力才能实现。其中重要的是改革城乡二元户籍管理制度，改善学校的办学条件，“每所学校都必须具备基本的办学条件，符合规定的标准，是一所合格的学校。这是确保教学质量的必要前提，也是使适龄人口平等接受义务教育权利的重要体现”。[1] 项继权对此进行了比较全面的专门研究，他呼吁党和政府要高度关注并着力解决农民工子女的教育问题。他对湖北及其他省市目前农民工子女的数量规模、分布结构及教育状况进行了评估和分析，认为农民工子女上学问题从根本上说是现行的户籍制度及城乡二元化政策的产物，因此要解决农民工子女的教育必须立足于城乡平等和城乡统筹的原则，完善现行的法律和制度，消除对进城务工农民子女的歧视，建立城乡一体和公平的义务教育体制。他还针对完善相关法律和制度提出了具体的八点建议：第一，放开城市公办学校，农民工子女根据居住地就近入学；第二，取消一切专门面向农民工子女的不合理收费，平等对待所有学生；第三，实行“中央与城市两为主”的方针，合理分摊农民工子女的教育成本；第四，降低民办学校的办学“门槛”，鼓励和支持民办学校发展；第五，改革政府教育投入机制，提高教育拨款的公平与效率；第六，加大农村义务教育的投入，加强农村寄宿制学校的建设；第七，清理和修订涉及农民工子女上学的相关法规，制定统一的《流动儿童少年教育法》；第八，加快城乡户籍制度改革，为农民工子女上学扫清制度障碍。[2] 与此同时，范先佐也对流动儿童的教育问题进行了研究，指出进城务工人员子女义务教育公平问题是中国社会转型期一个独特的社会问题，提出要从制度上保障进城务工人员子女公平接受义务教育的对策思路，其中特别强调政府的责任，尤其是流动儿童流入地政府的责任和公办

[1] 王文元：《保障进城务工人员子女接受义务教育的权利》，载《民主》，2002（7）；易承志：《城市农民工子女教育保障的逻辑与路径反思——公民权的视角》，载《兰州学刊》，2010（4）。

[2] 项继权：《农民工子女教育:政策选择与制度保障——关于农民工子女教育问题的调查分析及政策建议》，载《华中师范大学学报（人文社会科学版）》，2005（3）。

学校的责任（后来成为流动儿童“两为主”教育政策的思想基础），同时呼吁社会力量对流动儿童教育问题的解决提供支持。[1] 二者的共同思想是提出政府应当对流动儿童的教育承担起主要责任。项继权教授和范先佐教授的研究对于推动流动儿童得到更多的教育支持以及相关教育政策出台，产生了积极的影响。

值得一提的是，有研究者从流动儿童的教育困境从发，提出了针对流动儿童的教育救助制度。他们认为流动儿童教育的主要问题是接受教育难、教育质量不高，甚至失学、辍学等，这些问题阻碍了劳动力素质的提高、社会的稳定、社会协调发展以及社会公平的实现，要解决此问题，必须构建和谐社会，必须建立和完善农民工子女的教育救助制度。[2] 余秀兰在对发达国家弱势群体的教育支持理念进行介绍的基础上发现，发达国家大都经历了“从宗教慈善到国家福利、从追求入学机会均等到学业成功的机会均等、从关注公平到公平、效率、自由兼顾的过程”，并提出当前我国政府应承担起对社会弱势群体进行教育支持的主要责任，注重效率，从关注入学机会均等的“一个不能少”到逐步追求学业成功机会均等的“不让一个掉队”。[3] 同时，余秀兰还对我国包括流动儿童在内的弱势群体的相关政策进行了分析和研究，发现很多的教育支持政策并未完全落实。政策表达笼统、责权分配含糊、地方政府设置隐性障碍、城市学校设置门槛等一系列障碍是其落空的

[1] 范先佐：《教育公平与制度保障——进城务工人员子女接受义务教育的现状分析》，载《教育发展研究》，2007（12）。

[2] 郭健美，刘同芗：《论农民工子女教育救助制度的建立与完善》，载《理论界》，2007（7）。

[3] 余秀兰：《弱势群体的教育支持发达国家的理念及其嬗变》，载《比较教育研究》，2009（1）。

主要原因。[1] 研究者们从直观的问题和现象出发，提出对于流动儿童教育的社会支持，首先是权利的维护，其次是责任的划分，最后是制度的保障。

（二）流动儿童教育的社会支持相关影响研究

社会支持直接影响着流动儿童教育问题。有研究者对510名上海市中小学流动儿童进行了问卷调查，以此考察流动儿童的精神健康状况及其影响因素，结果发现社会支持显著影响着流动儿童的精神健康，由此提出急需对流动儿童的健康成长给予支持，创造一个良好的成长环境。[2] 也有研究者发现，教师对流动儿童的成长支持最为重要，影响最为关键。这种来自教师的支持既包括物质上的直接援助和由社会网络、团体关系参与的客观支持，也包括主观的、体验到的情感上的支持、理解等与流动儿童的主观感受密切相关的主观支持，还包括引导流动儿童学会利用社会支持。[3]

社会支持对流动儿童的影响是巨大的，有研究者发现社会支持是影响初中流动儿童问题行为的重要因素之一。流动儿童的社会支持和问题行为有与城市儿童相似的方面，但也有自身的特点。主观支持和支持的利用度均对退缩和神经质有显著的负向预测作用，其中支持利用度还对学习适应不良、违纪有显著的负向预测作用。[4] 社会支持除

---

［1］余秀兰：《社会弱势群体教育支持政策解读——以关于城市流动儿童教育政策为例》，载《青年研究》，2008（3）。

［2］何雪松，巫俏冰，黄富强等：《学校环境、社会支持与流动儿童的精神健康》，载《当代青年研究》，2008（9）。

［3］王静洁，石晶：《教师在流动儿童社会支持系统中的作用——一项流动儿童生命历程的研究》，载《思想理论教育》，2009（16）。

［4］谢子龙，侯洋，徐展：《初中流动儿童社会支持与问题行为特点及其关系分析》，载《中国学校卫生》，2009（10）。

了对流动儿童的问题行为有显著影响外，还对其学校适应及自我尊重有显著的影响。有研究者对762名流动儿童和509名非流动儿童的社会支持与学校适应进行了研究，结果发现流动儿童的社会支持和学校适应性较差，两者之间存在着非常显著的正相关，其中主观支持与支持利用度对流动儿童的学校适应有显著的预测作用。[1]也有研究者对四至六年级402名小学生进行了研究，发现社会支持对自尊具有显著预测作用，指出家庭、学校和社会应给予流动儿童更多关注和支持，并注重其内心感受。[2]

（三）流动儿童教育的社会支持主体研究

流动儿童的社会支持主要责任在于政府，但具体的实现形式更多需要非政府组织和社会志愿者来实施，因此，需要解决如何开展流动儿童教育的社会支持服务以及这些社会支持者和组织与政府的关系如何等问题。

有研究者认为，流动儿童教育的社会支持不仅需要制度或政策保障，更为重要的是需要配置相应的人力资源进行运作。这种人力资源就是专业的社会工作者，他们可以进行流动儿童教育的政策倡导、学习辅导、心理关怀等，促成流动儿童的社区融入。社会工作者可以充当个案工作者、小组工作者、咨询员、家长联络员、倡导者、心理顾问、行为专家等多种角色。因此，要更好地完成这个工作，需要构建起政府与专业社会工作体系的良性互动。社会工作机构应成为政府部门的伙伴，双方各有侧重地为流动儿童教育提供服务；社会工作体系

---

［1］谭千保：《城市流动儿童的社会支持与学校适应的关系》，载《中国健康心理学杂志》，2010（1）。

［2］赵笑梅，李婷：《流动儿童社会支持与自尊的关系研究》，载《宁波教育学院学报》，2010（3）。

应成为社会问题的缓冲机制，沟通政府与外来务工群体的关系；同时，政府通过购买的方式为流动儿童教育提供专业社会服务。[1] 在当前城乡二元体制下，国家正式的社会支持系统无法满足外来农民工的需求，这为非政府组织介入流动儿童教育支持提供了机遇。有研究者调查了广东省东莞市横沥镇隔坑社区服务中心的工作职能，发现其主要是作为政府的补充，为流动儿童教育提供物质支持、学习辅助、社会融入等，甚至为流动儿童家庭教育提供帮助。[2] 从社会支持主体的角度来探讨流动儿童的社会支持是一个非常重要的领域，现在的研究不仅数量少，质量也不高，缺乏深度的观察和分析，值得进一步的深入研究。

（四）流动儿童教育的社会支持系统研究

流动儿童教育的社会支持研究中最为重要的一项是对其社会支持系统的研究。有研究者从社会权利与责任的视角来分析流动儿童教育的社会支持问题，提出流动儿童（客户）对国家（政府）行使表达权，政策制定者（政府）与机构提供者（公立学校）之间有契约，机构提供者（学校）管理一线服务人员（教师），而流动儿童（客户）利用与一线服务人员（教师）的相互接触行为行使其客户权力。[3] 通过权利责任和利益关系把社会支持系统联系起来，这是一个有价值的分析。站在国家与社会合作的角度上，在政府的统一领导、宏观调控下，积极整合社区资源（包括人力、物力和财力），充分发挥社区管理与服务的机制与手段，构建

---

[1] 钟一彪：《外来工子女教育支持的社会工作介入》，载《中国青年研究》，2009（9）。

[2] 张兴杰，杨正喜：《非政府组织对流动农民工子女教育的支持——以广东省东莞市横沥镇隔坑社区服务中心为例》，载《西北人口》，2010（2）。

[3] 邓丽洁：《让服务惠及流动儿童——以“参与各方责任框架”考量流动儿童的权利保护》，载《江南论坛》，2006（9）。

城市流动儿童社区管理与服务体系。在基于社区建设的国家与社会合作模式下，国家与社会之间不是对立、冲突的关系，而是一种相互制约又相互合作，相互独立又彼此依赖的有机统一关系。它是一种双向形塑过程。“一方面，政府尊重各种社会组织的独立性和自主性，注重通过各种中介性的联系方式和联系渠道实现对社会生活的协调、引导和介入，实现对各种社会组织的保护与促进。另一方面，社会通过各种制度化方式和途径实现对政府的控制、监督与参与。这种国家（政府）与社会的合作模式，能较好地抑制各自内在的弊病，使政府维护的普遍利益与市民社会捍卫的特殊利益得到符合国家总体发展趋势的平衡。在这种合作模式下，城市农民工子女问题将实现由政府管理、服务与社会的参与、分担和监督的双向共同解决。”[1]

有研究者直接提出了流动儿童的社会支持环境，指出加强未成年人的保护力度、缓解流动或留守儿童人数不断增加的一个重要的途径，是让更多的儿童可以有机会随父母一起“迁徙”，在异地接受良好的教育。保障流动儿童“就近入学”“有效就学”权利的实现，不是政府或社会某一方面可以单独完成的，而是取决于由学校、家庭、社区等交织形成的社会环境网络的支持。[2] 也有研究者提出流动儿童的社会援助问题，即作为社会支持的一种，援助对于流动儿童教育至关重要。研究者在描述江西省、贵阳市等农民工子女教育的基本状况及存在问题的基础上，提出社会支持不足是农民工子女教育问题的根源，应从政府、社会组织和自身三个层面共同构建社会援助系统或社会支持系

---

[1] 蒋达勇：《流动儿童社区服务:基于国家与社会合作的制度建构》，载《消费导刊》，2008（11）。

[2] 周佳：《进城务工人员随迁子女“有效就学”的社会环境支持》，载《教育评论》，2008（6）。

统。[1] [2]

有研究者对一些流动城市尝试构建流动儿童教育的社会支持系统的做法进行了研究，如朱坚对S市的做法进行了介绍，包括健全领导体制，建立农民工领导机构，成立农民工联席会议制度，把农民工子女教育纳入区县教育发展规划，负责统筹安排农民工问题；出台《S市外来流动人口中适龄儿童少年就学暂行办法》《关于进一步加强本市以接收进城务工就业农民子女为主学校管理工作的意见》和《关于进一步做好本市农民工同住子女义务教育工作的若干意见》等系列文件，安排好流动儿童的就学问题；加大宣传教育，有关政府部门和新闻单位及时宣传国家人口政策，引导外来人口逐步有序流动；在学校管理方面，发挥公办学校接收主渠道的作用，符合条件进入公办学校就读的流动儿童，享受与S市市民子女同等待遇；调整招生政策；标本兼治，加大扶持力度，落实安全责任，确保农民工子女学校安全有序发展。[3] 也有研究者对流动儿童家庭教育的社会支持体系进行了反思，指出当前流动儿童的家庭教育面临着许多的问题，为解决这些问题、隔断“边缘”阶层的社会再生产，需要建立一个由政府、学校、社工、群团组织、社区、非政府组织、大众传媒和社会个体资源提供者共同组成的流动儿童家庭教育支持体系，对流动儿童的家庭教育问题进行合理的干预。[4]

---

[1] 李立文，余冲：《农民工子女教育的社会援助问题》，载《教育学术月刊》，2009（10）。

[2] 罗艳萍，张小屏：《构建进城农民工子女的社会支持体系》，载《社会工作》，2009（4）。

[3] 朱坚：《为流动人口提供教育支持的探索与思考——以S市加强农民工同住子女义务教育工作为例》，载《思想理论教育》，2008（22）。

[4] 刘黎红，胡伟：《关于构建流动儿童家庭教育社会支持体系的思考》，载《中共青岛市委党校青岛行政学院学报》，2009（2）。

纵观当前我国对流动儿童教育的社会支持的研究，可以发现，当前社会对于流动儿童教育的社会支持的意义和影响已有深刻的认识——缺乏社会支持的流动儿童教育，是一个不完善的、艰难的教育；同时，缺乏有力的社会支持，会对流动儿童在教育发展、问题行为和社会适应与融合等方面产生消极的影响。此外，也有对建构流动儿童教育的社会支持的制度、政策及体系进行的尝试性研究，但是，现有的研究仍然在以下方面值得进一步探索：

第一，已有的流动儿童教育的社会支持研究缺乏对策系统性，需要加大系统性研究。有不少的研究探讨了流动儿童教育的社会支持问题，也提出了针对流动儿童家庭教育等多方面的社会支持系统做法，如从政府、学校到社区、志愿者等方面提供支持，但并未阐明这些社会支持应当如何相互配合、如何划分支持责任等。而这是一个系统工程，需要系统地研究。

第二，已有的流动儿童教育的社会支持措施研究缺乏理论正当性，需要加大实践与理论结合研究。诚然，从社会已有的实践出发来尝试建构起流动儿童教育的社会支持系统，有一定的社会实验基础，但是，改革是一个复杂的问题，各省各地情况千差万别，因此，对现有的社会支持措施需要一个理论反思性研究。

第三，已有的流动儿童教育的社会支持研究建议缺乏政策可行性，需要加大政策研究。当前的流动儿童教育的社会支持研究建议很多，涉及面较广，但是很多的研究建议有如“空中阁楼”。因此，未来的研究需要加大政策研究，探讨如何从政策可行性角度提出流动儿童教育的社会支持建议。

三、弱势群体教育的社会支持政策借鉴

流动儿童教育的社会支持研究，不仅需要对其理论进行反思、对国内已有的研究进行思考，还需要对国外类似于流动儿童处境的弱势群体的教育政策进行介绍与借鉴，以便更好地指导中国流动儿童教育的社会支持系统的建构。

（一）国外弱势群体教育支持政策的理念嬗变

余秀兰对国外弱势群体教育支持政策的基本理念或价值有过梳理，她认为西方弱势群体的教育支持政策或理念主要经历了三种变化：从宗教慈善到社会福利的变化，从入学机会均等到学业成功的机会均等的变化，从关注公平到公平、效率、自由兼顾的变化。[1] 在西方早期社会中，对于弱势群体的教育支持主要是教会或富有者的一种慈善行为。基督教教义认为爱和相助是上帝赋予所有子民的一项神圣职责，所有的子民都是兄弟姐妹。在这种理念的支持下，宗教组织常向弱势群体或穷人提供食品、衣物等以支持其接受教育，甚至是直接创办学校，帮助贫困家庭的孩子接受基本的教育。据有关学者提供的数据，13—14世纪，巴黎大学有400名学生获得了资助，14世纪牛津大学有300名学生获得院系资助；1530年比利时鲁汶大学有200学生获得了资助。[2] 随着社会的发展和进步，对于弱势群体的帮助成为政府的责任。如1601年英国政府出台《伊利莎白贫困救济法案》，提出了国民的社会福利是政府必须考虑的事情。随着近代工业革命的发生和发展，社会对于劳

[1] 余秀兰：《社会弱势群体的教育支持》，145-213页，北京：中国劳动社会保障出版社，2007。本节中以下没有注明来源的思想或数据均转引于此。

[2] 张民选：《理想与抉择——大学生资助政策的国际比较》，21-55页，北京：人民教育出版社，1999。

动者的生产技能的要求变得越来越高，政府开始意识到了公共教育对于国家整体经济发展的重要性，并把它作为国家福利的重要内容。因此，如英、德、法等西欧国家很早就实行了义务教育制度。

与社会实践进步的同时，一些学者则从理论上对福利作为国家的一个重要责任进行了分析，马歇尔（T.H.Marshall）认为公民社会权利主要表现在教育制度和社会服务上，阿萨·布里格斯（Asa Briggs）则认为福利国家的本质体现在政府活动当中，福利国家的目标之一就是保证公民获得重要的生活物品与社会服务，因此，国家应当承担起广大公民的教育、健康、医护和营养的相应责任并出台相关政策以保障公民权利，其中，教育的权利是一个重要的权利，教育支持方面表现在提供资助上学、创办学校、减免学费、贷学金或税收减免等相应的政策上。[1]

除了慈善与福利成为弱势群体教育支持的政策基础或理念外，对入学机会、学业成功的机会均等的追求也成为弱势群体教育支持的政策基础或理念。教育公平的思想在西方思想史上一直被重视，柏拉图提出过实施义务教育的思想，亚里士多德则首倡通过法律保证公民自由民主的教育权利，后来资产阶级教育家夸美纽斯、卢梭、裴斯泰洛齐、欧文等都呼吁教育的自由与平等。1960年联合国教科文组织曾对教育机会均等做出了解释，认为社会成员中不论其种族、性别、经济和政治地位等如何不同，都可享受同等的接受教育的机会，这就是教育机会均等。美国著名社会学家科尔曼（J.Coleman）教授把教育机会均等概念与社会的生产方式联系起来，认为只有生产力发展需要平等的

---

［1］〔美〕尼尔·吉尔伯特，〔美〕特雷尔著，黄晨熹等译：《社会福利政策导论》，50–59页，上海：华东理工大学出版社，2003。

教育，或者说教育机会均等成为一种社会需要后，才会有真正的教育机会均等。[1] 21世纪，一些发达国家更加重视教育质量与教育机会均等，强调为每一个人的进步而努力。法国提出了使每个孩子学业获得成功的教育改革目标；日本20世纪80年代提出教育改革要追求多样化和适应人的个性发展，关注终身教育；2002年美国总统布什签署了《不让一个孩子掉队》的教育法案，提出要确保所有孩子学业成功的教育改革目标，教育支持从教育机会均等上升为学业成功的机会均等。

随着社会的不断进步，人们从关注教育公平转为公平、效率和自由的兼顾。如美国发现对弱势群体的教育支持并没有带来预期的结果，过去对于教育在社会问题解决中的作用认识不足或被夸大，对少数民族的教育支持过度，因此，从20世纪80年代开始关注对弱势群体的教育支持的效率问题。1983年的《国家处于危急中：教育改革势在必行》报告发布后，人们看到了教育拨款的低效性，要求政府在教育支持拨款时更加关注成本效益。《不让一个孩子掉队》的法案也把教育拨款与学生学业提高相联系起来。在对公平和效率关注的同时，自由也引起了人们的重视，世界上许多的国家实施了教育券、特许学校等计划，让学生和家庭对于学校有更多的选择。如英国1988年实施教育改革，规定实行全国性统一考试，家长自由选择学校，学校拨款与学校在读学生数挂钩，这些措施都有力地增加了学生教育的选择自由，表明教育支持理念的不断变化。

（二）国外弱势群体教育支持政策的实践进程

国外对弱势群体教育支持的政策制定经历了一个比较长的时期，

---

[1]〔美〕詹姆斯·科尔曼：《教育机会均等的观念》，载张文杰《国外教育社会学基本文选》，172-180页，上海：华东师范大学出版社，1989。

不同的国家政策的内容和关注的重点并不一样，但其中有相似性。

1870年，英国出台的《初等教育法》规定了国家要保证义务教育的实行，低社会阶层子女教育问题得到关注。第二次世界大战后，英国政府通过了《巴特勒法案》，形成了初等教育、中等教育和继续教育相连接的现代国民教育制度，规定了公立中等学校一律免费，扩大了广大低收入阶层的教育机会；同时还规定对身心有障碍的儿童要加以照顾，为他们提供适合的教育和食品、医疗等。20世纪80年代后，英国教育改革加大力度，《教育改革法案》（1988）规定了家长可以自由选择学校，市场化取向加大。90年代的教育改革主要是推行1988年教育改革法，改革学校管理体制，加强国家教育督导，鼓励市场参与与监督，这些措施能帮助弱势儿童获得更好的受教育机会。21世纪初，教育支持政策更加重视质量，强调要为每个人创造学习和发展机会，实现优异与平等目标。如2003年英国政府发布的《每个儿童都重要》（*Every Child Matters*）的政策绿皮书，提出要减少教育失败、虐待与歧视等，保证每个儿童都有机会发挥其良好潜能，保证弱势群体的教育机会。

美国宪法中没有对教育问题的国家责任进行规定。1852年马萨诸塞州通过了义务教育法案后，各地迅速开展了公立学校运动，政府采取如经费支持、免费教科书、校车等措施来保障弱势群体的子女就学。20世纪60年代到70年代，美国政府加大了对弱势群体教育支持的力度，出台了不少政策，如《职业教育法案》（1964）、《民权法案》（1964）、《中小学教育法》（1965）等，对贫困家庭儿童提供教育支持，帮助他们在学业方面取得更高成绩。20世纪80年代，美国教育质量下滑引发关注，国家教育优异委员会发表报告《国家处于危急中：教育改革势在必行》，开始关注教育支持的效率问题，提出要对弱势群体教育支持持审慎的态度。20世纪90年代，美国政府进行教育支持的改革，确立起了国家教育目标和标准，从一定程度上保证弱势群体儿童的教育质量；建立起优质教育，让全体儿童都有较好的发展，提出了“不让一个孩子掉队”的教育目标；推动公立教育市场化改革，加大弱势群体教育选择的自由，向家庭困难者发放教育券。[1]

日本在20世纪初开始实施六年义务教育。第二次世界大战后，日本在经济特别困难的情况下，仍然采取教育优先发展的战略，对所有公民给予与其能力相适应的教育机会，其中，1947年通过的《教育基本法》规定了教育机会均等的原则，提出国家要实施九年制免费义务教育，并在其后的若干年中加大对经济困难者、特殊残障儿童义务教育阶段的援助和支持。20世纪80年代后，日本的教育改革更加重视教育的多样化与个性化发展，强调真正的教育机会均等，重视终身教育，并在1990年通过了《终身教育振兴法》，强调终身学习。

第三节　流动儿童教育的社会支持模式探讨

清华大学教授秦晖在一次演讲中说过，教育有问题，但解决教育问题并不在教育之中，而是在教育之外。教育是一个系统工程，牵涉到社会各职能部门的方方面面，流动儿童的教育问题也需要来自社会各职能部门的分工合作。从社会支持的角色来分析和尝试建立起一个适应流动儿童教育的社会支持模式，具有重要的社会意义。

[1] 余秀兰：《社会弱势群体的教育支持》，130页，北京：中国劳动社会保障出版社，2007。

一、流动儿童教育支持的逻辑起点

根据黑格尔的观点，逻辑起点是一个行动得以展开的起点。任何一个社会行为或个人行为，都是社会性的，与社会各方面不可避免地发生种种关系。流动儿童教育的社会支持的需求和供给关系，推动了流动儿童教育的社会支持开展，是流动儿童教育社会支持的逻辑起点。

（一）流动儿童对教育支持的需求

流动儿童有着不同的学习背景，以前的课程衔接、流动经历总是不可避免地对其学业成绩带来影响，并影响流动儿童学习的自信心，因此，流动儿童首先需要获得的是学习方面的支持和帮助。其次，流动儿童的父母大多为来自农村的农民或下岗工人，知识技能层次较低，社会初级分配的不公，家庭收入较少，这就影响到流动儿童的学校选择、学习用品的购置、学习活动的参加等。因此，流动儿童的教育面临的第二个需求是获得经济方面的支持。再次，流动儿童因为来自外地，或多或少地受到过不同程度的歧视，因而在学校中朋友不多，远离了家乡那种村落、大家庭、亲戚熟人较多的熟悉社会，因而在社会融入与交往方面存在较多的困难，所以需要得到人际交往方面的支持和帮助。最后，流动儿童父母亲大多从事报酬低、时间长的工作，很少有时间与孩子交流和沟通，造成孩子很少与父母进行情感沟通。因此，流动儿童需要获得情感支持和帮助。当然，流动儿童也还有其他方面的需要，但是需要不等于需求，只有那种社会能够提供的需要才是需求，因此，就目前已有的社会支持现状来看，流动儿童的教育需求主要表现在以上四个方面。

流动儿童自我解决问题的能力和对教育支持的意愿度是影响教育

的社会支持的重要因素，因此，不同的流动儿童，对教育的社会支持的需求也不一样。首先，自我解决问题的能力导致流动儿童对于教育支持[1]的内容影响不同。有的儿童学习能力较强，在任何一个学校中学习都能很快的适应，成绩优秀，因此，他对于社会方面的支持需求不大；有的流动儿童家庭经济基础较好，对于经济支持的需求不高甚至没有；还有的流动儿童能很快地适应陌生环境并找到朋友，对于情感或交往的支持不高甚至没有。其次，不同的流动儿童对于教育支持的意愿度不同。一般来说，自我解决问题的能力越强，对教育支持的意愿度就更低。有的流动儿童对学习的意义认识不足，虽然学习成绩较差，但仍然对学习支持缺乏较强动机；有的流动儿童能较好地忍受孤独，有的应对孤独寂寞的能力较差，因此，对于情感支持和交往支持的需求也是不一样的。

（二）流动儿童教育支持的供给

经济学认为，有需求就会有供给，没有需求就不可能产生供给。同理，没有供给的需求就不是需求，而是需要。对于流动儿童而言，在学习、经济、情感和交往方面的需求的实现取决于教育支持主体是否能提供相应的供给。目前，流动儿童教育支持的主体主要来自于三大支持系统：以政府为主的正式支持系统、以社区为主的辅助支持系统和以民间为主的非正式支持系统。正式的支持系统包括政府、公安、民政、教育部门等国家正式行政机关等，这种支持系统共有的特点就是有权力强制性、有组织严密性和人力资源保障性，是流动儿童教育支持的主要力量，也是流动儿童教育问题解决的决定力量；以社区为

[1] 为了行文的简洁，在后文中把教育的社会支持简化为教育支持。

主的辅助支持系统主要包括那些准行政组织，如妇联、工会、共青团、退休委员会或社区等，这些组织的共同特点是，权利强制性弱（有一定的强制性，但更多的是鼓动和引导）、组织正规性和人力资源稳定性，是流动儿童教育支持不可或缺的力量，它介于政府与民间之间，有较好的资源动员能力，虽然缺乏强制性，但如组织得当，力量也是比较强大的。非正式支持系统主要包括非政府组织、民间自发团体、社会志愿者、国际友好组织团体等，这类组织的特点是权力自发性、组织松散性和人力资源自愿性，具有体制灵活、管理民主、重视绩效等特点，近年来在中国发展越来越成熟，也是流动儿童教育支持的重要组成部分。

不同类别的支持系统对于教育支持的能力和意愿是不同的。第一，对正式的社会支持系统来说，它有很强的支持能力和支持意愿度，因为流动儿童的教育目标的实现是政府应尽的职责；另外，政府掌握了庞大的行政及人力物力资源，有很强的支持能力。第二，对于以社区为首的辅助支持系统而言，它的支持能力和意愿比起以政府为主的正式支持系统稍显微弱。这是因为社区、妇联、共青团等组织在权力实施上，相对于政府强制力量不足，自身对于物质资源的控制和掌握不足。这类组织处于协助政府政策执行及功能实施的角色。第三，以非政府组织为首的非正式支持系统对流动儿童的教育支持的能力和意愿虽不能与以政府为主的正式支持系统相比，但高于以社区为首的辅助支持系统。这类非政府组织和社会志愿者本身就定位于对社会弱势群体进行帮助，因此有很高的支持意愿度；同时，这类组织在管理体制上灵活，善于吸引社会资源如人力物力等，因而也有较高的支持能力。

以上流动儿童教育需要与供给关系，可以直观地以一个模型[1]表达出来：

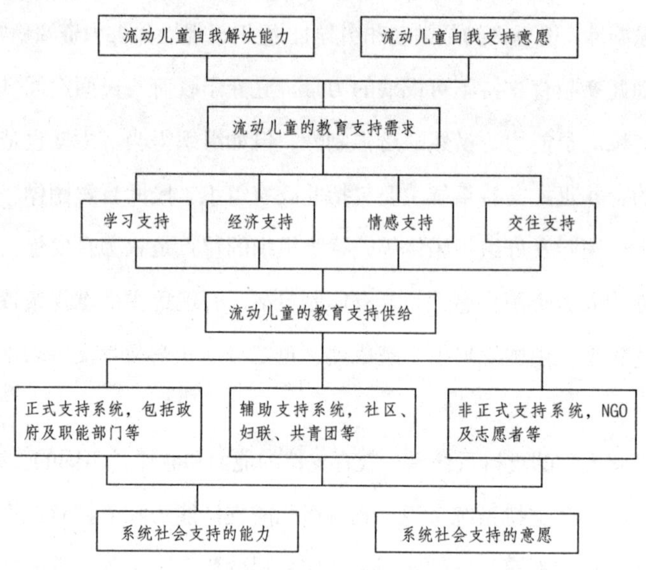

图6-1 流动儿童教育的社会支持需求—供给模型

二、流动儿童教育支持选择的三个维度

流动儿童的教育支持发生的前提是有需求与供给，否则教育支持的行动就不可能形成，或只是一种想法或愿望而已。就我国目前的社会实践来看，流动儿童教育支持的需求和供给是完全存在的。那么，教育支持应有什么样的模式？这种模式是基于什么样的基础而形成？我们认为，教育支持模式选择主要有三个维度：

---

[1] 此模型受侯晓丽居家养老模型的启发，是在其基础上根据流动儿童教育支持特点设计的，在此表示感谢。见侯晓丽：《城市居家养老的社会支持系统研究》，华中师范大学2009届硕士学位论文。

（一）教育支持责任的分担

对于流动儿童教育支持主体来说，首先面临的一个问题是其责任的划分，只有责权利清晰，才有利于达到良好的公共管理效果。2004年世界银行发布了《2004年世界发展报告——让服务惠及穷人》，开篇为“服务在机会获取、数量和质量上屡屡让穷人感到失望。但事实上，很多实例雄辩地表明服务确实能改善穷人的生活，这意味着政府和公民可以做得更好。”[1] 对流动儿童的教育支持就是一个社会服务，需要政府和公民积极地参与。报告中提出了“参与各方责任框架”划分——责任是指参与各方之间的一种关系，这种关系有五个特征:授权、融资、执行、关于执行情况的信息、强制性。根据这个框架，流动儿童接受义务教育是国家应尽的责任，承担着对地方政府和各职能部门的授权责任；同时，中央和地方各级政府负责筹集教育经费，承担融资；从中央到地方各级教育管理部门与机构则承担着执行流动儿童教育政策的责任；而流动儿童和社会媒体、科研机构等则对学校或其他流动儿童教育执行机构承担进行信息反馈、绩效评估等责任；最后中央及地方各级政府对所属的学校和其他流动儿童教育机构进行奖优罚劣，承担强制执行的责任。这个责任分担基本上是在正式支持系统中完成的。

20世纪80年代，世界各国开始了公共管理制度改革，主要是对政府职能进行反思，把市场能够处理好的事情交给市场，把政府不能做好但社会组织能做的事留给非政府组织，打破公共事务管理中政府是唯一主体的观念，逐步实现公共事务管理社会化。政府依然承担着公共事务的政治责任和经济责任，从具体的公共事务中解脱出来，以指

[1] 邓丽洁：《让服务惠及流动儿童——以“参与各方责任框架”考量流动儿童的权利保护》，载《江南论坛》，2006（9）。

导者和监督者的身份审视公共管理的质量效益，降低公共管理事务的成本。[1] 从教育管理来看，其中义务教育的主要责任在政府，主要体现在经费投入和制度安排方面，教育行政部门的责任主要体现在业务管理方面，校长、教师和家长承担基础教育改革的具体责任，学者与媒体承担辅助责任。[2] 除了正式支持系统承担起主要责任外，辅助支持系统利用其处于辅助政府政策实施的角色，推动社会关心流动儿童教育，帮助流动儿童在学习、生活、情感上克服困难；而非正式系统因为其自发性、自愿性等特点，在流动儿童教育责任上，根据国家和政府的相关制度，开办学校或类似教育机构，承担自愿帮助的责任。

（二）教育支持的资源整合力

资源整合能力是现代管理的重要能力，研究者Teece指出，在当前的经济社会环境中，企业的竞争优势除了来源于独特的资源，也来源于配置这些资源的方式。[3] 研究者Amit和Schoemaker将能力定义为在资源组合过程中，企业应用组织流程实现目标而配置资源的能力。[4] 流动儿童教育的社会支持行动不是单一的活动，而是需要各方面相互支持、相互配合的系统工程，这决定了这一系统主体需要有很强的人力、物力、财力等资源整合力，才能使得行动顺利实施，达成预期的目标。一般来说，资源整合力主要表现在三方面：权力执行的强制性程度、组织计划的严密性程度和人力资源配备保障性程度。从承担的力度来

[1] 黄涛：《政府的公共事务的责任分担与利益分享》，载《四川教育学院学报》，2008（8）。

[2] 乔锦忠：《基础教育改革中的责任分担》，载《人民教育》，2006（5）。

[3] Teece D J. Competition, cooperation, and innovation:organizational arrangements for regimes of rapid technological progress. *Journal of Economic Behavior and Organization*, 1992, 18: 1–2.

[4] AmitR, Schoemaker P. Strategic assets and organizational rent. *Strategic Management Journal*, 1993,14: 33–46.

看，三个不同的支持系统也不一样。以政府为主的正式支持系统具有权力强制性、组织严密性和人力资源保障性等特点，具有很强的资源整合力；对以社区为主的辅助支持系统权力弱强制性（有一定的强制性，但更多的是鼓动和引导）、组织正规性与非正规相结合和人力资源稳定性（人员性质和来源相对稳定），有较好的资源整合力；对以民间为主的非正式组织支持系统的特点是权力自发性、组织松散性和人力资源自愿性，资源整合力相对较弱，但有自愿性等特点，在一定程度上容易整合资源。不同支持系统的资源整合能力对于支持模式的实施有很大的影响力，教育支持管理是对资源进行有效配置的过程，是一种资源整合能力。

（三）教育支持内容的性质

流动儿童教育支持的模式除了受到支持主体的责任和能力的要求外，还受到教育支持内容性质的影响。首先，流动儿童教育的学习支持要求支持主体具有教育能力与掌握教育方法，这对于学校、教师、大学生志愿者等具备教育背景和教育技能的主体容易做到，而对于一些组织来说，难以做到具体的学习帮助。其次，流动儿童教育的经济支持决定了支持主体需要有良好的物质基础。对于学校、教师、大学生志愿者来说，学校的经济来源主要是上级教育经费拨款，其本身并不是一个经济生产单位，难以在经济上帮助流动儿童；教师主要依靠工资生活，大学生则是依靠父母的教育消费者，因此，在经济上都难于帮助流动儿童；对于以社区为主的辅助支持系统来说，社区、妇联、共青团等准行政机构经费有限，所以，经济支持主要是两条道路：在以国家政府职能部门为首的正式支持系统中，安排流动儿童教育经费和教育支持费用预算，以及以民间基金会、社会财团为主的对流动儿童教育支持的捐款捐物。再次，流动儿童情感支持对于各支持主体来说是容易做的，正式支持系统出台流动儿童教育的相关支持政策或文件，让流动儿童能感受到社会支持的温暖；辅助支持系统发动社会捐赠、看望、组织活动等，是一种较好的情感支持方式；最直接的情感支持来自非正式教育支持系统，如可安排对流动儿童家庭的访谈、安排代理家长、让自己的孩子与流动儿童结为成长伙伴等。最后，交往支持要求的互动性质决定了能提供人员服务的组织或个人是最好的支持主体，如学校组织教师、学生与流动儿童“手牵手”活动，社区组织成立流动儿童活动室、阅览室，方便流动儿童相互学习与交流，社会志愿者与流动儿童结成对，成为流动儿童的代理父母、朋友等。因此，流动儿童教育支持的性质会对流动儿童教育支持选择产生影响。

三、流动儿童教育支持模式的选择

通过对教育支持的基本逻辑及选择维度的分析，我们可以归纳出基本的教育支持模式：

表6-1　　流动儿童教育支持模式特征

特点 模式	基本特征	运行方式	优势不足	实践表现
责任模式（政府主导）	支持能力强，支持意愿高，责任明确，资源整合力强，学习和经济支持力度大，可控力度大。	由各级政府及教育主管部门负责人力、物力制度安排，由学校负责执行，由职能部门协助等。	执行力度大，资源配置能力较高，权责分明，有利于监督；缺点是运行成本大，管理层次多等。	是当前流动儿童的主要教育支持模式，系教育管理部门和公立学校系统，属于正式支持系统。
关爱模式（社区主导）	支持能力较强，支持意愿较高，责任不够明确，资源整合力一般，在情感支持上力度较大。	由社区、妇联、共青团等组织，动员公众参与，不固定活动，基本无问责等。	有利于调动社会资源，创造氛围；对儿童真正需求了解不深，给儿童造成受恩压力，互动不够等。	各种社区成立的流动儿童活动中心、“手拉手”行动等，属辅助支持系统。

（续表）

模式＼特点	基本特征	运行方式	优势不足	实践表现
选择模式（市场主导）	支持能力强，支持意愿较高，责任较明确，资源整合力强，学习支持力度大。	根据国家民办教育法规，出于私益成立教育机构，实施流动儿童教育支持。	体制机制灵活，协助国家解决流动儿童教育问题；缺点是自利性较强，管理监督不易等。	各种打工人员子弟学校等教育机构，属非正式支持系统。
奉献模式（民间主导）	支持能力较强，支持志愿很高，责任不够明确，资源整合力差，学习、情感、交往支持力度大。	根据相关制度，出于纯公益成立教育机构，对儿童实施多方面教育支持。	机制灵活，公益性程度高，协助国家解决流动儿童教育问题，缺点是管理监督不易等。	各种流动儿童慈善教育机构、爱心学校等，属非正式支持系统。
委托模式（家庭主导）	支持能力较强，支持意愿较高，责任较明确，资源整合力一般，学习、情感、交往支持力度大。	由职能管理部门委托志愿者托管流动儿童，长期或定期参与家庭生活，对儿童进行多方面支持。	机制灵活，公益性程度高，协助国家解决流动儿童教育问题；缺点是流动儿童意志反映不足、管理监督不易等。	各种流动儿童代理家长制、流动儿童托管家庭、职业代理家长等，属辅助支持系统。
自强模式（学生主导）	支持能力一般，支持意愿高，责任不够明确，不能整合资源，对学习、情感支持力度较大。	由社会宣传部门倡导，树立榜样，鼓励流动儿童勇敢面对困难，做到自强自立。	可为流动儿童树立榜样，提升流动儿童“可怜者”形象；缺点是忽略流动儿童教育国家和社会应承担的责任。	各种流动儿童的宣传、表彰活动，“流动儿童自强俱乐部”等，属非正式支持系统。

以上根据社会支持的基本逻辑和选择维度总结出的六种模式，并不能包括已出现的所有各种教育支持模式。作为一种粗略的分类，具有一定的参考和指导价值。

第四节　流动儿童教育支持系统的建构

流动儿童教育支持除了需要以政府为首的正式支持系统承担起教育支持和管理重任外，还需要以社区、妇联等准行政组织的支持，来辅助国家政策的实行，甚至还需要得到来自民间、国际组织等的支持，才能有效和完全解决这一问题。

一、正式支持系统

所谓正式支持系统，在本研究中是指以全国人民代表大会和地方人民代表大会为决策主体，以中央和地方各政府组织为执行主体，以各级教育、公安、民政等各职能部门为执行主体，共同开展从政策、体系到制度等各个层面的教育支持，并对所承担的教育支持责任进行明确分工，保障流动儿童教育支持的基本实现。

（一）国家的支持

国家并不等于政府，一般来说，国家是以人大（在西方为议会）为代表的组织，根据国家发展或国际形势做出决策，其行为方式如颁布法律制度，授权行政部门代表国家处理外交、战争事务等。国家的支持主要是通过制定法律，从权益上保障流动儿童接受教育的权利。在流动儿童的教育上，国家的支持主要表现在以下几个方面：

首先，对流动儿童教育权进行法律规定，从法律上确立流动儿童受教育的权益。1982年12月第五届全国人民代表大会第五次会议通过的《中国人民共和国宪法》第四十六条第一款规定，中华人民共和国公民有接受教育的权利和义务，国家培养青年、少年、儿童在品德、智力、体质等方面的全面发展；1986年4月通过的《中华人民共和国义务教育法》第四条规定，国家、社会、学校和家庭依法保障适龄儿童、少年接受义务教育的权利。1995年3月通过的《中华人民共和国教育法》第九条规定，公民不分民族、种族、性别、职业、财产状况、宗教信仰等，依法享有平等的受教育机会；第十八条规定，各级人民政府采取各种措施保障儿童、少年就学，适龄儿童少年的父母或者其他监护人以及有关社会组织和个人有义务使适龄儿童、少年接受并完成规定年限的义务教育。1991年9月通过的《中华人民共和国未成年人保护法》第五条规定，国家、社会、学校和家庭应当教育和帮助未成年人用法律手段，维护自己的合法权益。

国家在流动儿童的教育支持上所做的工作有：首先，强调流动儿童教育支持的内容即教育权利和教育机会。如宪法、义务教育法、教育法和未成年人保护法中都明确规定了保护儿童、少年、适龄儿童或公民接受教育的权利，教育法第九条中还规定了公民享有平等的受教育机会，流动儿童作为社会中儿童或公民的一部分，他们的教育权利同样受到保护。其次，强调了流动儿童教育支持的主体，这四部法律规定了国家（宪法、义务教育法、未成年人保护法）、社会（义务教育法、未成年人保护法）、政府（教育法）、学校（义务教育法、未成年保护法）和家庭（义务教育法、未成年人保护法）等教育支持主体。最后，强调了流动儿童教育支持的目标为全面发展。如宪法中规定了青少年儿童在德、智、体等方面的全面发展。

其次，国家对流动儿童教育支持的另一个方面就是在全国人大中成立一个关心流动儿童工作的委员会组织，这个组织可以单独成为一个工作委员会，也可以与其他部门一同合作成立一个共同的委员会组织，甚至也可以在国家关心下一代委员会中成立一个流动儿童教育专门委员会等组织。如在全国人大教科文卫委员会中成立一个流动儿童工作小组，由人大中教育、科研、行政、商业等多种关心流动儿童教育的人大代表组织一个不常设机构，负责对流动儿童教育的问题进行提案、讨论、咨询和监督等。全国人大流动儿童工作小组采取定期或不定期的方法，对各地流动儿童教育工作进行政策执行大检查，并向全国人大常委会报告；对各职能部门及地方政府制订的有关流动儿童教育法规进行违宪和违法审查，保证流动儿童的教育权利和教育机会。

最后，党和国家的领导人关于流动儿童教育的讲话、看望流动儿童或流动儿童教育工作者、给流动儿童或流动儿童教育者写信、进行表彰等，都属于流动儿童教育的国家支持领域。如2003年9月，温家宝总理视察了流动人口子弟学校——北京石景山区玉泉路小学，他用粉笔在小黑板上题写“同在蓝天下，共同成长进步”，就是国家领导人对流动儿童教育的支持。

总之，国家在流动儿童教育支持方面的工作是从制度上保障流动儿童获得教育支持的权利与机会、明确支持主体的责任与义务及全面发展的教育支持总体目标；成立工作小组对各地流动儿童教育工作进行提案、相关政策进行审查及全国执行检查等；以及国家领导人对流动儿童的关注、关心、关爱等活动。

（二）政府的支持

流动儿童教育的政府支持主要是指以国务院为首，以教育、公安、民政等各职能部门为辅的流动儿童教育管理政策实施、决策、执行管理、检查等活动，以及地方政府及地方各职能部门对所辖领域内流动儿童教育管理的政策实施、管理、检查等活动。政府的支持主要表现在以下几个方面：

1．国务院的支持

流动儿童教育的政府支持首先来自作为中央政府日常办公机构的国务院的支持。其工作首先是制定流动儿童教育支持的相关通知、政策或规划。如2001年5月国务院发布了《中国儿童发展纲要

(2001–2010)》，对包括流动儿童在内的教育发展提出了规划目标，提出小学适龄儿童净入学率要达到99%左右，初中毛入学率达到95%左右，流动人口中的儿童基本能接受九年义务教育。同时规定，要为所有儿童提供平等的受教育机会和条件，确保教育特别是义务教育的公平、公正；提出要切实保障流动人口中儿童受教育的权利，完善流动人口中儿童就学制度，做好教育规划，满足农村适龄儿童向城镇转移后的就学需要。再如2001年5月国务院发布的《国务院关于基础教育改革与发展的决定》，提出了“十五”期间，地方各级人民政府要坚持普及九年义务教育，初中阶段入学率要达到90%以上，青壮年非文盲率要达到95%以上，高中阶段入学率要达到60%以上，还提出要重视解决流动人口子女接受义务教育问题，要实行“以流入地政府管理为主、以全日制公办中小学为主”的“两为主”的流动儿童教育政策。同年7月发布了《全国教育事业第十个五年计划》，提出2005年的主要目标是大力支持贫困地区和少数民族地区实施义务教育，进一步加强流动人口子女的义务教育。同时，国务院也发布一些全国通知来加强流动儿童的教育。如2003年1月国务院办公厅发布的《关于做好农民进城务工就业管理和服务工作的通知》，对流动儿童接受义务教育的权利、实施方式、教学要求等作了规定。

其次，设置相应的教育管理部门，对流动儿童教育实施全面规划管理工作，如以教育部具体负责包括流动儿童在内的全国教育工作小组；负责协调教育、公安、民政、司法、财政等部门有关流动儿童的工作；委托相关部门对流动儿童教育工作进行检查、协商、咨询等；发布包括流动儿童在内的教育绿皮书等。

最后，以国务院名义进行的有关流动儿童教育的讲话、关爱等活动。

如2003年温家宝总理在全国农村教育工作会议上的讲话，提出了全面认识农村教育在全面建设小康社会中的战略地位，一定要让进城务工农民的子女有书读、有学上，和城里的孩子同在蓝天下共同成长进步。2003年12月24日，国务院副总理回良玉在中央农村工作会议上指出："要解决农民工在户籍管理、子女就学、住房安置和社会保障等方面的实际困难，为他们在城市安心务工就业创造条件。"

2. 教育部等职能部门的支持

首先，教育部是流动儿童问题解决的主要责任主体，根据国家政治经济社会等发展情况，以及流动儿童数量分布等情况，制定政策，设立机构，规定制度，实行监控，并与其他职能机构在必要的时候采取联合行动。如1998年3月当时的国家教育委员会（现教育部）联合公安部颁布了《流动儿童少年就学暂行办法》，在第四条中规定了流入地人民政府应为流动儿童少年创造条件，提供接受义务教育的机会，流入地教育行政部门应具体承担流动儿童少年接受义务教育的管理职责；第七条规定流动儿童少年就学以流入地全日制公办中小学借读为主，也可入民办学校、民工子弟简易学校等就学；第十六条规定了流入地教育行政部门应对流动儿童少年的学校进行工作指导和监督。2003年教育部联合中央编制办公室、公安部、发展改革委员会、财政部、劳动保障部发布《关于进一步做好进城务工就业农民工子女义务教育工作的意见》，对解决流动儿童就学、制度安排、经费保障和社会宣传等都做了更进一步的安排。

其次，教育部指定或委托其他部门或研究机构，对流动儿童教育进行政策研究、决策咨询，或其领导人针对流动儿童教育问题方面的讲话、接受采访、关爱活动等，都是对流动儿童教育的直接或间接支持。如教育部所属的教育发展研究中心、中央教育科学研究所及北京师范大学、北京大学等研究机构与专业院系等，都为流动儿童教育决策提供支持；教育部所属的基础教育司、政策法规司等职能部门都对流动儿童教育提供实施安排和政策支持。另外，教育部领导人或发言人以教育部名义进行的关于流动儿童的讲话或接受采访、新闻发布等也是对流动儿童教育的支持。如2002年教育部副部长王湛的《以“三个代表”重要思想为指导，坚持“两个为主”做好进城务工农民工子女接受义务教育工作》讲话，对流动儿童教育支持工作加以强调和进一步的工作布置；又如2006年2月23日在教育部新闻发布会上，教育部发言人王旭明接受记者提问时指出，民工子女的义务教育入学，应该由流入地政府负责，教育部鼓励流入地城市公办学校最大限度地接受农民工子弟入学。此外，教育部还通过制定教育科学研究规划等方式，发布流动儿童课题研究招标，来支持流动儿童教育问题的解决。如教育部哲学社会科学研究重大课题攻关项目“处境不利儿童心理发展状况与教育对策研究”（2005）、教育部规划项目“流动儿童教育券与民工子弟学校转型问题之研究”（2007）、教育部人文社会科学重点研究基地项目“农村人口流动背景下义务教育体制研究：中部地区‘流动儿童’与‘留守儿童’义务教育实证调查与对策研究”（2005）和教育部人文社会科学研究项目青年基金项目“我国教育利益地方化问题研究”（2007）等。

最后，国务院其他职能部门协助政策执行也是重要的政府支持。流动儿童教育问题的根本原因是长期以来以户籍身份为基础的教育经费划拨制度和教育管理制度，因此，公安部门在流动儿童教育政策执行中扮演了重要的角色。再如流动儿童教育经费如何实现全国统筹、实行教育经费的转移支付等就是一个财政部要处理和实施好的新问题。此外，其他相关部委也像教育部一样，对流动儿童进行社会调研、委托咨询、言论支持等方面提供教育支持。

3．地方政府及相关部门的支持

流动儿童教育支持最为关键的是地方各级政府执行中央关于流动儿童的教育政策。由于地方利益、部门利益等原因，中央的政策得不到有效的执行，因此，各级地方政府及相关部门对政策的贯彻落实至关重要。地方政府及相关部门的支持，主要有以下几种形式：首先，地方各级政府通过出台政策或规章制度来执行中央的政策。如2004年8月北京市教委等十部门出台的《关于贯彻国务院办公厅进一步做好进城务工就业农民子女义务教育工作文件的意见》（京政办发50号），就如何落实中央关于流动儿童教育问题的政策，做出了更加具体的工作安排，提出了要建立有效的工作机制，规定了入学程序及各有关部门的职责；更下一级的政府又进一步执行地方省级政府的政策，如浙江杭州萧山区政府办于2002年10月发布《杭州市萧山区流动人口子女入学管理办法》（萧政办发［2002］162号），进一步落实省级关于流动儿童教育问题的政策，对流动儿童入学安排、教育经费等方面制定实施办法。其次，各级地方政府的相关职能部门也像上一级政府或职能部门一样，通过其领导人关于流动儿童教育问题方面的讲话、接受采访、关爱活动、课题研究招标等来进一步提供对流动儿童教育的支持。最后，地方政府及相关部门还常组织一些社会公益活动，通过组织、宣传、表彰等活动来表达对流动儿童教育的支持。

（三）学校的支持

在流动儿童的教育支持中，来自学校的支持是最为直接的支持。

如果说国家、政府对流动儿童的教育支持重点在政策决策、制度安排、经费保障、舆论支持、指导监督等方面，那么学校的支持则主要表现在实施层面。流动儿童不仅大部分时间都在学校，而且流动儿童主要需要的支持如学习支持、情感支持、交往支持甚至是一些经济支持，学校[1]都能够直接提供。总体来说，学校可以从以下几方面对流动儿童提供教育支持：

首先，学校可为流动儿童提供学习支持。公立学校接受流动儿童后，需要对流动儿童的学习进行全面安排，如班级安置、师资安排、学习辅导；学校针对流动儿童的特点，专门培训教师，加强流动儿童教育的针对性；在流动儿童的班级编制、考勤、纪律等方面制订针对性的教育措施；学校还可根据流动儿童的特点，开发校本课程，以帮助和提升流动儿童的学习能力和学习成效。

其次，学校可为流动儿童提供经济支持。虽然学校的经费主要来自于教育管理部门的划拨，本身并不创造经济价值。但是学校具有一定的经济资源的运筹能力，可以拿出部分经费来对流动儿童实施经济支持。如学校每年对流动儿童发放补助金，对优秀流动儿童实行奖励，对特别困难的儿童减免各种费用等。

再次，学校可为流动儿童提供情感支持。很多流动儿童来到一个陌生的城市学校，最早接触的就是教师和同学。教师的关心和鼓励是儿童良好适应的开始，一个流动儿童就说过，"'我最喜欢跟我们的数学老师谈'，'因为这个老师很讲信用，不像有的老师，你说给他听他

[1] 在此的学校是指全日制公立学校或公办农民工子弟学校，我们认为公立学校作为教育实施的主要职能部门，承担着国家教育任务的重要职责，教育经费、教育师资、教育场所等多种资源都是由国家无偿划拨的，因此，它也应属于正式的教育支持系统。

就告诉别人'，'她教了几十年，然后退休不干了，本来是不想干的，然后看我们可怜，就来教我们'，'（跟她认识）有三年了，关系很密切，她就像我的奶奶'"；[1] 同时，流动儿童的同学也是流动儿童情感交流的重要对象，一个流动儿童曾经对我们说，"我喜欢待在这个学校，因为学校有很多的好哥们，没事我就会在学校里面玩，我可不喜欢呆在家里，因为我爹妈很忙，经常不在家，我一个人很没味道"。[2] 有些学校还经常组织流动儿童心理关怀活动，例如学校举办流动儿童生活恳谈会、流动儿童校园生活感受作文比赛，让来自他乡的孩子能感受到温暖，更好地学习与生活。

最后，学校可为流动儿童提供交往支持。学校为流动儿童提供了一个交往的社会环境。学校年龄相仿的学生是流动儿童最为亲切的成长伙伴，他们共同学习、共同玩乐、相互帮助。此外，学校还为流动儿童提供了交往的媒介，如通过读书会交到了爱读书的朋友，通过乒乓球活动交到了爱运动的伙伴。

二、辅助支持系统

所谓辅助支持系统，在本研究中指的是对于流动儿童教育没有明确的责任划分，但作为一个定位于协助国家政策执行的准行政组织，在流动儿童教育支持中发挥着宣传、帮助、肯定等作用。在当前中国的社会政治中，主要包括社区、准行政组织（妇联、共青团、工会、关工委）、家庭等组织。这些组织都有支持国家政策执行的义务，有一

[1] 余秀兰：《社会弱势群体的教育支持》，106–107页，北京：中国劳动社会保障出版社，2007。

[2] 这是在海宁市某学校中，一个来自湖南的农民工孩子对我们的讲述，访谈对象编号HH013。

定的可动员的社会资源、行政能力及良好的人力资源，所有的这些组织都有义务、有动力、有能力做好流动儿童的教育支持工作，但因为在流动儿童教育支持中不承担主要的责任，所以定义为辅助支持系统。

（一）准行政组织的支持

中国的准行政组织即妇联、共青团、工会、退休委、关工委等在西方国家中属于纯民间组织，但是在中国它们既是行政组织，在国家行政事业机构中有正式编制、办公经费来自于国家财政、得到国家政府的授权、有良好的社会资源动员能力和行政能力，办公地点常设在国家行政机构大院里，人员大多是将要成为正式行政人员或已经退休的行政人员；但它又不完全是行政组织，它没有行政处罚权，被定位为行政辅助组织，协助行政机构做好政策执行、社会管理等多种事务。准行政组织的支持主要有以下几个方面：

首先，协助政府或独自开展流动儿童经济救助和支持活动。如2008 年以来，湖北省武汉市江夏区人口计生委和团区委联合开展了“关爱留守儿童，情系流动人口”活动，在区政府领导的组织下，广泛联系社会爱心人士或企业，为留守和流动儿童等筹集到资金40.5万元；[1]又如2010年7月天津市工会系统开展了面向全市困难职工子女和困难农民工子女的发放助学贷款、介绍勤工俭学岗位等系列“金秋助学”活动，对本地区、本系统、本单位需要实施助学帮扶的困难职工、困难农民工在学子女的基本情况逐一进行摸底和实名制统计汇总，建立健全助学档案和资金预算。[2]有的地方以妇联等为首，召集演艺界人士，

[1] 任艳军，曹秋菊：《爱心助成长，留守不孤单》，载《中国人口报》，2009年8月10日。

[2] 张鸣岐，孙乃琪：《子女上学受困 工会倾力相助——向困难农民工子女发放助学贷款并介绍助学岗位》，载《天津日报》，2010年7月20日。

进行慈善募捐演出等类似活动，为流动儿童的教育提供经济支持。

其次，单独或联合有关社会组织机构，开展关爱流动儿童活动，对流动儿童进行情感上的支持。如2006年5月27日，全国人大常委会副委员长、全国妇联主席顾秀莲带领全国妇联、中宣部、中央文明办、团中央、教育部、公安部、民政部、卫生部、国务院妇儿工委、中国关工委、解放军总后勤部等17个部委的领导，来到北京市大兴区留民营村慰问流动人口子女。顾秀莲在慰问时指出，妥善解决农村留守儿童的问题，对于提高全民族素质，维护社会稳定，建设社会主义新农村具有重要意义。[1] 这种活动以妇联和共青团举办的最多，有时是单独进行，有时是几个部门联合举办。如云南省妇联、云南省儿童少年基金会将农村留守流动儿童工作纳入了重要议事日程，开展了一系列针对这些儿童的工作。2008年9月在云南省9个州市同时开展“关爱农村留守流动儿童春节爱心活动”，为孩子们送去慰问品和节日的祝福。[2] 据团中央青年志愿者工作部相关负责人介绍，2010年5月，团中央在全国范围内启动“共青团关爱农民工子女志愿服务行动”，至目前，已有2514个县级团委组织65.1万青年志愿者参与关爱行动，青年志愿者与农民工子女结对数达55.4万对，募集爱心捐款3089.6万元、爱心捐物价值1929.7万元，受益农民工子女达148.5万人。[3]

最后，单独或联合其他社会组织机构，为流动儿童创造一个良好的生活和交往环境。有流动儿童问题研究课题组做过调查，发现在城市里的流动儿童生活和交往环境存在很大的问题。调查显示，72.1%

---

[1] 郝卫江：《顾秀莲率17部门慰问流动人口子女、农村留守儿童》，载《中国妇女报》，2006年5月29日。

[2] 冉秀兰：《我省关爱留守流动儿童爱心活动启动》，载《云南日报》，2008年2月6日。

[3] 路强：《“共青团关爱农民工子女志愿服务行动”启动国际合作》，载《人民政协报》，2010年8月3日。

的流动儿童随父母租房住，66%的流动儿童在家没有属于自己的单独房间；大多数流动少年儿童生活的社区环境较差：39.8%的流动儿童在目前生活的地方缺乏安全感，39%的流动儿童反映社区治安混乱；较多的流动少年儿童在家中遭受过不同程度的暴力伤害：52.2%的流动儿童在家受到过辱骂，34.7%的流动儿童受到过体罚；家人中的某些不良行为也较多；66.3%的流动儿童希望得到"结交朋友"方面的帮助和指导，40.3%的流动儿童希望得到"心理辅导"等。[1] 如由全国妇联发起的、中国儿童基金会及安利集团共同举办的关注流动儿童的大型公益项目"阳光计划"于2008年5月9日在北京市昌平区北七镇东三旗村智泉学校正式启动，这个项目旨在通过为打工子弟学校捐建图书馆，邀请社会学者和文化名人提供课外辅导讲座以及发动社会志愿者为打工子弟学校提供各种志愿帮扶等行动，以帮助流动儿童改善教育和成长环境，融入城市社会，促进儿童少年的身心健康成长。[2] 江苏泰州市妇联向社会招募千名"社会妈妈"，开展"社会妈妈"关爱留守、流动儿童结对帮扶活动。"社会妈妈"的主要职责是通过定期与结对儿童联系，指导儿童与班主任交流，和监护人沟通，看望流动儿童，陪儿童过节等形式，了解结对儿童的家庭背景、思想表现、身体及生活上遇到的困难等，使他们感到"心有人爱，身有人护，难有人帮"，为流动儿童创造一个良好的生活和交往环境。[3]

（二）社区的支持

作为辅助支持系统里的一支，社区支持与准行政组织的教育支持

[1] 王庆环：《流动少年儿童：你在城里还好吗？》，载《光明日报》，2009年3月25日。
[2] 张学珍：《让流动儿童在城市健康成长》，载《中国妇女报》，2008年5月13日。
[3] 陈羚：《留守流动儿童期待您的关爱》，载《泰州日报》，2007年7月7日。

相比，相同之处在于社区也属于国家社会管理的一个组织部分，有一定的行政资源动员能力，很多社区的经费开支也可能主要是来自于政府，其职责也是协助政府各种政策的实施等；不同之处在于，社区没有准行政组织正式，社区人员组成各不相同，有的由政府部门人员与社会招聘人员合作组成，主要承担政府部门的某些基层管理职责；有的由政府委托商业组织负责一个社区的治理，如浙江力邦社区模式[1]，或是实行居民他治与自治相结合；也有的新社区已经基本摆脱了行政领导模式，由社区居民自我选举组成，实行自我治理。不同模式的社区虽然管理方式各不一样，但协助政府进行政策执行如协助人口普查等任务是相同的。

社区对于流动儿童的教育支持作用是很大的，因为社区具有其他组织不可替代的一些管理优势：与流动儿童居住地在一起，方便与流动儿童家庭保持联系；社区中居民职业各异，有利于为流动儿童教育支持提供社会资本支持；社区中的公共的空间，有利于为流动儿童活动开展提供场所；社区居民中同龄儿童较多，有利于为流动儿童创造一个良好的生活和交往环境等。社区对流动儿童的教育支持主要有以下几种：

首先，社区利用其与流动儿童家庭联系方便的优势，协助政府宣传和执行流动儿童相关教育政策，为流动儿童提供政策知识和政策支持。社区作为城市最基层的一个群体组织，其职责的一个重要部分就是宣传党和国家的政策，并协助政策的执行。如很多社区都有一个信息栏，流动儿童教育方面的政策最早就是从此进入流动儿童家长视野

---

[1] 唐果，石静：《浙江农民工社区“力邦村”模式探析》，载《西北人口》，2010（1）。

的。社区工作人员还可利用熟悉流动儿童家庭时间或地理上的优势，上门家访，了解流动儿童家庭困难，提供国家或地方政府对流动儿童家庭的各种补助，对流动儿童进行人口登记工作等。

其次，利用社区内公共空间，为流动儿童的学习或交往提供支持。如青岛市城阳区流亭街道有个专门为外来务工人员子女服务的特殊幼儿园——“爱心幼儿园”，教室、寝室、伙房、多功能厅等样样齐全，孩子活动区域布置完善而温馨，户外大型的木质组合玩具成了孩子们活动的最爱，街道每年会补贴20万元给幼儿园做办学经费。[1] 在北京海淀香山街道，全国首家面对流动儿童的社区青少年宫建成，这个青少年宫由香山街道社区服务中心改建而成，上下共两层，设有科普、文体、信息、阅读和百科讲堂5个教学中心，为流动儿童提供了良好的学习和生活交往空间。[2]

最后，社区经常性地组织一些活动，为流动儿童创造良好社会环境，促进流动儿童的社会融入，为其提供情感支持。社区是城市社会的基本组成单位，社区的稳定与和谐是社会稳定和谐的基础。流动儿童作为在社区新出现的群体，能否与社区居民特别是和社区里同龄的城市孩子融洽相处，是关系到国家和谐发展的重要因素。不少社区都在此方面进行了探索，如石家庄市桥东区栗新社区，毗邻中国十大小商品市场之一的南三条市场，辖区中有流动人口5000余人，来自全国23个省，社区现有流动儿童500余人。这个2003年被联合国儿童基金会和国务院妇儿工委确定为“流动儿童权利保护”项目试点单位的栗新社区，

[1] 孙军：《青岛市城阳区建流动儿童“爱心幼儿园”》，载《中国教育报》，2010年7月26日。

[2] 王海燕：《千余流动儿童暑假免费上课外“兴趣班”》，载《北京日报》，2010年7月29日。

在为流动儿童创造良好社会环境、促进流动儿童社会融入等方面成绩斐然。据社区主任介绍：

为给流动人口提供更好的服务，使流动儿童与常住儿童一样享有同等的权利，跟常住儿童和谐相处，社区为流动儿童提供了“三个保障”和“三个同等”：保障流动儿童享受与常住儿童同等的医疗免疫权。为流动儿童建立健康档案，并定期组织医护人员深入居民家中，及时为他们进行免疫接种和患病治疗，并积极向流动人口宣传健康知识；保障流动儿童享受与常住儿童同等的受教育权。使每一名流动儿童都能够按时入托、入学，享受与常住儿童同样的收费标准；保障流动儿童享受与常住儿童同等的活动参与权。社区服务中心为社区儿童免费开放了阅览室、健身房、棋牌室、儿童乐园、电脑室等文体娱乐设施，还积极开展了各类培训、讲座、咨询、文体、社会实践和志愿服务活动。在这里，流动儿童与常住儿童共同学习、游戏，成为了好伙伴。

“在我们这里，看不出谁是流动儿童谁是本地儿童。我的小孙子就和这些孩子们玩得很好，你家进我家出，好吃的好玩的一起分享。大人们之间也是这样，我们平时把本地特色的食物送给他们，他们把家乡的特产带给我们。”栗新社区的尧师傅说，“不管是流动儿童还是常住儿童，都是社会的孩子，我们一样对待。社区就是石家庄的一个窗口，我们社区就是上下交流的一个平台，我们有责任把他们看护好，照顾好”。[1]

这种在流动儿童的社会融入等情感支持方面做出成绩的社区在全国还有很多，社区在流动儿童的情感支持与社会融入方面，正在日益

[1] 徐姗姗，周丽婷：《“没人看得出他们是流动儿童”——石家庄栗新社区为流动儿童搭建起幸福友好的环境》，载《中国妇女报》，2010年7月17日。

发挥重要的作用。

（三）家庭的支持

流动儿童的家庭教育支持存在很大的问题，有研究者调查发现，流动少年儿童的课余生活比较单调，他们的闲暇活动主要包括“看电视”（56.6%），“读课外书”（55.5%），“做家务”（47.3%），“温习功课”（45.1%）和“玩耍”（43.3%）等。[1] 也有研究者发现，流动儿童家庭经济除了能交纳学校的一些基本费用外，很少有像买参考书、参加辅导班、请家教老师等其他的教育投入。[2] 其实，流动儿童的家庭支持包括两个部分：一是流动儿童家庭父母和其他家庭成员对孩子的教育支持；二是社会对流动儿童家庭及以家庭为主要支持目标的教育支持。因为家庭成员对流动儿童的教育支持（学习、经济、情感等各方面）力度总体来说较小，教育方式中也存在简单、粗暴等问题，所以，在本研究中家庭的教育支持主要是指后者。就目前已有的家庭教育支持来看，主要有以下几个方面：

首先，来自社会各种组织如妇联、学校等安排的流动儿童家长培训类的活动，如家长学校、家教指导中心等，是对流动儿童教育的重要的学习支持。如青海省妇联、教育厅、民政厅、公安厅等七部门在2009年加大力度，联手为农村留守流动儿童护航，在五年内，建立30所省级农村留守流动儿童家长学校，帮助留守和流动儿童家长做好流动儿童的教育工作。[3] 又如湖南省“十五”计划评估结果显示，湖南

---

[1] 王庆环：《流动少年儿童：你在城里还好吗？》，载《光明日报》，2009年3月25日。

[2] 杜娟，叶文振：《流动儿童教育状况及其影响因素》，载《中共福建省委党校学报》，2003（9）。

[3] 陈丽娜：《七部门联手为留守流动儿童护航　青海将建30所省级农村家长学校》，载《中国教育报》，2003年2月15日。

已经有留守流动儿童家长学校3566所，2007年12月26日，湖南省召开的全省家庭教育工作会议决定，于2008年启动关爱留守流动儿童“拥抱亲情”行动计划，重点推动留守流动儿童家庭教育工作。“拟建立100个省级留守流动儿童‘示范家庭教育指导中心’、200所省市留守流动儿童‘示范家长学校’，举办3000场留守流动儿童‘家庭教育知识巡回讲座’，培训400名家庭教育心理咨询骨干。针对农村留守流动儿童在家庭教育与保护中的突出问题，加强对家长及其他监护人的指导与服务，引导他们重视子女的教育与保护，掌握科学的教子方法，切实承担起教养孩子的家庭责任和法定义务。”[1] 流动儿童家庭教育对家长的学习支持活动是多种多样的，其中建立流动儿童家庭学校和家长家庭教育指导中心是两种最为常见的做法。

其次，社会各界对流动儿童家庭教育提供物质和经济上的支持。如影响较大的有2009年全国工会金秋助学活动，帮助在城市上学的困难农民工子女顺利完成学业。甘肃省兰州市总工会将农民工子女纳入重点助学对象，为生活特别困难的农民工子女提供1000元至3000元助学金；海南省总工会建立了“金秋助学”跟踪回访帮扶制度。据统计，2005年至2008年，全国各级工会组织共筹集助学款24.2亿元，资助困难职工和农民工子女241.3万人，其中，困难农民工子女42.7万人。全国总工会对全国20个城市1000家企业的万名职工进行的问卷调查显示，65.8%的企业工会为困难家庭职工入学子女提供了入学资助。[2] 再如2010年8月2日，“日本东京海上中国青少年发展支援项目”在北京

[1] 苏莉：《让留守流动儿童“拥抱亲情”》，载《湖南日报》，2007年12月26日。

[2] 郑莉，丁军杰：《2009 年全国工会金秋助学活动全面启动》，载《工人日报》，2009年8月18日。

启动，这是“共青团关爱农民工子女志愿服务行动”首个国际合作项目，东京海上控股株式会社将捐款1500万日元（约109万元人民币），用于支持共青团在河南信阳市、贵州黔南布依族苗族自治州开展关爱农民工子女志愿服务行动。另据团中央青年志愿者工作部相关负责人介绍，到2009年5月止，团中央在全国范围内启动“共青团关爱农民工子女志愿服务行动”，已有2514个县级团委组织65.1万青年志愿者参与关爱行动，青年志愿者与农民工子女结对数达55.4万对，募集爱心捐款3089.6万元、爱心捐物价值1929.7万元，受益农民工子女达148.5万人。[1]

再次，社会各界为流动儿童提供各种亲情团聚与联系、代理家长等活动，为流动儿童创造家庭亲情联系和家庭氛围，为流动儿童及家庭提供情感与交往支持。如在黔南州，将在少数民族集聚的都匀市、龙里县、贵定县等重点建设“志愿者微笑小屋——农民工子女活动基地”，同时开展感受城市等活动，给流动儿童创造家庭关爱氛围与情感支持。[2] 再如2010年5月北京开展“彩虹家园”关爱农村留守流动儿童家庭教育活动，流动儿童父母能通过视频与远在千里之外的孩子面对面交流，“彩虹家园”包括设置彩虹书架、彩虹视频、彩虹园地、彩虹课堂、彩虹热线、彩虹信箱、彩虹志愿者等形式，为农村留守、流动儿童家庭提供切实的家庭教育指导和帮助。全国已经建立了两座这样的“彩虹家园”，并在四川、河南、贵州、安徽、广东等十个省，对

---

[1] 路强：《“共青团关爱农民工子女志愿服务行动”启动国际合作》，载《人民政协报》，2010年8月3日。

[2] 路强：《“共青团关爱农民工子女志愿服务行动”启动国际合作》，载《人民政协报》，2010年8月3日。

60多万农村留守流动儿童及其家庭进行了帮扶和教育。[1] 在江苏泰州，市妇联招募千名“社会妈妈”，开展“社会妈妈”关爱留守、流动儿童结对帮扶活动。“社会妈妈”的职责主要为：通过定期与结对儿童联系，指导留守儿童给父母写信或通话，与班主任交流，和监护人沟通，看望留守、流动儿童，陪儿童过节等形式，掌握结对儿童的家庭背景、思想表现、学业成绩、日常行为，帮助孩子解决学习、思想、身体及生活上遇到的困难，使他们感到“心有人爱，身有人护，难有人帮”。[2]

三、非正式支持系统

流动儿童教育的非正式支持系统是指在流动儿童教育中没有明确的责任划分，但出于追求自我利益或慈善爱心或职业关怀等动机，主动承担起流动儿童教育支持的部分责任。在当前中国的社会中，非正式支持系统主要包括以市场经济为方式、以自我利益为价值取向的农民工子女学校或打工子弟学校等类似教育机构，以社会利益为价值取向的国际或国内社会志愿者，以社会利益与自我利益相结合为取向的媒体、学者、律师、健康机构等，以及以流动儿童自立自强为价值取向的自我支持活动。非正式支持系统主要通过举办学校或教育机构、提供经济物质支持、关爱流动儿童身心健康等多种方式为流动儿童提供教育支持，主要分为市场式、公益式、复合式及自强式支持方式。

（一）市场式教育支持

市场式教育支持主要是指那些在法律上并没有明文规定、但由于

[1] 李海秀，梁捷：《“彩虹家园”关爱农村留守流动儿童》，载《光明日报》，2010年5月29日。

[2] 陈羚：《留守、流动儿童期待您的关爱》，载《泰州日报》，2007年7月7日。

某种自利行为而自愿为流动儿童教育提供支持的机构或个人所从事的支持行为。一般来说，这种行为多为收费教育机构（因从事教育能得到国家的补贴，所以相对来说收费并不是很高），如打工子弟学校、流动儿童文化补习学校、流动儿童幼儿园、托儿所等类似机构。[1] 这种机构是根据国家民办教育相关政策成立，目的或动机以自利为主，支持的方式主要有以下两种：

一种是社会人士以自利为目的举办学校、幼儿园等教育服务机构，为流动儿童提供教育经济支持，减轻了政府教育经费投入，在经济上支持了流动儿童的教育。我们从以下实例中可以看出社会力量对于流动儿童教育经济支持的意义：如武汉市硚口区社会力量安排了6000名流动儿童上学，假如公办学校要安排6000名流动儿童就学，需要新增设133个教学班，300多名教职人员。仅教师工资一项，民工子弟学校每年就为国家节约开支300多万元。[2] 以九年制义务教育来计算，就达2700多万。由此可以推算，假如民工子弟学校解决600万流动儿童就学，其他如流动儿童教育服务中心等机构有100万，那九年义务教育仅教师工资这一块就为国家节省约315万元。

另一种是社会人士举办学校、幼儿园等教育服务机构，为流动儿童提供学习、情感和交往等多方面的支持。流动儿童因为借读费很高、上学路程不方便以及自我等多方面原因，不能进公立学校，因而选择就读私立民工子弟学校、幼儿园、托儿所等教育机构。一些社会人士在流动儿童聚居、离公立学校较远的地方举办民工子弟学校等这样的

---

[1] 其实这种机构也有完全公益性质的，如政府举办或企业、基金会投资的农民工子弟学校、流动儿童幼儿园、托儿所等，经费完全由投资主体承担，从理论上来说，这种机构如果是国家为投资主体应划在正式支持系统内。

[2] 刘立刚：《规范发展流动人口子女简易学校》，载《人民政协报》，2000年12月25日。

教育机构，方便了这些儿童，同时也为政府应对教育需求减轻了压力。虽然学校环境和教学条件并不是很好，仍然可以在一定程度上满足流动儿童基本的教育需求。据余秀兰的调查发现，一个农民工的孩子说从前在公办学校自己感觉到压力很大，很自卑，也受过老师的打骂，但现在在这样的民工子弟学校，感觉到自己更容易适应，大家都是一样的身份。[1]

虽然市场式的民工子弟学校在一定程度上存在教育动机不纯、学校管理落后和教学设施、师资等条件达不到国家办学标准或最低要求的缺陷，但是，这些以自利为目的的市场式教育支持在客观上支持了国家的教育投入和教育服务，特别是在国家教育投入不足的情况下，其意义是重大的。

（二）公益式教育支持

公益式支持主要是指那些在法律上并没有明文规定，但由于某种慈善意愿为流动儿童教育提供支持的机构或个人所从事的支持。主要包括一些免费教育机构，如免费打工子弟学校、免费流动儿童文化补习学校、免费流动儿童幼儿园、托儿所等类似机构为流动儿童提供的教育支持服务，以及一些国内社会志愿者、国际社会志愿者对流动儿童提供的各类直接的义务教育支持服务。就目前所报道的情况来看，主要有以下几种支持方式：

首先，成立各类流动儿童教育服务机构，免费为流动儿童提供各类教育支持。如2009年郑州市慈善总会在郑州市建立了十个流动儿童之家，免费为流动儿童提供学习、交往支持。孩子们在其中能得到社

---

［1］余秀兰：《社会弱势群体的教育支持》，125页，北京：中国劳动社会保障出版社，2007。

会热心人士的帮助，得到学习辅导、学习用品等。并且，在这样一个专为流动儿童服务的机构中，流动儿童在学余时间、节假日等找到了可以休息、活动的空间以及玩伴等。[1]再如内蒙古自治区通辽市图书馆、科尔沁区明仁小学共同创办了自治区首家“少年儿童流动图书馆”，流动图书馆有1000余种、2000余册图书，为流动儿童的学习和生活带来了一片新的天地，有利于流动儿童健康快乐的学习和成长。[2]

其次，定期或不定期举办各类关心流动儿童的公益慈善活动，为流动儿童教育和成长创造一个良好的关爱氛围。如由共青团天津市委员会、市青年志愿者协会主办，塘沽团委、塘沽综治办等多家单位共同启动的“蒲公英春天计划”活动，旨在广泛动员青年志愿者，整合团内资源和社会资源，结合进城务工人员子女的实际需求，开展学业辅导、社会化技能培训、亲情陪伴、自护教育和爱心捐赠等活动，为进城务工人员子女健康成长提供服务。[3]北京市朝阳区设立了全国首个流动儿童爱心超市，只要低于全市特困标准的流动儿童家庭拿着社区发放的“领取卡”，就可以到“爱心超市”为孩子免费领取衣物，以及铅笔盒、书包等学习用具。[4]

最后，成立各种流动儿童志愿者服务协会，动员社会志愿者与流动儿童进行互动，在流动儿童学习、生活、情感等各方面予以精神或物质支持。在对流动儿童及社会弱势群体的支持中，社会志愿者是支持体系中最为重要的一种力量，其中大学生志愿者又是重中之重，相

[1] 李娜，王冰冰：《今年将建10个流动儿童之家》，载《郑州日报》，2009年3月25日。

[2] 王彦春：《自治区首家“少年儿童流动图书馆”在我市诞生》，载《通辽日报》，2008年10月31日。

[3] 宋尤然，志洪：《塘沽启动“蒲公英春天计划”》，载《天津政法报》，2010年7月2日。

[4] 侯莎莎：《特困流动儿童将有爱心超市》，载《北京日报》，2005年5月19日。

对来说，大学生在时间上更为充足，具备提供教育支持的技能，年龄上具有与流动儿童更好沟通的优势。如以“浇灌流动花朵，畅享欢乐童年”为主题的活动是朝阳区金盏地区与中国传媒大学启动的名为“朝阳活力计划”系列活动中的一个项目，他们给学生免费上课和辅导，“有针对性地为他们进行普通话、英语口语、音乐、电脑、舞蹈等培训，扩大他们的知识面，组织流动儿童参观抗日纪念场馆，放映爱国主义题材电影；与贫困儿童结成帮扶对子，解决他们学习、生活等方面的实际困难。为某一月份出生的流动儿童过集体生日，使孩子们感受浓浓的亲情”。[1] 北京师范大学一些关心流动儿童教育与发展的大学生成立了“农民之子”志愿者协会，从1999年12月至今，“农民之子”的足迹遍及十几个省、自治区、直辖市，他们关注流动儿童、民工生活等问题，始终为促进消除城乡差距，推动社会公平进步努力着，已经完成数十份有参考价值的调研报告。2000年2月，“农民之子”开始利用双休日，到位于北京郊区的明圆、育英、太阳宫等打工子弟学校开展支教活动，每学期他们都组织和培训近百名同学到北京周边的打工子弟学校义务支教。[2]

对于公益式教育支持，有研究者认为没有完全非自利的公益行为，但我们认为，慈善活动虽然也有一定的自利动机如获得名誉等，但其基本动机是以帮助社会、回报社会为出发点的，与自利为出发点的市场式教育支持有着显著差别，主要是以实现社会利益为根本追求。

（三）复合式教育支持

复合式教育支持主要是指那些在法律上并没有明文规定、但由于

[1] 席俊克:《奔走在流动儿童中的义工》，载《中国社会报》，2005年8月30日。

[2] 赵正元:《“农民之子”：用青春点燃希望之火》，载《中国教育报》，2006年6月4日。

某种慈善意愿与个人自利的动机，愿意为流动儿童教育提供支持的机构或个人所提供的支持。除了类似于前面公益式的免费教育机构以及一些国内社会志愿者对流动儿童提供的直接的各类义务教育支持服务外，还包括来自于媒体、学术机构、社会机构及非政府组织等对流动儿童提供的各类教育支持行为。就目前所报道的情况来看，主要有以下几种支持方式：

首先，以媒体为代表的社会组织，开展对流动儿童的困难的报道、宣传或动员流动儿童帮扶行动，客观上起到了对流动儿童教育等多方面支持的作用。1995年1月21日《中国教育报》刊登的记者李建平的《“流动的孩子”哪儿上学——流动人口子女教育探讨》一文，引起了社会及政府对流动儿童问题的高度关注，对1998年3月国家教育委员会及公安部联合颁发《流动儿童少年就学暂行办法》起了重要的推动作用。除了报纸这种传统媒介外，网络对流动儿童生活、学习、交往等的报道，对教育公平的呼吁等，都在一定程度上推动了社会对流动儿童问题的关注。

其次，一些学者或学术机构对流动儿童教育问题的研究，在流动儿童教育政策的决策中起到了咨询、指导、建议等多方面的支持作用。如学者杨润勇在2005年5月27日的《光明日报》上呼吁对流动儿童实施政策倾斜政策，以加大解决流动儿童教育问题的力度；2006年国务院妇儿工委、联合国儿基会在江苏无锡联合举办“受人口流动影响的儿童问题现场交流暨研讨会议”，来自全国各地的妇儿工作者、专家学者齐聚一堂，总结交流经验，共同探讨受人口流动影响的儿童发展教育等相关问题。[1] 一些大学中的研究机构也对流动儿童教育问题特

[1] 朱敏：《多举措保护“流动儿童”权利》，载《无锡日报》，2006年11月29日。

别关注，如北京师范大学心理学院心理研究所承担了国务院妇儿工委、联合国儿童基金会委托项目《中国流动儿童状况调查研究，流动儿童受保护状况专题》(2002) 等;北京大学社会学系主持国家社科基金《流动儿童教育与社会融合的跟踪研究》(2006) 等；中国人民大学人口与发展研究中心主持世界银行资助“农民工子女义务教育项目”子课题“农民工子女人口学特征”(2005)；华中师范大学教育学院主持了教育部人文社会科学重点研究基地项目《农村人口流动背景下义务教育体制研究——中部地区“流动儿童”与“留守儿童”义务教育实证调查与对策研究》(2005)，浙江师范大学教师教育学院主持了国家社科基金项目《进城农民工子女教育政策绩效评价及体制创新研究》(2010) 等，一大批像韩嘉玲、段成荣、方晓义、周皓、范先佐、雷万鹏、杨颖秀等这样的学者积极从事流动儿童教育发展研究，关心流动儿童教育发展与成长。

再次，一些与法律相关的社会机构出于职业道德及人文关怀品质，积极参与流动儿童教育的法律支持活动。如2005年2月国际劳工组织与全国妇联合作，在江苏、广东、湖南、河南、安徽五省实施了一个为期四年的国际合作项目——“中国预防拐卖女童和青年妇女项目”，该项目主要关注12–24岁的流动女童和青年妇女，通过一系列的措施和行动，预防女童和青年妇女在流动过程中被迫劳动、被迫卖淫和有组织的乞讨。[1]2009年12月北京市东城区流动人口管理办公室、区法院、区妇联联合成立的全市首家“东城区流动儿童法律服务中心”正式挂牌，该中心将通过举办法制讲座、接听维权热线、组织参观法制展览、旁听少年案件审理、举办模拟法庭活动以及提供法律援助等多种形式，

[1] 郁芬:《中国预防拐卖女童和青年妇女项目启动》，载《新华日报》，2005年2月4日。

为流动儿童及其家长提供日常法律服务。[1]2010年3月常州市流动人口子弟学校蓝天实验学校携手天宁区司法局、天宁区法律援助中心，成立法律援助中心学校工作站，向流动儿童及其家长提供法律咨询、法律援助、法制宣传等全方位的法律服务，从而切实有效地维护流动儿童的合法权益。[2]

最后，一些与儿童健康相关的机构出于职业关怀，对流动儿童身体成长提供健康支持，保障流动儿童更好地学习和生活。流动儿童作为社会弱势群体，受到了社会各类部门及人士的关心。一些疾病控制部门把流动儿童作为免费预防接种的对象，如2006年4月贵州省贵阳市举行大型义诊活动，为流动儿童免费接种疫苗；[3]2007年9月，珠海市在国内首创将超过7万流动儿童纳入医疗保障范围，简化了办理手续，尽量为广大外来务工家长提供简便、快捷的服务，确保每一个外来工子女都能享受到政府给予的医疗保障。与此同时，社会保障部门还与教育部门合作，在市辖区范围内的所有学校及幼儿园发布参保通知，把政策传递给每一个还没参保的外来务工人员家庭。[4]2009年7月28日，江苏镇江市慈善总会把外来务工人员子女白血病患者纳入救助范围，救助标准按家庭经济情况给予2万到5万元的资助，并且可以和化疗治疗接受的救助叠加执行，最高可达10万元，[5]为流动儿童教育提供了有力的健康支持。

---

[1] 刘可:《流动儿童法服中心成立》，载《北京日报》，2009年12月7日。

[2] 曹奕:《常州成立法律援助中心学校工作站,为流动儿童及家长提供法律服务》，载《江苏教育报》，2010年3月25日。

[3] 王均珠:《关注流动儿童预防接种》，载《贵阳日报》，2006年4月25日。

[4] 宋华，蒋佩:《简化手续方便非户籍孩子参保》，载《珠海特区报》，2007年9月18日。

[5] 甘培华，钱华明，赵园园：《市慈善总会扩大白血病救助范围》，载《镇江日报》，2009年7月29日。

总之，这种来自社会非正式支持系统的复合式教育支持是多方面的，有经济支持、舆论支持、学术支持、法律支持和健康支持等，支持的力度是巨大的、多方面的，是一股不可忽视的教育支持力量。

（四）自强式教育支持

自强式教育支持主要是指流动儿童自我或流动儿童家庭自强自立或借助于社会的力量增强自我教育的信心和力量的活动或行为。流动儿童教育的自我支持表现是多方面的，或经济上勤工俭学以让自己有更好的经济支持，或学习上更加努力提高学业成绩，或学习法律以增加自我保障能力，或是锻炼身体保持健康以便于更好地学习。目前国内的流动儿童自强式的教育支持主要有以几个方面：

首先，流动儿童及其家庭参加法律知识的培训或活动，提升法律意识和自我保护能力。2007年六一前夕，北京首家“流动人口子女(家长)法制学校成立”。该法制学校设在北京一家专门招收流动人口子女的学校——北京市丰台区蓝天丰苑小学，还专门组建了一支由专职律师、社区和学校里的普法志愿者组成的专业“师资队伍”，负责每月给流动儿童上一堂法制课。很多流动儿童学会了尊重自我与他人隐私，学会了遵守交通规则就是保护自己与他人等很多的法律知识，提升了法律意识，有的流动儿童开始把学来的法律知识教给他们的父母亲人，让流动儿童家庭也更具法律意识和保护意识。[1]

其次，流动儿童及其家庭参加道德认知教育活动，提升自我的道德水平，强化良好的道德行为。流动儿童从小随父母四处流动，加上父母学历低、无时间对其进行良好教育，因此在他们身上出现一些诸如不爱卫生、不爱学习、散漫、粗鲁、自卑孤僻、自控能力差甚至暴

[1] 李松，黄洁：《法制教育如何“从小抓起”》，载《法制日报》，2007年7月2日。

力等不良行为，这些行为在一定程度了也导致了他们在城市定居或学校就读时受人歧视。2007年江苏常州实施一项特殊工程，推动流动儿童道德认知和行为教育，以引导和帮助进城民工两代人完成品格转型，“通过基本道德教育和行为训练，对流动孩子进行引导和培养，重塑‘精气神’。在道德教育方面，教育孩子在学习中学会倾听、学会合作，在公共场所不高声喧哗、不影响他人。使学生从小明白，遵纪守法、维护公共秩序的实质就是为了保护自身的利益和他人的利益。在家庭生活里，要求孩子为父母分忧，不让父母操心，‘心中有他人’先从‘心中有父母’做起。”[1] 孩子们接受良好的道德认知与行为学习，树立自强自立的理想，不走向犯罪，对于自我的教育发展起到了很大的支持作用。

再次，流动儿童及其家庭学会了解和理解社会，提升心理健康水平，积极融入社会。有研究者对广州市城区10所中小学校共计1200名流动儿童进行了问卷调查。结果显示，虽然大多数流动儿童在广州居住超过5年，三分之一的流动儿童出生在广州，但仍然有33.1%的孩子觉得自己是“外地人”，有20.9%的人对自己外地人的身份存有自卑感，患有“城市畏惧症”。[2] 因此，如何更好地融入城市，加快城市社会化学习，对于流动儿童来说是很重要的。一些关注流动儿童心理健康的机构常举办一些活动来帮助流动儿童更好地适应城市或新地方的生活。如2004年11月5日，南京师范大学教育科学学院与南京市建邺区教育局联合举办的“情系建邺，放飞理想——心连心，手拉手”行动，学院1000余名心理、教育专业学生到区内一些学校及家庭就“外来人口

［1］蔡炜：《一项工程改变进城民工两代人》，载《新华日报》，2007年8月7日。

［2］单士兵：《流动儿童为何会患上“城市畏惧症”》，载《中国社会报》，2005年11月23日。

心理问题”、“民工子弟心理世界的孤岛现象”等问题进行调研，与学校教师就教育、心理等问题展开讨论，为民工子弟学校的学生开展了心理小课堂、心理小游戏、“心理热线”和“开心聊天室”等心理健康咨询活动，帮助流动儿童树立正确的人生观、价值观，更加积极地融入社会。[1] 流动儿童及其家庭参加这种活动，不仅本身就是积极融入社会，更从中学到了社会融入的技能与方法。

最后，流动儿童积极参与社会活动，努力从德智体全方面提高自身素质，从而更好地促进自我教育和自我支持。很多流动儿童表现出了勇敢面对困难、顽强拼搏的精神，他们利用节假日勤工俭学，增加经济收入，改善学习条件；有些流动儿童帮助父母从事力能所及的劳动，增强身体素质的同时培养了良好的劳动习惯；有些地方政府也积极开展提高流动儿童素质的活动，如2009年6月河北保定市开展了“善美天使工程”活动，结合流动儿童的实际情况，配合学校教学，重点开办心理调适、安全教育、特长培养三方面课程，帮助流动儿童拓宽眼界、融入社会、健康成长，全面提高素质。[2]

流动儿童积极参加法律知识的学习，提高自我保护意识，提高道德认知，提升道德行为，积极融入社会，发展全面素质等活动，都是流动儿童实行自我自强式教育支持的方式。

四、支持系统建构的反思

目前，流动儿童教育支持系统涉及范围广泛、实施方式多样。然而，关于流动儿童教育支持的系统，还有许多问题值得深思，如支持

---

[1] 郭亮，宋金萍：《关注农民工子女心理健康刻不容缓》，载《新华日报》，2004年11月10日。

[2] 谢辉：《留守流动儿童素质拓展项目启动》，载《保定日报》，2009年6月2日。

系统是如何划分的，其依据是什么，其支持主体和支持方式有什么不同，不同的支持系统有什么问题等。

（一）流动儿童教育支持系统的划分依据

我们将所有的流动儿童教育支持系统分为三种类型：正式支持系统、辅助支持系统和非正式支持系统；根据作用方式，具体分为六种教育支持方式：责任式支持、协助式支持、市场式支持、公益式支持、复合式支持和自强式支持，划分的依据主要是责、权、利的区别与统一。

1．责任的划分

研究流动儿童支持主体的一个前提是要弄清其对流动儿童教育支持承担什么样的责任。流动儿童教育问题的解决，是政府不可推辞的责任，国家和政府对于流动儿童承担的责任是法定的、正式的和可以问责的，因此，这类主体所进行的支持活动被定义为责任式支持，归属于正式支持系统。而像妇联、工会、共青团这样一些准行政组织，具有协助国家政府执行政策的义务和责任，属于辅助支持系统。

2．动机的区分

不同的流动儿童教育支持的主体，动机各不相同。有的动机是完成职责，如国家和政府的责任式支持；也有的主体对于流动儿童的教育支持并没有法定的责任，但他们发现流动儿童支持可以在一定程度上实施市场化操作，例如举办简易的民工子弟学校，以较低廉的收费招收民工子弟，我们把这种以市场利益为目标的支持定义为市场式支持；把慈善式的支持定义为公益式支持，把既有公益成份又有自我利益的支持定义为复合式支持。同时又因为其不承担国家法定的支持责任，也不承担规定的辅助政府实施的特定要求，归类为非正式支持系统。

表6-2　　流动儿童教育支持系统特征

所属系统	支持属名	支持特征	支持主体	支持方式	支持问题
正式支持系统	责任式支持	承担明确的支持责任，支持动机较强，具备强大的支持能力。	国家（全国人大、国家领导人）；政府（国务院、教育部等相关职能部门、各级地方政府）；学校（学校、幼儿园等公立教育机构）。	1.人大提案、讨论、决策、审查、检查、出台法规等；领导人讲话、关爱活动等；2.政府表彰、报告、政策执行等；3.学校负责具体实施等。	由于体制跟不上经济发展需求，不同行业、地方、部门等利益造成政策执行不力等问题，是流动儿童教育问题的主要原因。
辅助支持系统	协助式支持	支持责任不太明确，支持动机一般，支持能力较强。	准行政组织（妇联、共青团、工会、关工委等类似组织）；社区（居委会、小区等）；家庭。	1.组织关爱活动，提供经济资助、生活帮助、情感关怀等；2..政策宣传、提供活动场所等；3.实施家长培训、安排亲情团聚等。	由于没有明确的支持责任划分，造成教育支持形式化，很多活动有“作秀”之嫌，缺乏常态实施机制。
非正式支持系统	市场式支持	没有法定的支持责任，由于自利动机较强，支持能力差异大。	民工子弟学校、民工子女幼儿园、托儿所、接送服务中心等类教育机构。	1.主要是通过开设学校等教育服务机构为流动儿童提供学习、交往等生活的场所与环境；2.对教育有投资，补充了国家教育经费不足。	由于以寻求经济或其他利益为第一目标，造成了过分追求经济利益、管理不善、低投入等问题，影响教育质量。

（续表）

所属系统	支持属名	支持特征	支持主体	支持方式	支持问题
	公益式支持	没有法定支持责任，出于慈善，动机纯正，支持能力差异较大。	免费流动儿童补习学校、社会慈善机构、慈善基金会、国际国内社会志愿者等。	1.组织帮助流动儿童教育的支持活动，如学习辅导、结对关怀等；2.组织慈善活动为流动儿童筹集教育资金等；3.营造儿童社会关怀氛围。	由于国家关于慈善公益活动的管理制度存在不足，不少人打着慈善旗号行诈骗之实；一些慈善活动对流动儿童自尊保护不足。
	复合式支持	没有法定支持责任，支持动机复杂，支持能力差异较大。	社会媒体、学术机构、社会机构及非政府组织（NGO）等。	1.报道流动儿童教育困难，动员社会支持；2.研究问题，提出政策建议；3.提供法律支持服务；4.健康服务支持。	由于动机各不相同，流动儿童成为各部门表现“业绩”形象之工具；一些服务滞后或数量严重不足。
	自强式支持	没有法定支持责任，支持动机、支持能力均差异较大。	流动儿童自我、流动儿童家庭、农民工子弟学校等。	1.学习法律保护自我；2.道德认知，提升道德行为能力；3.摆脱心理问题，积极融入社会；4.提高素质，自我增强。	很多地方缺乏对流动儿童自我支持的重视，活动开展较少，流动儿童缺乏自我提升方法与途径。

3．支持的能力

根据管理学的基本原则，责权利相结合，承担什么样的责任，需要什么样的权力，以及会获得什么样的利益，三者之间是统一的。对于流动儿童的教育支持来说，支持所应具备的权力是一个不可忽略的因素，它是支持能力的内在本质，支持能力是它的外在表现。国家或政府正式的责任式支持赋予了其强大的行政实施权力，是政策实施的关键，因而具有很强的支持能力。辅助支持系统的支持，本身并不具备政策实施的强制力，但因为与政府权力部门关系密切，也有较强的资源动员能力，因而也表现出较强的社会支持能力。对于非正式支持系统来说，不同的社会支持主体的能力差异极大，一些企业、社会职业机构团体、国际慈善组织等，有较强的资源动员能力；一些民间的、学术的机构，则主要具有一种宣传支持的能力；而流动儿童本身或家庭则在资源动员能力上十分有限，我们把这种支持定义为自强式支持，也属于非正式支持系统。

总之，责任、动机（利益）和能力（权力）三者的资源配置状态，是流动儿童教育支持系统和教育支持方式划分的根本依据。

（二）流动儿童教育支持系统的内在关系

流动儿童的教育支持主体与教育支持方式的关系，与其责任、能力和动机也有密切的关系。一般来说，主要表现在以下几个方面：

首先，承担越多的整体责任，支持方式就更加上位；承担责任越具体，支持方式就越直接；不承担直接法定责任，支持方式可选择性就更大。国家承担着流动儿童教育支持的责任是最整体化的，是以全国作为一个整体来部署流动儿童教育支持工作，因此，国家的支持方式更多的是人大提案、讨论、决策、审查、检查、出台相关法律政策等，全面指导和监督流动儿童教育支持工作的开展。政府作为流动儿童教育支持工作的领导者和组织者，对流动儿童的教育问题既有全国整体性思考，也有部门与地区责任考虑，其教育支持的主要方式是出台政策、规范，组织人力、物力、财力来实施人大出台的相关法律，支持方式更为具体；作为辅助支持系统的妇联、工会、共青团等，以及非政府组织、社会志愿者、社会团体等非正式支持系统，因为不承担直接的流动儿童教育责任，所以其支持有组织活动、提供帮助等多种多样的方式。

其次，教育支持的能力越强，则教育支持的方式越具权威性和强制性；教育支持的能力越弱，则教育支持的方式越具可选择性和可操作性。从正式支持系统的支持主体来看，国家因为有强大的决策和预算能力，国家领导人的活动表明的是一种国家的政策取向，因而更具有权威性；政府对教育支持制定明确的政策执行方案、统筹社会资源并具有强大的行政工具，具有强制性。辅助支持系统的主体妇联、共青团、工会等因为角色定位于政策协助，相对于国家和政府来说，权威性次之，强制性已不明显了。而非正式支持系统中，各种非政府组织、民间机构、社会志愿者等，出于个人利益或社会公益目的参与流动儿童的教育支持，没有行政执法手段，也不代表国家或政府处理事情，因而支持方式既无权威性，也无强制性。但有时这种权威性或强制性也是相对的，民间组织在流动儿童教育支持的某一方面做得很出色，最后也逐步成为这一方面的权威，而政府在应当承担的流动儿童教育支持方面由于利益、管理等各方面的原因不能满足社会的需求时，会逐步丧失权威性。

最后，教育支持主体的利益越大，支持的动机越强，支持的方式越强调长期性和实效性；教育支持的个人利益越小，支持的动机越弱，支持的方式越趋短期化与象征化。政策科学研究有一个基本的人性假设，认为人是“比较利益人”，在一定时间、一定地点行事时，利益总是比较而存在的，有人重视眼前利益，有人重视长期利益，利益是行为的动机出发点。获利越大，行为的动机就越强，反之亦然。在流动儿童教育的支持主体中，国家和政府责任最重，从其利益来说是支持得利最大的，但因为国家和政府是一个象征性的实体，利益不是某个人的，而是所有大众的，这种利益没有具体性，所以支持动机存在一定的“惰性”；而致力于把流动儿童教育支持作为一个可以获利的市场来看的社会人士，如打工子弟学校的创办者，动机更强烈，因为招多少学生、获多少补贴，赢多少利是直接的，所以其教育支持的动机最为强大。社会志愿者因为有强烈的社会公益追求，支持的动机也较强。而社会各类传媒、法律、学术等机构，以及以妇联、共青团、工会为代表的辅助支持系统主体是社会利益和个人利益复合体的追求者，个人直接利益较少，其支持的动机相对较弱，很多的教育支持活动仅具象征性和暂时性，缺乏长期实施的机制。

（三）流动儿童教育支持系统存在问题与政策选择

当前我国各类流动儿童教育支持系统是比较完善的，既有来自国家政府基于责任承担而实施的正式支持系统和辅助支持系统，也有基于民间自愿、自助的非正式支持系统，但是由于利益、关系与认知等多方面的原因，不同的支持系统仍然存在一些问题，值得我们去进一步改善：

第一，加大对现有流动儿童教育管理的监督，完善流动儿童教育的正式支持系统，切实承担起流动儿童教育支持的主要责任。国家和政府出台大量的政策文件，以及为这些政策实施配置了人力物力财力资源，到现在为止，流动儿童主要的教育问题基本得到解决；但由于流动儿童教育支持的正式系统是一个庞大的机构体系，牵涉到不同的部门、地方和个人，而不同的部门、地方和个人利益或利害关系各不一样，因而不可避免地在执行政策的过程当中让政策沿着有利于本地、本部门、本人利益的方向实施，这就导致了国家流动儿童教育政策得不到完全落实，出现不少政策阻滞、替代或敷衍等问题，使得流动儿童教育问题得不到真正的解决。因此，需要对现有流动儿童教育管理的体系设计、制度等进行检查和反思，查漏补缺，让以国家、政府和学校为主的正式支持系统切实承担起流动儿童支持的主要责任。

第二，加强对各类流动儿童教育支持活动的管理，并从伦理的视角关注支持活动的正当性与适合性，进一步规范流动儿童教育辅助支持系统。就当前我国的妇联、共青团等辅助支持系统的工作来看，成效较大，在相当大的程度上协助了国家流动儿童教育政策的有效实施。但是，由于辅助支持系统责任划分不清，甚至是无直接责任，造成支持动机不足，很多的支持活动呈现出一种“作秀”的形式，缺乏长效机制，致使流动儿童的一些有益的教育支持活动得不到有效保障。

第三，出台慈善捐献相关规定或条例，打击各种以提供流动儿童教育支持为名的违法犯罪活动，确保流动儿童教育的社会支持健康发展。在流动儿童的非正式支持系统中，存在着多样化的主体，不同的主体的支持方式和支持能力或力度都相差较大，因而存在的问题也各不一样。在市场式支持主体中，由于其支持动机更多的是追求经济利益，社会利益居于其次，导致了一些支持主体在流动儿童的教育支持上投入不够、设施不全，流动儿童教育支持的场所存在安全等隐患；师资方面投入不足，导致了流动儿童教育质量低下等问题。公益式支持主体的慈善活动意愿强，有奉献心，为流动儿童带来更多的社会关爱，使得流动儿童更好地融入社会。但是由于目前国家慈善事业管理体制落后，致使不少的假慈善骗子以对流动儿童实施教育支持活动为名，在社会上骗取钱财，甚至是对流动儿童人身进行侵犯。因此，应尽快出台相关慈善规定，打击针对流动儿童的违法犯罪，确保流动儿童教育的社会支持的健康发展。

附　录

流动儿童教育支持调查问卷（部分）

亲爱的同学：

您好！这是一份用于科学研究的调查表，填写这份调查表与您的学业成绩和操行评定无任何关系，而且不需要填写您的姓名，希望您能实事求是地填写，我们将对您的回答内容给予严格的保密，请您放心，谢谢您的合作和支持！祝同学们学习进步，天天向上！

浙江师范大学教师教育学院流动儿童课题研究组

说明：接下来的20分钟左右请您根据实际的情况和感受，在适合您的答案前的数字上打“✓”。

一、以下是您和您家庭等的基本信息，仅用于进行数据整体分析，不涉及个人隐私，在您认为适当的数字上打“✓”。

1. 您的性别：

(1) 男　　　　　　　　(2) 女

2. 您的年龄为：__________

3. 您现在读 ________年级

4. 您的个人情况：

(1) 随父母一起在这边租房住

(2) 在这边的亲戚朋友家寄住

(3) 离家远而住在学校

(4) 其他情况

5. 您的父母情况：

(1) 父亲在这边工作　　　　(2) 母亲在这边工作

(3) 父母都在这边工作　　　(4) 其他情况

二、请您说一说您的学习生活情况，在合适的数字上打“✓”。(B量表)(教育发展)

类别/评价	完全不符合	不太符合	差不多	比较符合	非常符合
上学期期终考试考得比较好					
最近成绩下降得比较快					
只要不考得太差就可以了					
我总是按时完成作业					
我从来没制订过学习计划					

三、在下面一些问题上您的情况怎样？请在合适的数字上打“✓”。(教育支持)

类别/评价	完全不符合	不太符合	差不多	比较符合	非常符合
大学生或校外人士对我们进行过教学或辅导					
老师下课后对我进行过辅导					
不懂的问题同学会教我					
父母亲会教我做作业					

四、在下列问题上，您觉得您的情况怎样？在您认为适当的数字上打“✓”。(政策环境)

类别/评价	完全不符合	不太符合	差不多	比较符合	非常符合
我们没有当地户口也可以到当地上学					
我们可以到公立学校插班上学					
我父母找当地学校或教育部门要求读书时能得到安排					
我们这个城市有很多的民工子弟学校					
我们在学校读书并没有被别人看不起					

非常感谢您的支持！祝您学习进步！

参考文献

[1]〔澳〕欧文·E. 休斯著，张成福等译：《公共管理导论》，北京：中国人民大学出版社，2007。

[2] 陈向明：《质的研究方法与社会科学研究》，北京：教育科学出版社，2009。

[3] 杜越等：《城市流动人口子女的基础教育——政策与革新》，杭州：浙江大学出版社，2004。

[4]〔法〕埃米尔·涂尔干著，渠敬东译：《社会分工论》，北京：生活·读书·新知三联书店，2000。

[5]〔法〕夏尔·德巴什著，葛志强等译：《行政科学》，上海译文出版社，2000。

[6] 费孝通：《乡土中国·生育制度》，北京大学出版社，1998。

[7] 高奇：《新中国教育历程》，石家庄：河北教育出版社，1996。

[8] 郭福昌，吴德刚：《教育改革发展论》，石家庄：河北教育出版社，1996。

[9] 何东昌：《中华人民共和国重要教育文献》，海口：海南出版社，1998。

[10]〔加〕迈克尔·豪利特，M.拉米什著，庞诗等译：《公共政策研究：政策循环与政策子系统》，北京：生活·读书·新知三联书店，2006。

[11] 江小涓：《世纪之交的工业结构升级》，上海：远东出版社，1996。

[12] 蒋太岩等：《从歧视走向公平——中国农民工及其子女教育问题调查与分析》，沈阳：东北大学出版社，2008。

[13] 李习彬，李亚：《政府管理创新与系统思维》，北京大学出版社，2002。

[14] 联合国教科文组织（UNESCO）著，陈云英等译：《全纳教育共享手册》，北京：华夏出版社，2004。

[15] 梁漱溟：《梁漱溟文选》，上海：远东出版社，1996。

[16] 刘成斌：《留守与流动——农民工子女才教育选择》，上海交通大学出版社，2008。

[17] 刘复兴：《教育政策的价值分析》，北京：教育科学出版社，2003。

[18]〔美〕E. A. 罗斯著，秦志勇译：《社会控制》，北京：华夏出版社，1989。

[19]〔美〕埃弗雷特·M. 罗杰斯著，辛欣译：《创新的扩散》，北京：中央编译出版社，2002。

[20]〔美〕赫伯特·A. 西蒙著，詹正茂译，《管理行为》，北京：机械工业出版社，2003。

[21]〔美〕托马斯·R. 戴伊著，鞠方安等译：《自上而下的政策制定》，北京：中国人民大学出版社，2002。

[22]〔美〕威廉·N. 邓恩著，谢明等译：《公共政策分析导论》，北京：中国人民大学出版社，2002。

[23]〔美〕约翰 · W. 金登著，丁煌，方兴译：《议程、备选方案与公共政策》，北京：中国人民大学出版社，2004。

[24]〔美〕詹姆斯 · E. 安德森著，唐亮译：《公共决策》，北京：华夏出版社，1990。

[25] 缪建东等：《同一片蓝天下——流动人口子女教育的探索建议》，南京师范大学出版社，2007。

[26] 乔军山：《中国城市化基本现状，1996年社会蓝皮书》，北京：中国社会科学出版社，1996。

[27] 孙绵涛：《教育管理学》，北京：人民教育出版社，2006。

[28] 孙绵涛：《教育政策学》，武汉工业大学出版社，1997。

[29] 汪明：《聚焦流动人口子女教育》，北京：高等教育出版社，2007。

[30] 谢维和等：《中国的教育公平与教育发展(1990 ~ 2005)——关于教育公平的一种新的理论假设及其初步证明》，北京：教育科学出版社，2008。

[31] 杨东平：《中国教育公平的理想与现实》，北京大学出版社，2006。

[32]〔英〕戴维 · 伯姆著，王松涛译，《论对话》，北京：教育科学出版社，2004。

[33]〔英〕米切尔·黑尧著，赵成根译，《现代国家的政策过程》，北京：中国青年出版社，2004。

[34] 余秀兰：《社会弱势群体的教育支持》，北京：中国劳动社会保障出版社，2007。

[35] 俞可平：《治理与善治》，北京：社会科学文献出版社，2000。

[36] 袁振国主编：《教育政策学》，南京：江苏教育出版社，1996。

[37] 袁振国主编：《中国教育政策评论》，北京：教育科学出版社，2000。

[38] 张国庆：《公共政策分析》，上海：复旦大学出版社，2004。

[39] 张民选：《理想与抉择——大学生资助政策的国际比较》，北京：人民教育出版社，1999。

[40] 张人杰主编：《国外教育社会学基本文选》，上海：华东师范大学出版社，1989。

[41] 周佳：《教育政策执行研究——以进城就业农民工子女义务教育政策执行为例》，北京：教育科学出版社，2007。

[42] 陈瑞丰：《我国流动儿童义务教育的法律思考》，苏州大学2005届硕士学位论文。

[43] 冯帮：《社会排斥与流动儿童的教育公平》，华中师范大学2007届硕士学位论文。

[44] 侯晓丽：《城市居家养老的社会支持系统研究》，华中师范大学2009届硕士学位论文。

[45] 李建丽：《学校对城市弱势群体家庭教育支持的研究——以天津市下岗职工子女家庭教育为例》，天津师范大学2007届硕士学位论文。

[46] 李铣：《弱势群体社会支持系统研究》，四川大学2004届硕士学位论文。

[47] 田施英：《流动儿童回流后学习状况研究》，中央民族大学2008届硕士学位论文。

[48] 王赪：《单亲家庭幼儿的社会支持系统分析——对兰州市26所幼儿园的实证研究》，西北师范大学2004届硕士学位论文。

[49] 张珊明：《中学生问题行为及其与家庭环境、学校环境关系的研究》，湖南师范大学2006届硕士学位论文。

[50] 张希：《流动人口子女领悟社会支持与学业求助的研究》，苏州大学2008届硕士学位论文。

[51] 班建武，余海婴：《教育政策执行难的利益分析——以北京市流动儿童义务教育政策实施为例》，载《教育科学》，2006 (3)。

[52] 陈庆云等：《比较利益人：公共管理研究的一种人性假设——兼评“经济人”假设的适用性》，载《中国行政管理》，2005 (6)。

[53] 池丽萍，辛自强：《小学儿童问题行为、同伴关系与孤独感的特点及其关系》，载《心理科学》，2003 (5)。

[54] 崔丽霞，雷雳：《中学生问题行为群体特征的多视角研究》，载《心理发展与教育》，2005 (3)。

[55] 崔丽霞，郑日昌：《中学生问题行为的问卷编制和聚类分析》，载《中国心理卫生杂志》2005 (5)。

[56] 邓丽洁：《让服务惠及流动儿童——以“参与各方责任框架”考量流动儿童的权利保护》，载《江南论坛》，2006 (9)。

[57] 邓远平，林赞歌：《流动人口家庭环境特点及其对子女心理健康的影响》，载《江西农业大学学报(社会科学版)》，2010 (3)。

[58] 邓远平，汤舒俊：《流动人口家庭环境对其子女学习适应性的影响》，载《西南交通大学学报(社会科学版)》，2010(5)。

[59] 杜娟，叶文振：《流动儿童教育状况及其影响因素》，载《中共福建省委党校学报》，2003 (9)。

[60] 范先佐：《教育公平与制度保障——进城务工人员子女接受义务教育的现状分析》，载《教育发展研究》，2007 (12A)。

[61] 范先佐：《进城务工就业农民子女的教育公平与制度保障》，载《河北师范大学学报》，2007 (1)。

[62] 范先佐：《“流动儿童”教育面临的财政问题与对策》，载《教育与经济》，2004 (4)。

[63] 高水红：《学校教育与农民工子女的身份认同》，载《当代教育科学》，2008 (22)。

[64] 葛新斌：《“两个为主政策”：演进、问题与对策》，载《教育理论与实践》，2007 (8)。

[65] 郭健美，刘同芗：《论农民工子女教育救助制度的建立与完善》，载《理论界》，2007 (7)。

[66] 韩嘉玲：《北京流动儿童义务教育状况调查报告》，载《青年研究》，2001 (8)。

[67] 韩嘉玲：《流动儿童教育与我国的教育体制改革》，载《北京社会科学》，2007 (4)。

[68] 何玲：《中国流动儿童政策分析》，载《人口研究》，2007 (2)。

[69] 何雪松，巫俏冰，黄富强等：《学校环境、社会支持与流动儿童的精神健康》，载《当代青年研究》，2008 (9)。

[70] 胡湘明：《论中国青年心理健康的社会支持系统》，载《青年探索》，1996 (5)。

[71] 黄平，李志榕，杨建华：《初中生家庭环境与学习成绩的相关性调查研究》，载《中国行为医学科学》，2005 (2)。

[72] 黄涛:《政府的公共事务的责任分担与利益分享》，载《四川教育学院学报》，2008 (8)。

[73] 蒋达勇:《流动儿童社区服务：基于国家与社会合作的制度建构》，载《消费导刊》，2008 (11)。

[74] 蒋国河，阎广芬:《城乡家庭资本与子女的学业成就》，载《教育科学》，2006 (4)。

[75] 雷万鹏:《从多元需求看流动儿童教育政策的选择》，载《华中师范大学学院(人文社会科学版)》，2005 (3)。

[76] 雷有光:《都市“小村民”眼中的大世界——城市流动人口子女社会认知的调查研究》，载《教育科学研究》，2004 (6)。

[77] 李芬:《流动农民对其适龄子女的教育选择分析——结构二重性的视角》，载《青年研究》，2003 (12)。

[78] 李海华，王涛，刁光涛:《农民工子女的社会支持分析》，载《中国特殊教育》，2007 (3)。

[79] 李立文，余冲:《农民工子女教育的社会援助问题》，载《教育学术月刊》，2009 (10)。

[80] 李晚莲:《关于流动儿童社会支持问题的研究综述——基于社会学的视角》，载《兰州学刊》，2009 (3)。

[81] 李铣，宣讯，唐代盛:《弱势群体社会支持的理论整合与建构》，载《中共四川省委党校学报》，2004 (4)。

[82] 李晓巍，邹泓，金灿灿等:《流动儿童的问题行为与人格、家庭功能的关系》，载《心理发展与教育》，2008 (2)。

[83] 林梅:《环境政策实施机制研究-一个制度分析框架》，载《社会学研究》，2003 (1)。

[84] 蔺秀云，王硕，张曼云等:《流动儿童学业表现的影响因素——从教育期望、教育投入和学习投入角度分析》，载《北京师范大学学报(社会科学版)》，2009 (5)。

[85] 刘成斌:《在中央与地方之间:民工子女教育政策的操作化——以浙江省为例》，载《青年研究》，2007 (10)。

[86] 刘黎红，胡伟：《关于构建流动儿童家庭教育社会支持体系的思考》，载《中共青岛市委党校青岛行政学院学报》，2009 (2)。

[87] 刘潇潇：《农民工子女平等受教育权之法理分析》，载《法学杂志》，2006 (4)。

[88] 刘雪明，张丽敏：《地方政府执行外来农民工子女义务教育政策探析——以广州市为例》，载《中国集体经济》，2008 (6)。

[89] 吕少蓉：《1996年～2007年国家关于农村流动儿童义务教育政策的变迁》，载《教育导刊》，2008 (6)。

[90] 罗建河:《流动儿童的教育问题探析》,载《教育科学》,2002(4)。

[91] 罗艳萍，张小屏：《构建进城农民工子女的社会支持体系》，载《社会工作》，2009 (4)。

[92] 马惠霞，韩向明，覃晓燕：《中专生社会支持特点分析》，载《中国临床心理学杂志》，2001 (04)。

[93] 钱再见等：《论农民工子女义务教育政策有效执行的路径选择》，载《南京师范大学学报（社会科学版)》，2007 (2)。

[94] 乔锦忠：《基础教育改革中的责任分担》，载《人民教育》，2006 (5)。

[95] 任玉岭：《搞好农民工子女教育 我向温总理提出六大建议》，载《中国经济周刊》，2009 (46)。

[96] 宋艳：《农民工子女教育的“两为主”政策——全面实施免费义务教育后的分析》，载《教育理论与实践》，2009 (9)。

[97] 孙绵涛：《教育体制理论的新诠释》，载《教育研究》，2004 (12)。

[98] 谭千保：《城市流动儿童的社会支持与学校适应的关系》，载《中国健康心理学杂志》，2010 (1)。

[99] 王静洁，石晶：《教师在流动儿童社会支持系统中的作用——一项流动儿童生命历程的研究》，载《思想理论教育》，2009 (16)。

[100] 王璐：《流动人口中适龄儿童义务教育的政策发展与实施——北京市个案研究》，载《教育学报》，2005 (3)。

[101] 王文元：《保障进城务工人员子女接受义务教育的权利》，载《民主》，2002 (7)。

[102] 项继权：《农民工子女教育：政策选择与制度保障——关于农民工子女教育问题的调查分析及政策建议》，载《华中师范大学学报(人文社会科学版)》，2005 (3)。

[103] 肖复兴：《唇亡齿寒：农民工子女教育和我们的未来》，载《群言》，2010 (5)。

[104] 肖文明：《观察现代性——卢曼社会系统理论的新视野》，载《社会学研究》，2008 (5)。

[105] 谢子龙，侯洋，徐展：《初中流动儿童社会支持与问题行为特点及其关系分析》，载《中国学校卫生》，2009 (10)。

[106] 熊少严：《城市流动儿童的社会整合与学校教育的指导策略》，载《广东社会科学》，2006 (1)。

[107] 杨颖秀：《农民工子女就学政策的十年演进及重大转变》，载《东北师大学报（哲学社会科学版)》，2007 (6)。

[108] 杨志伟，刘少文，李雪荣：《儿童行为问题、学业成绩与家庭环境的相关模型研究》，载《中国健康心理学杂志》，2000 (4)。

[109] 易承志：《城市农民工子女教育保障的逻辑与路径反思——公民权的视角》，载《兰州学刊》，2010 (4)。

[110] 余良，赵守盈，赵福艳：《流动儿童社会支持状况及其与人格的关系》，载《贵州师范大学学报（自然科学版)》，2009 (5)。

[111] 余秀兰：《弱势群体的教育支持发达国家的理念及其嬗变》，载《比较教育研究》，2009 (1)。

[112] 余秀兰：《社会弱势群体教育支持政策解读——以关于城市流动儿童教育政策为例》，载《青年研究》，2008 (3)。

[113] 张凤合：《公共政策取向中的政策空间》，载《南京社会科学》，2005 (5)。

[114] 张秋凌：《流动儿童发展状况调查——对北京、深圳、绍兴、咸阳四城市的访谈报告》，载《青年研究》，2003 (9)。

[115] 张欣，席薇，苗汝娟：《儿童行为问题与学校环境关系的初探》，载《中国公共卫生》，2003 (5)。

[116] 张兴杰，杨正喜：《非政府组织对流动农民工子女教育的支持——以广东省东莞市横沥镇隔坑社区服务中心为例》，载《西北人口》，2010 (2)。

[117] 张玉婷：《流动人口子女义务教育问题及其解决——兼论“两个为主”的教育政策》，载《基础教育》，2009(11)。

[118] 赵丹娣：《儿童问题行为与家庭环境及教育观念的相关研究》，载《中国健康心理学杂志》，2008 (4)。

[119] 赵笑梅，李婷：《流动儿童社会支持与自尊的关系研究》，载《宁波教育学院学报》，2010 (3)。

[120] 郑钢：《农村中学进城务工人员子女英语学习状况调查》，载《上海教育科研》，2009 (1)。

[121] 郑石明:《嵌入式政策执行研究——政策工具与政策共同体》，载《南京社会科学》，2009 (7)。

[122] 中央教育科学研究所教育发展研究部课题组：《进城务工就业农民子女接受义务教育的政策措施研究》，载《教育研究》，2007 (4)。

[123] 钟一彪：《外来工子女教育支持的社会工作介入》，载《中国青年研究》，2009 (9)。

[124] 周超，颜学勇：《从强制收容到无偿救助——基于多源流理论的政策分析》，载《中山大学学报（社会科学版)》，2005 (6)。

[125] 周国雄：《地方政府政策执行主观偏差行为的博弈分析》，载《社会科学》，2007 (8)。

[126] 周皓：《流动儿童与社会的整合》，载《中国人口科学》，2003 (4)。

[127] 周洪宇：《教育公平：和谐社会的重要内容、基础和实现途径》，载《人民教育》，2005 (7)。

[128] 周佳：《进城务工人员随迁子女“有效就学”的社会环境支持》，载《教育评论》，2008 (6)。

[129] 周佳：《农民工子女义务教育政策执行研究》，载《中国青年研究》，2006 (9)。

[130] 周林刚，冯建华:《社会支持理论——一个文献的回顾》，载《广西师范学院学报（哲学社会科学版)》，2005 (3)。

[131] 周序：《流动儿童教育政策中的社会控制理念》，载《江西教育科研》，2007 (5)。

[132] 朱汉平：《实然与应然的博弈：基于农民工子女教育问题的政策分析》，载《行政论坛》，2009 (2)。

[133] 朱坚：《为流动人口提供教育支持的探索与思考——以S市加强农民工同住子女义务教育工作为例》，载《思想理论教育》，2008 (22)。

[134] 朱拥军，严俊俊：《我国流动儿童义务教育问题探讨——全纳教育视角》，载《煤炭高等教育》，2009，27 (5)。

[135] 庄西真：《教育政策执行的社会学分析——嵌入性的视角》，载《教育研究》，2009 (12)。

[136] 邹泓等：《中国九城市流动儿童发展与需求调查》，载《青年研究》，2005 (2)。

[137] Amit R，Schoemaker P. Strategic assets and organizational rent. Strategic Management Journal，1993 (14).

[138] Crick N R，Ladd GW. Children's Perceptions of Their Peer Experiences: Attributions Loneliness，Social Anxiety，and Social Avoidance. Developmental Psychology，1993 (29).

[139] D. Easton. *The Political System*，New York:Kropf，1953.

[140] H. D. Lasswell，*A. Kaplan. Power and Society.* New Haven: Yale University Press，1970.

[141] Michael Lipsky. Street-Level Bureaucracy. *Dilemmas of the Individual in Public Services*. Cambridge: MIT Press，1980。

[142] Paul. A .Sabatier，Hank. C. Jenkins-Smith. *Policy Change and Learning*. Colordo: Westview Press，Inc. 1993.

[143] Teece D J. Competition. Cooperation, and Innovation:Organizational Arrangements for Regimes of Rapid Technological Progress. *Journal of Economic Behavior and Organization*，1992 (18) .

[144] Thomas. R. Dye. *Understanding Public Policy*. Englewood Cliffs，N. J: Prentice-Hall Inc，1971.

[145] Tomada G，Schneider B H. Relational Aggression，Gender, and Peer Acceptance: Invariance Across Culture，Stability Over Time，and Concordance among Informants. *Developmental Psychology*, 1997, 33 (4).

后 记

本课题研究书稿写到此本应当告一段落，但我们却感到本课题的深入研究远远没有结束。

自2008年接手这一课题以来，我带领我的研究生们广泛深入公立学校和打工子弟学校、教育管理部门、人口流动管理部门以及流动儿童的家庭等，进行大量的访谈和问卷调查，所见所闻让我们的心常常是沉甸甸的。我本出身农村，很多亲朋至今仍然带着孩子在经济发达的地方打工，他们面对的一个最大的困难就是孩子上学问题。他们从自己的生活经历中知道，没有好的教育，就没有机会从事更好的工作，获得更好的收入，过上更好的生活，所以，孩子的教育对他们来说，是最为重视的事情。但现实是那么的无情，我的一个远在珠江三角洲打工的亲戚给我打电话，说中央不是规定严禁收外来人口子女的借读费吗，为什么她孩子所在的一个小学不仅学校收，而且学校所在的街道也收，难道中央的政策没人听吗？就在浙江，我的一个亲戚的孩子上小学，学校也要收一万多元的借读费，我去找校长，校长说看你的面子少收几千，我为所有像我的亲朋一样的农民工所受的教育不公平愤怒。“书生报国无他路，唯有手中笔如刀”，也许我的笔并不能真正像刀一样，我所能做的只是呐喊而已。有一点我知道，我的声音就像旷野里一个微弱的呻吟，在这个喧嚣的世界里并没有多少人听得见，但当我仍旧在坚持呐喊时，我会发现有越来越多的不公平遭受者、有良知的公共知识分子、社会志愿者在我不远处，或看或言或说，我们的声音慢慢地汇成了时代的一个强音，于是，很多的改变也就发生了。就在今天，我看到国家教育部出台政策，严禁任何小学收取借读费，对于流动儿童来说，这不啻是一个福音！

回首这一课题的研究，我首先要感谢浙江师范大学儿童文化研究院，他们提供了一个非常好的学术机制，在全国范围内实行课题招标，并给了我这样一个机会，让我走到社会中那些最需要关注的弱势群体当中，去观察、去感受、去思考，让我能用我的知识，“为苍生说人话”，这是我始终如一的人生追求。感谢儿童文化研究院院长方卫平教授、时任儿童文化研究院副院长的刘宣文教授及工作人员张英萍老师、徐静静老师，每一次到这个学院，那种浓郁的人文关爱氛围都让我如沐春风。

感谢我的学术好友班建武博士、康春花博士、黎光明博士，他们在我的研究中经常给我以帮助。感谢浙江海宁市教育局教科所张建明副所长，他在调查中提供了不少的帮助。

感谢我所教过或我带的硕士研究生们，他们在本研究过程中付出了很多劳动。其中，刘俊艳、孟风玲、裴利娜等协助我做了不少的调研工作。孟风玲协助我做了数据的处理工作，她是一个勤奋好学的学生，她的努力让我的数据处理工作更加轻松。刘俊艳负责我的科研团队的后勤工作，她是一个优秀的行政管理工作者，有她的帮助，我的研究异常顺利。我的研究生郭元凯、华巧红、张蕊蕊、陈之霞、王琳、侯晓光、赵瑞瑞等对全书做了文字校对工作，其中陈宣霖和侯晓光同学对全书进行了校对，他们一丝不苟的精神让我看到了中国学术的希望！

周国华

2014年9月

于浙江金华

图书在版编目（CIP）数据

流动儿童的教育管理与社会支持 / 周国华著. —济南：山东教育出版社，2014

（儿童发展研究丛书 / 方卫平主编）

ISBN 978-7-5328-8411-7

Ⅰ.①流… Ⅱ.①周… Ⅲ.①流动人口—儿童教育—研究—中国 ②流动人口—儿童—社会工作—研究—中国 Ⅳ.①G52 ②G6669.5

中国版本图书馆CIP数据核字（2014）第075964号

本书受浙江师范大学儿童文化研究院儿童发展研究重大课题（项目批准号：ET20080201）资助，且为国家社科基金项目（课题号：10BJY014）的阶段性成果。

儿童发展研究丛书

方卫平　主编

流动儿童的教育管理与社会支持

周国华　著

主　管：山东出版传媒股份有限公司
出版者：山东教育出版社
（济南市纬一路321号　邮编：250001）
电　话：（0531）82092664　**传　真**：（0531）82092625
网　址：http://www.sjs.com.cn
发行者：山东教育出版社
印　刷：山东德州新华印务有限责任公司
版　次：2015年1月第1版　2015年1月第1次印刷
规　格：710mm×1000mm　16开本
印　张：23印张
字　数：258千字
书　号：ISBN 978-7-5328-8411-7
定　价：48.00元

（如印装质量有问题，请与印刷厂联系调换）
印厂电话：0534-2671218